编 委 会

學冠瑧林

——马曜教授逝世十二周年纪念文集

张文勋 署

张文勋◎主编

云南大学出版社
YUNNAN UNIVERSITY PRESS

學冠琼林

张文勋◎主编

张文勋署

——马曜教授逝世十二周年纪念文集

图书在版编目（CIP）数据

学冠琼林：马曜教授逝世十二周年纪念文集 / 张文勋主编. -- 昆明：云南大学出版社，2019

ISBN 978-7-5482-3786-0

Ⅰ. ①学… Ⅱ. ①张… Ⅲ. ①马曜（1911-2006）-纪念文集 Ⅳ. ①K825.46-53

中国版本图书馆CIP数据核字(2019)第205060号

策划编辑： 赵红梅
责任编辑： 王　颖
封面设计： 王婳一
封底篆刻： 刘　军

出版发行： 云南大学出版社
印　　装： 昆明瑆煋印务有限公司
开　　本： 787mm × 1092mm　1/16
正文印张： 17
插页印张： 3.5
字　　数： 380千
版　　次： 2019年12月第1版
印　　次： 2019年12月第1次印刷
书　　号： ISBN 978-7-5482-3786-0
定　　价： 86.00元

社　　址： 昆明市一二一大街182号（云南大学东陆校区英华园内）
邮　　编： 650091
发行电话： 0871-65033244　65031071
网　　址： http://www.ynup.com
E-mail： market@ynup.com

本书若有印装质量问题，请与印厂联系调换，联系电话：0871-64167045。

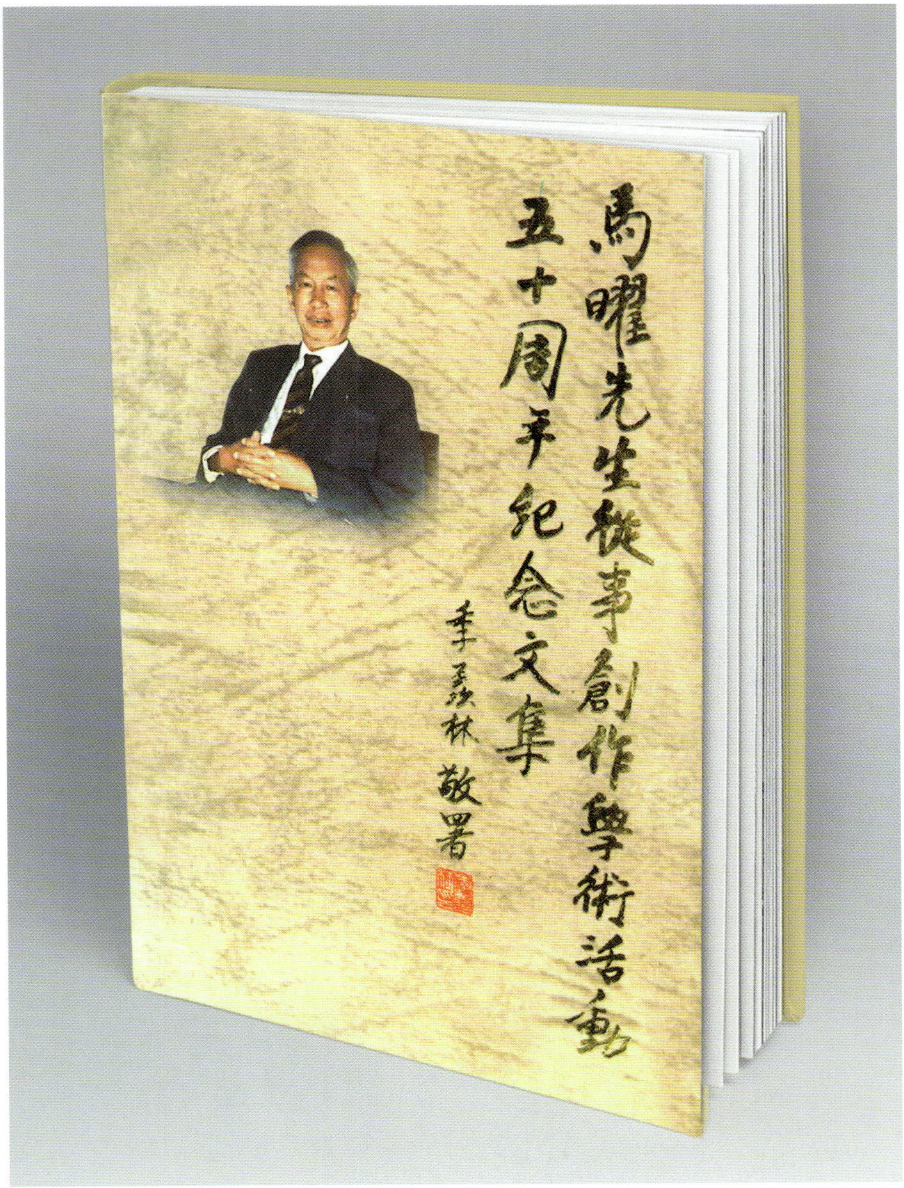

《马曜先生从事创作学术活动五十周年纪念文集》封面

云南民族大学呈贡校区内的马曜塑像

青年时代的马曜

晚年马曜

马曜

马曜父亲马秉升

马曜母亲戴坤翠

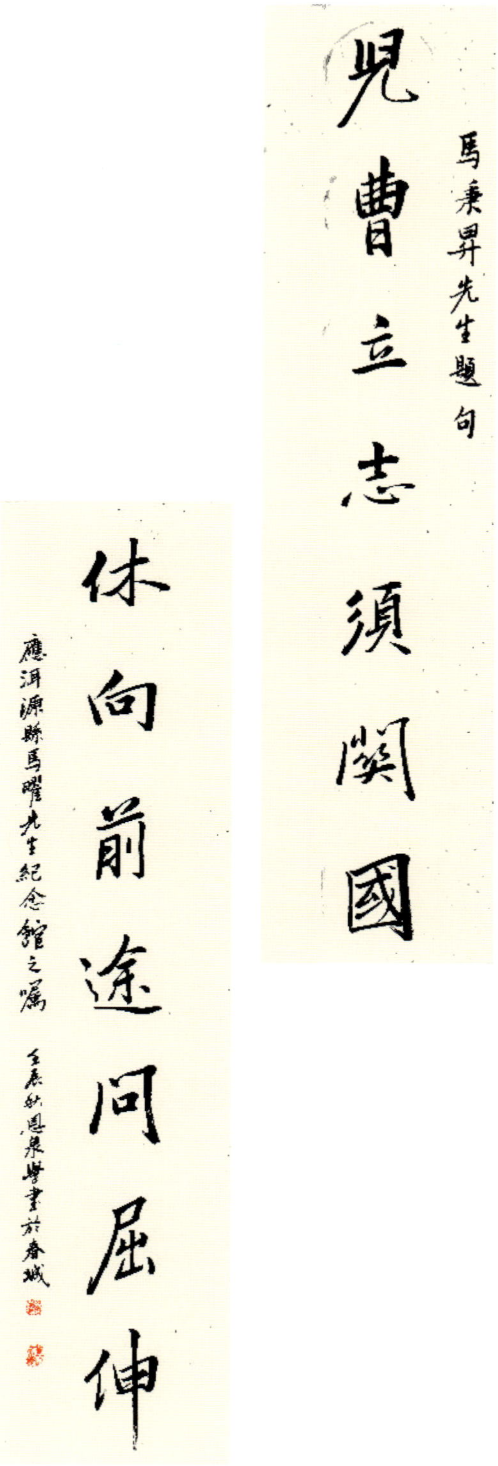

杨恩泉书马秉升题句

1983年7月马曜在班禅行宫前留影

2006 年春马曜骨灰安葬于洱源故里

设于洱源的马曜灵堂

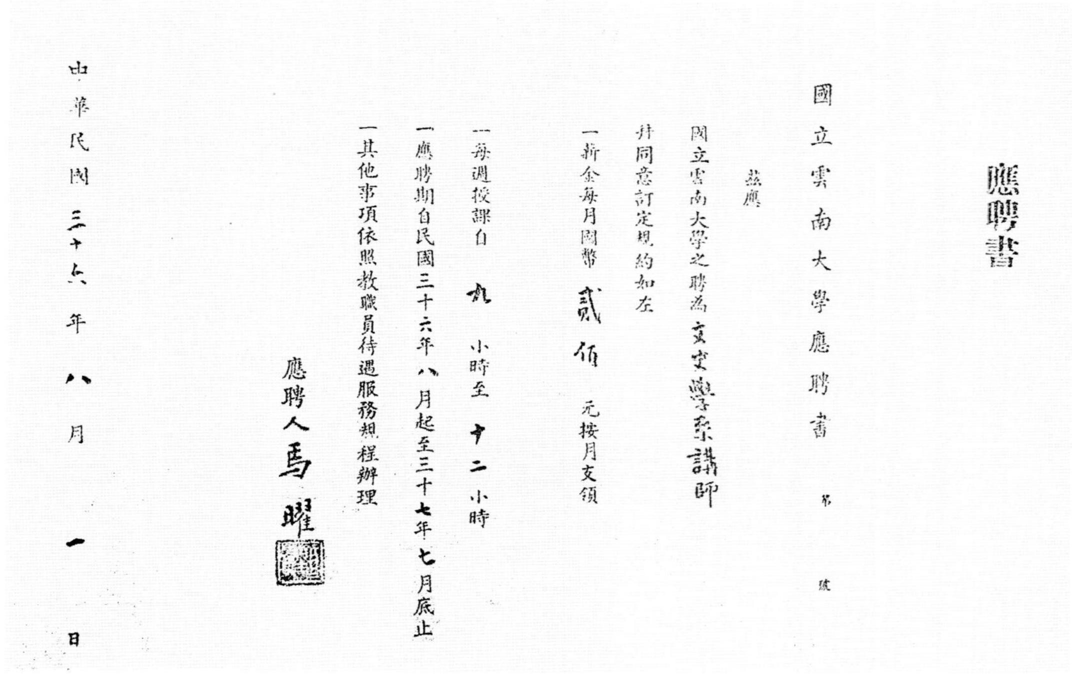
應聘書

國立雲南大學應聘書 第 號

茲應

國立雲南大學之聘為文史學系講師

並同意訂定規約如左

一薪金每月國幣貳佰 元按月支領

一每週授課自 九 小時至 十二 小時

一應聘期自民國三十六年八月起至三十七年七月底止

一其他事項依照教職員待遇服務規程辦理

應聘人馬曜

中華民國三十六年八月一日

1947 年马曜受聘于云南大学的聘书

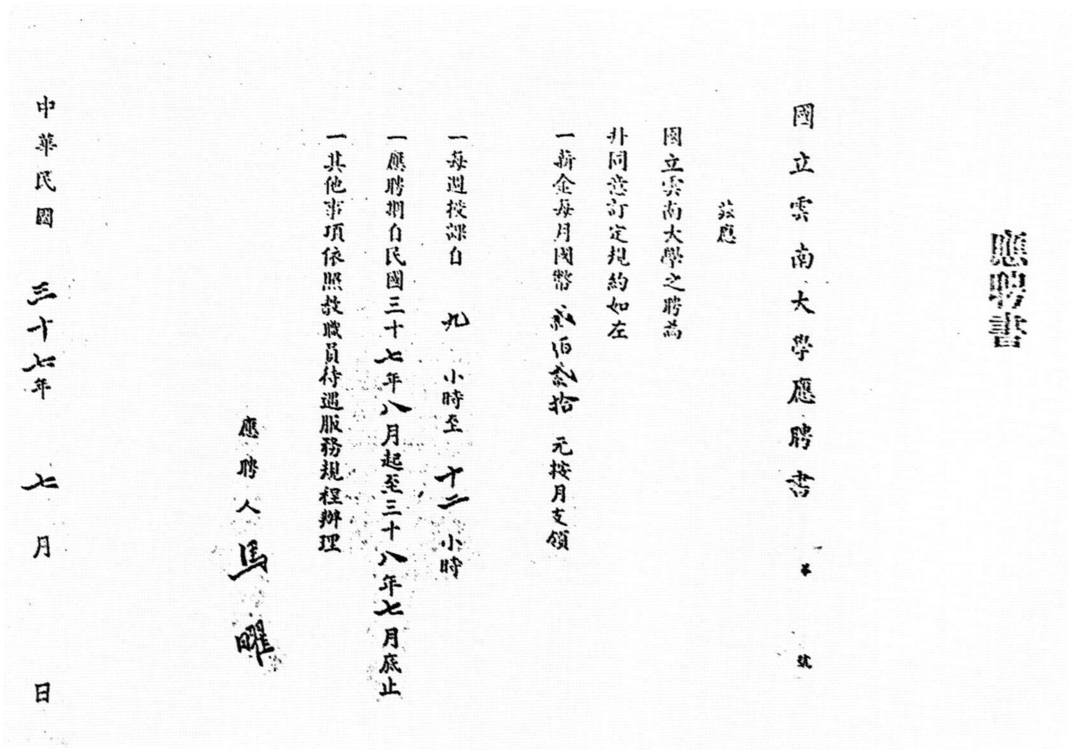
應聘書

國立雲南大學應聘書 第 號

茲應

國立雲南大學之聘為

並同意訂定規約如左

一薪金每月國幣貳佰叁拾 元按月支領

一每週授課自 九 小時至 十二 小時

一應聘期自民國三十七年八月起至三十八年七月底止

一其他事項依照教職員待遇服務規程辦理

應聘人馬曜

中華民國三十七年七月 日

1948 年马曜受聘于云南大学的聘书

1984 年马曜与兄弟合影（左起：老五马智、老四马晋、老大马昶、老二马曜、老三马旭）

1985 年，马曜（右二）及其家人在西山华亭寺海慧塔纪念先辈马金墀时合影
（左起：赵振峦、马昶、马荣柱、张淑慎、赵桐生、马曜、马琼芬、马韵如）

1998 年马曜一家与在昆明亲属在马曜长子马梦湖婚礼上合影

2006 年马曜与家人合影

（前排左起：马曜、王志符、马旭、马智、马世媛；后排左起：马荣发、马鈞如、马翔、马越如、胡惠兰、马荣宪、马荣邦）

马曜与马智（弟）、马静如（侄女）合影

马曜与侄儿马荣邦夫妇（左）及表侄张烈夫妇（右）合影

2004年马曜与侄儿马荣邦合影

马曜与表侄张锡禄合影

马曜与四堂嫂张淑慎合影

1993 年，马曜（中）与季羡林（右）出席“郑和下西洋学术研究国际会议”时合影

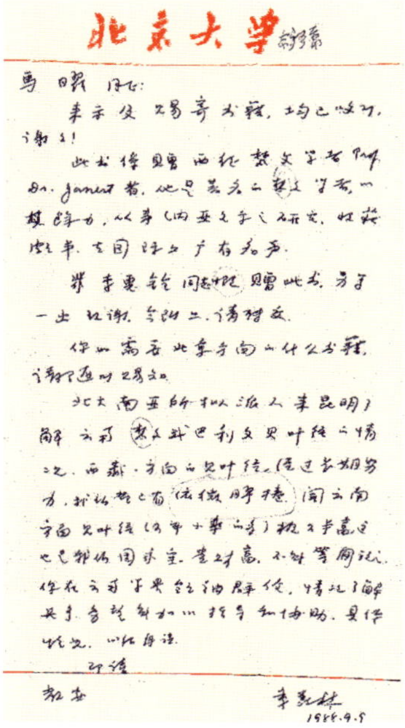

北京大学

马曜同志：

来示及赐寄书籍，均已收到，谢谢！

此书系赠西德梵文学者 Prof. Dr. Janert 者。他是著名之梵文学者之一，[illegible]从事[illegible]之研究，[illegible]

[illegible]

北大南亚所拟派人来昆明了解云南[illegible]情况，[illegible]

[illegible]

敬礼

季羡林
1988.9.5

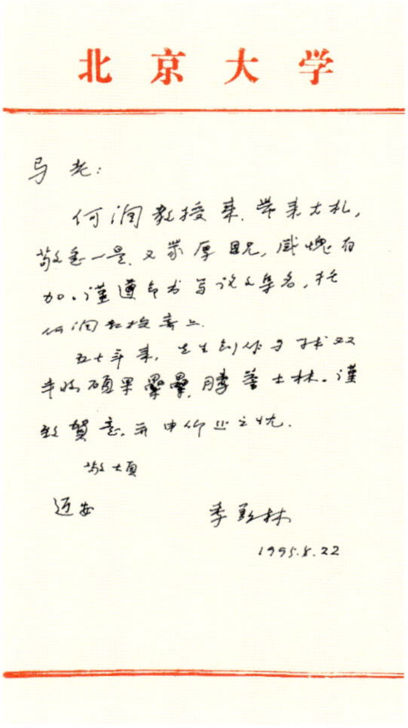

北京大学

马老：

何润教授来，带来大札，敬悉一是。又蒙厚贶，感愧何加。谨遵台命写成书名，托何润教授寄上。

五十年来，先生创作与研究双丰收，硕果累累，誉满士林。谨致贺意，并申仰止之忱。

敬颂

近安

季羡林
1995.8.22

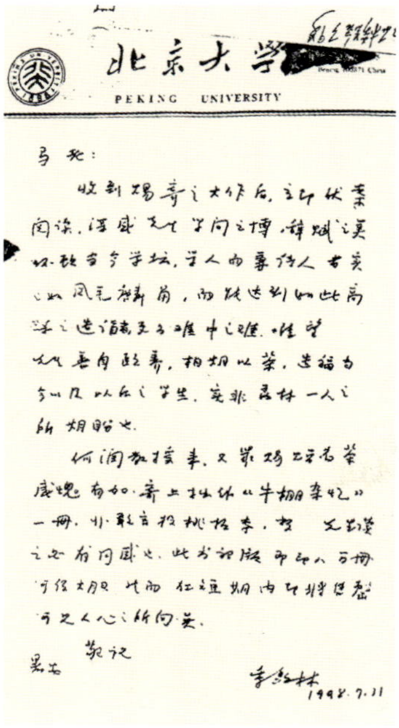

北京大学 [redacted]
PEKING UNIVERSITY

马老：

收到赐寄之大作后，立即伏案阅读，深感先生学问之博，[illegible]。学人而兼诗人者实如凤毛麟角，而能达到如此高深之造诣更为难中之难。惟望先生善自颐养，相期以茶，[illegible]，实非羡林一人之所期盼也。

何润教授来，又蒙[illegible]，感愧有加。寄上拙作《牛棚杂忆》一册，[illegible]投桃报李。[illegible]之心有同感也。此书初版印八万册，[illegible]人心之所向矣。

敬祝

暑安

季羡林
1998.7.11

季羡林写给马曜的信

1980 年马曜与任继愈（左三）、饶华（左五）、王平曾（左六）等在昆明留影

20 世纪 80 年代初马曜（前排右一）与任继愈（前排左二）合影

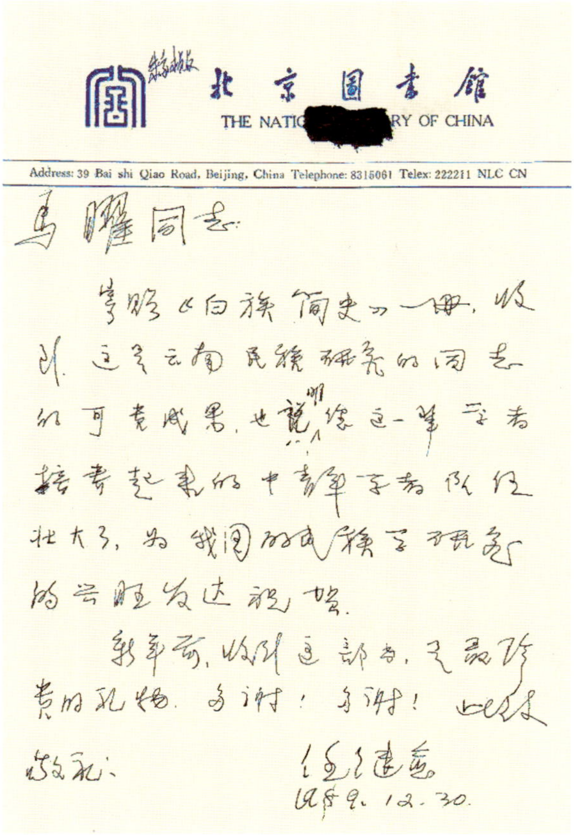

北京图书馆
THE NATI[redacted]RY OF CHINA
Address: 39 Bai shi Qiao Road, Beijing, China Telephone: 8315061 Telex: 222211 NLC CN

马曜同志：

赠的《白族简史》一册，收到。这是云南民族研究的同志们可贵成果，也说明像这一批学者培养起来的中青年学者队伍壮大了，为我国的民族学研究的兴旺发达祝贺。

新年前收到这部书，是最珍贵的礼物。多谢！多谢！此致

敬礼！

任继愈
1989.12.30.

任继愈写给马曜的信

任继愈贺马曜九十华诞联

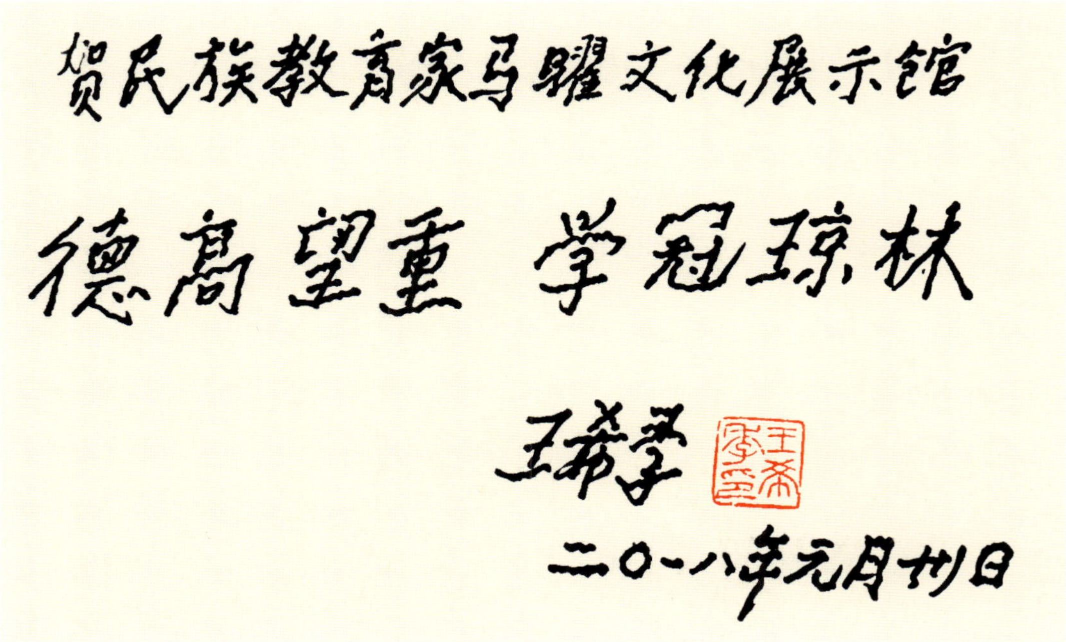

王希季给马曜文化展示馆的题字

1999 年 10 月马曜与王希季合影

1947 年马曜与战友杨青田在昆明合影

马曜与王连芳合影

马曜与金丹元

1983 年 11 月马曜访美时与龙绳文、杨振宁 、吴健雄等合影

1999 年 8 月马曜与郑伯克（左前）等合影

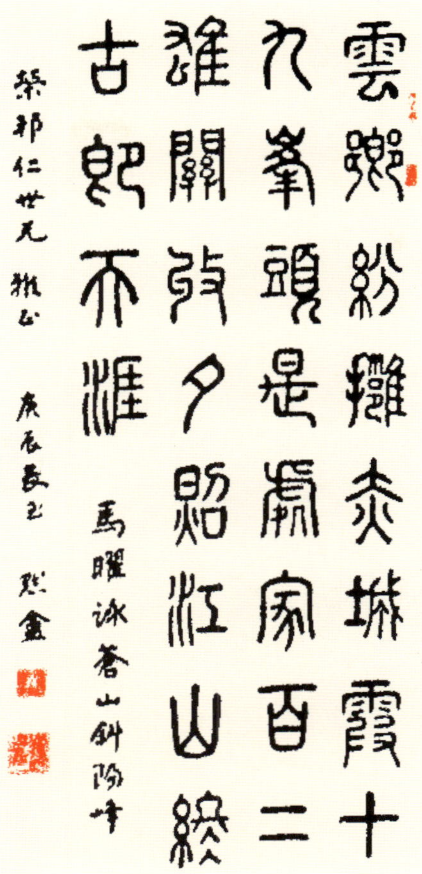

王志符书马曜诗

马曜与王志符合影

1986 年大理州州庆时，马曜与张文勋（前排右五）等在大理州博物馆前合影

1990 年马曜与李拂一（中）、赵嘉文（左）合影

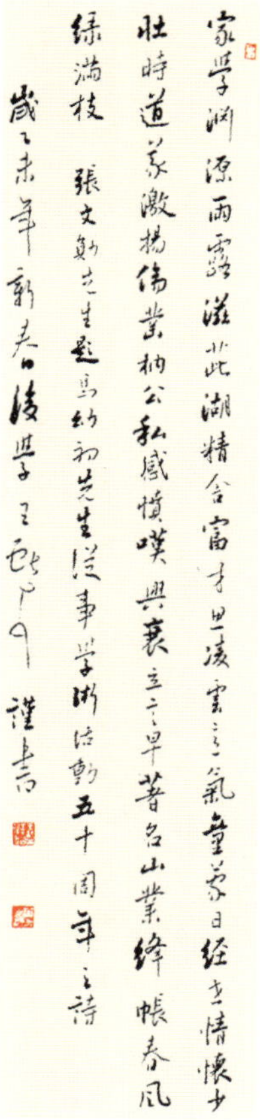

张文勋赞马曜诗
（王献生书）

马曜与张文勋合影

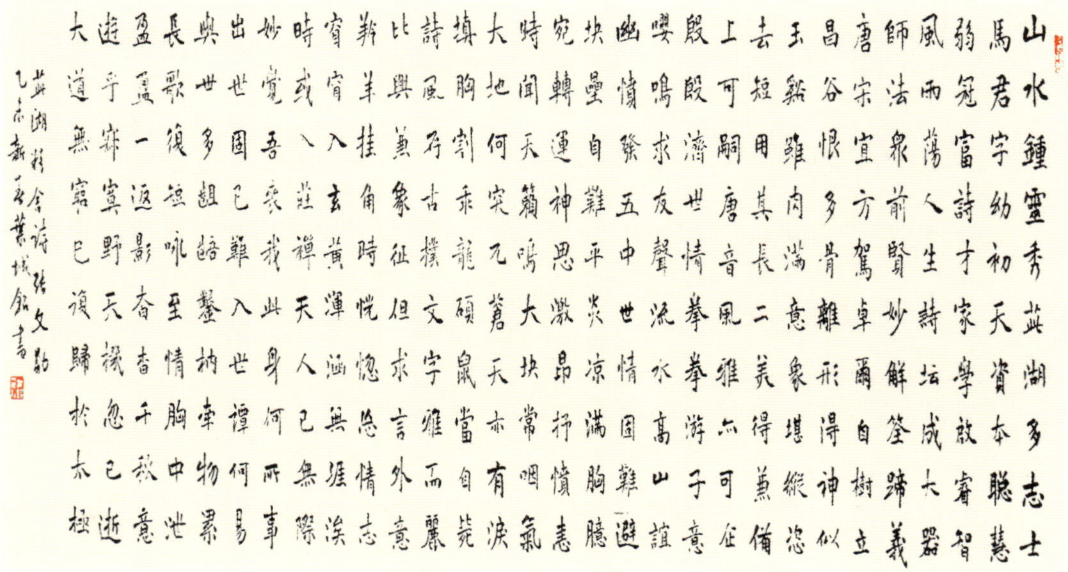

张文勋教授赞马曜诗（叶城铭书）

1995 年 10 月庆祝马曜教授从事学术活动五十周年座谈会留影

1997 年 1 月 10 日《云南省志・人物志》审定小组第二次会议参会人员合影（前排左起：计云英、宁超、王云、杨维骏、马曜、祁山、李群杰、王连芳、李瑾、李景煜）

1998 年，马曜与马荣邦及张烈祭扫王德三等烈士时合影

1998 年马曜与刘树生（右二）、朗大中（左一）、杨实（右一）合影

1999年“上海五老”（20世纪30年代在上海的云南同学）聚会留影
（前排左起：王志符、王志导、马曜、王义高、蒋南生）

马曜（右一）与赵健民（右二）参观昆明海埂翰荣轩博物馆时留影

马曜与李群杰合影

马曜与晓雪合影

马曜与杨聪合影

马曜与赵济州（中）、施立卓（右）合影

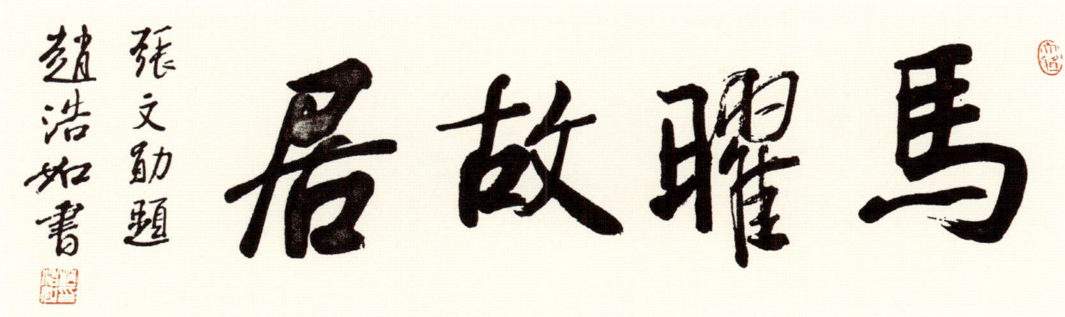

张文勋题“马曜故居”（赵浩如书）

洱源马氏宗祠暨“马曜学术成果展示馆”

马曜故居

2018 年 7 月，张宝三（前排右二）视察马曜学术成果展示馆时留影

李国栋撰联缅怀马曜

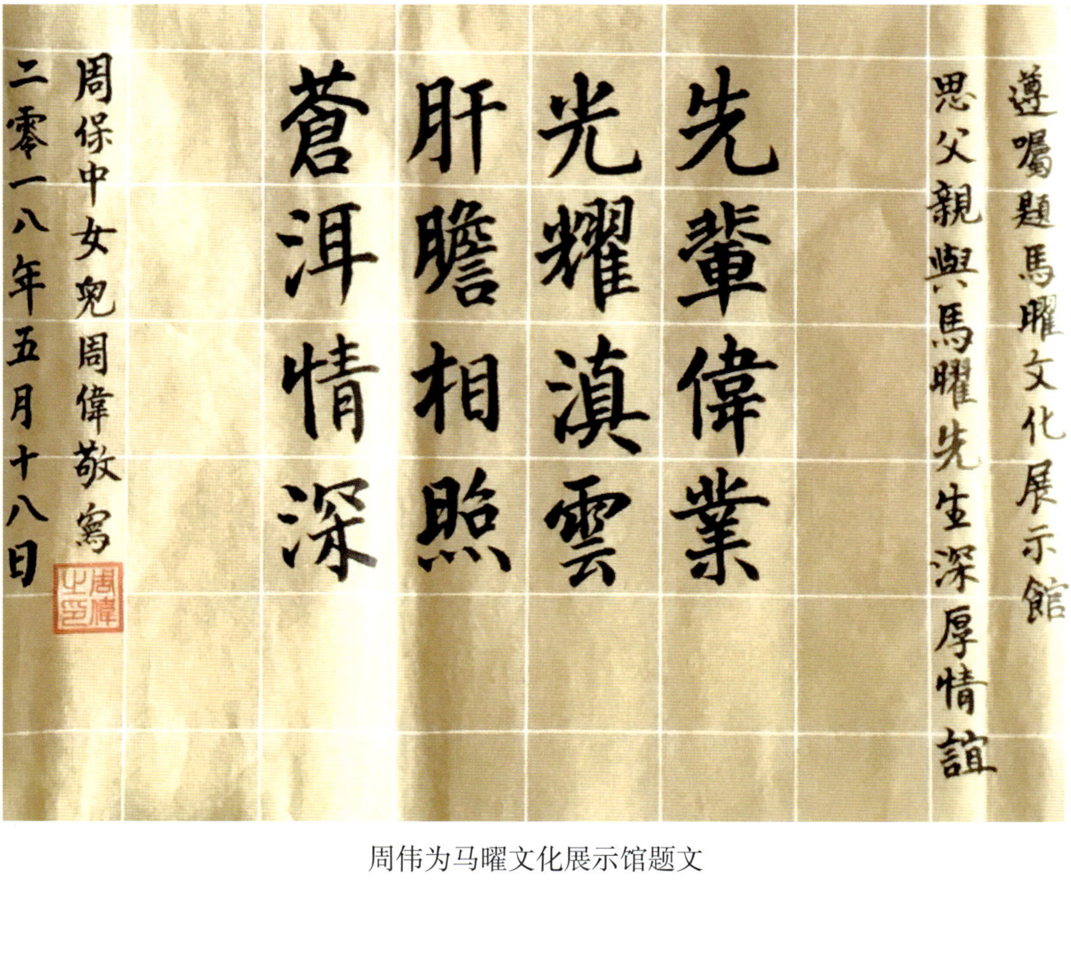

周伟为马曜文化展示馆题文

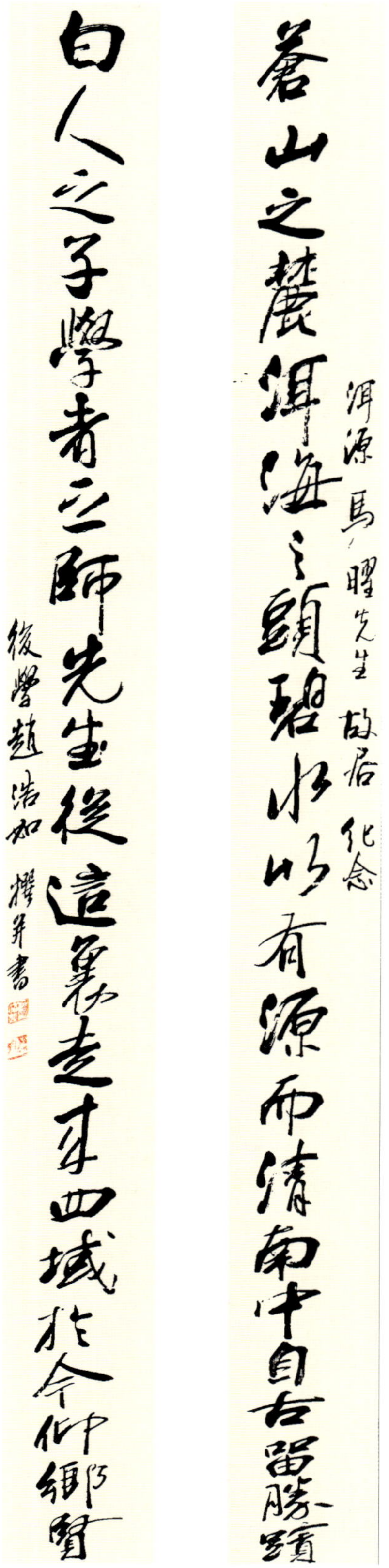
蒼山之麓洱海之頭碧水以有源而清南中自古留勝蹟
洱源馬曜先生故居紀念
白人之子學者之師先生從這裏走來西域於今仰鄉賢
後學趙浩如撰并書

赵浩如撰联纪念马曜

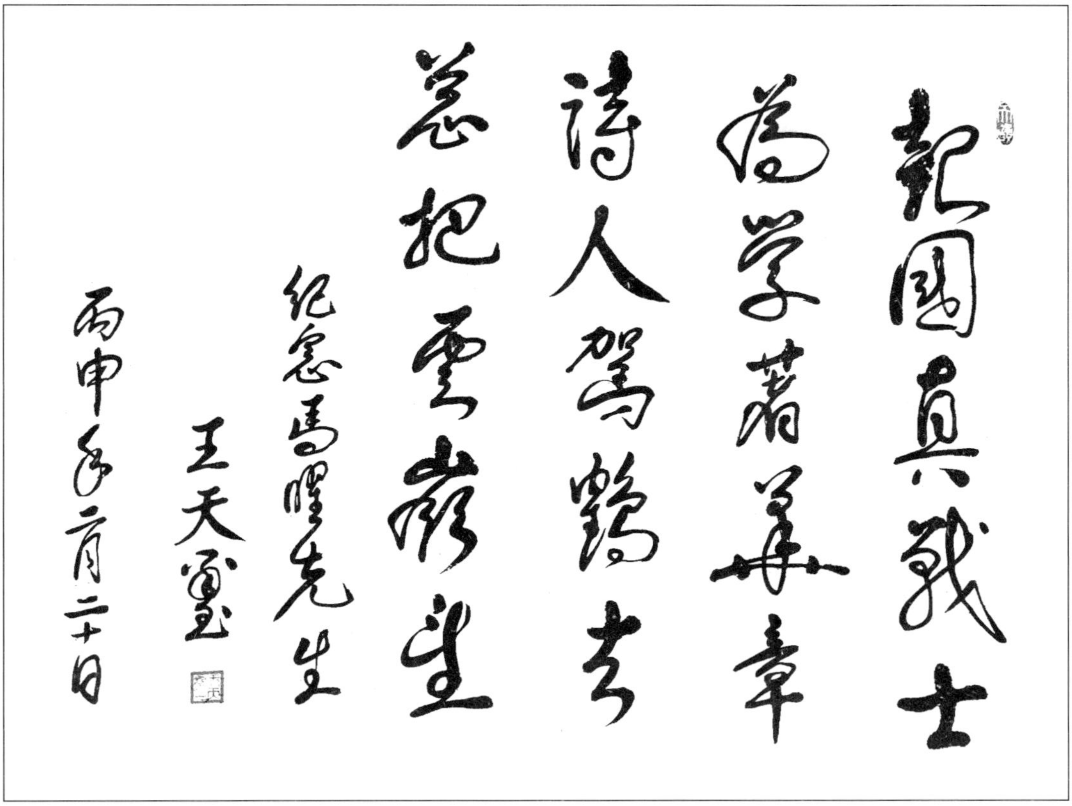

王天玺为马曜学术成果展示馆题文

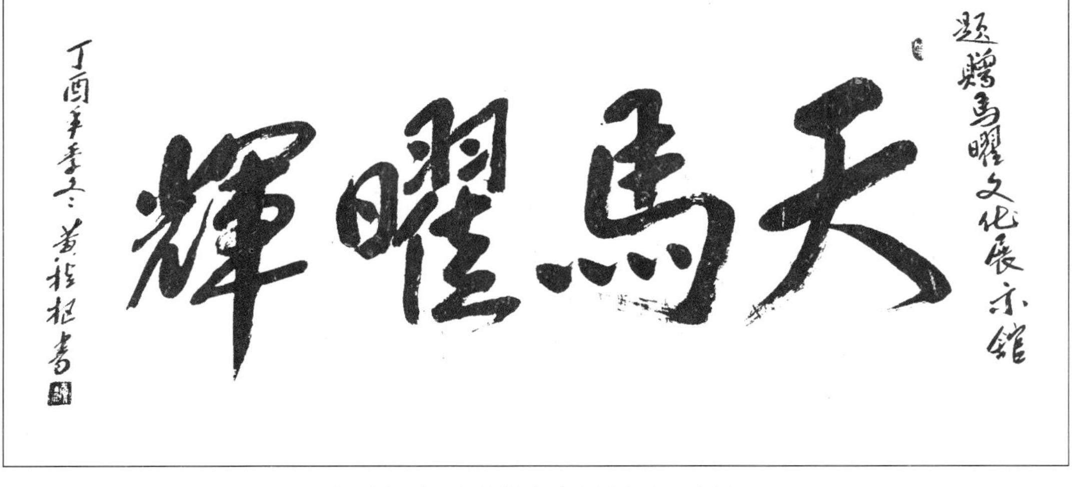

黄桂枢为马曜学术成果展示馆题字

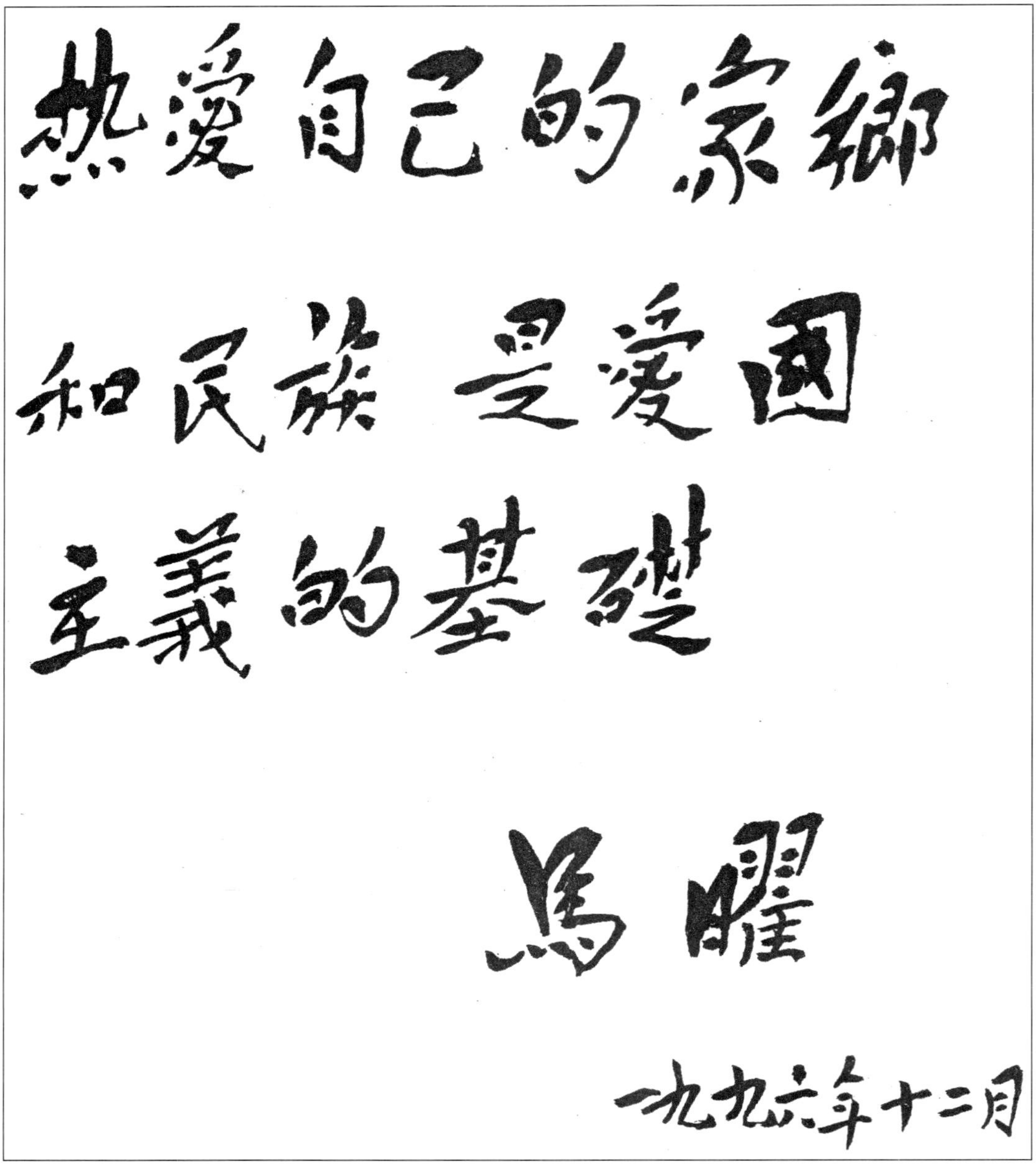
熱愛自己的家鄉
和民族 是愛國
主義的基礎
馬曜
一九九六年十二月

马曜手书心声

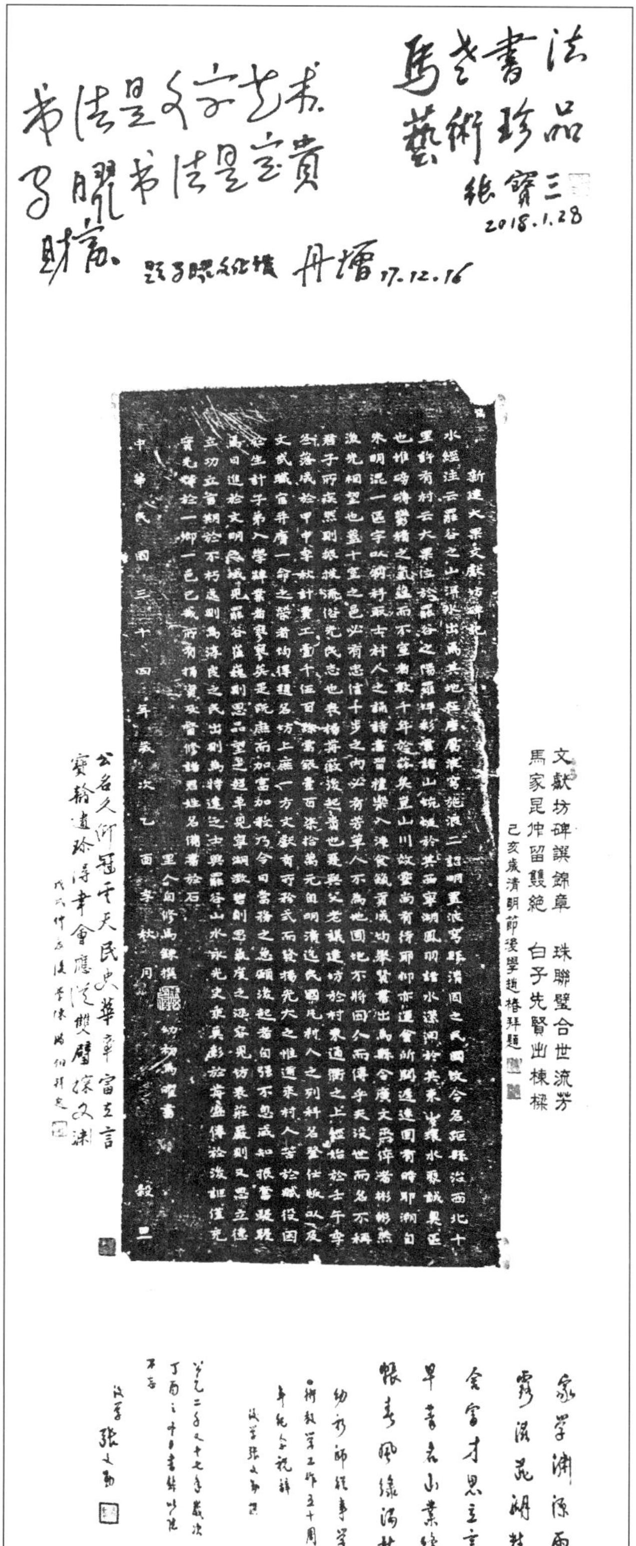

1945 年《新建洱源大果村文献坊碑记》

（马鍊撰，马曜书）

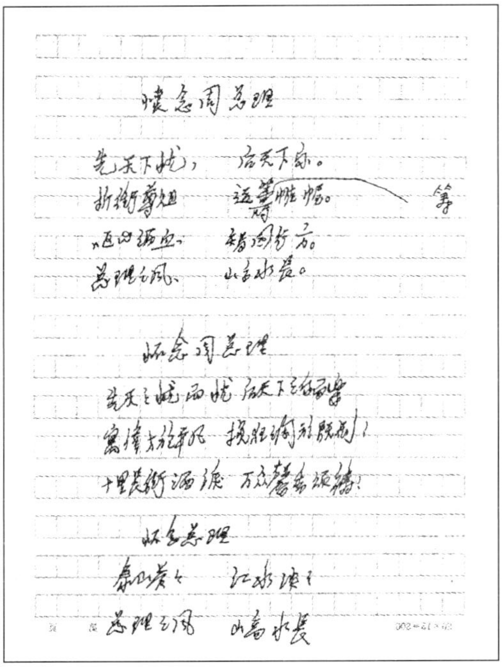

马曜怀念周总理诗手稿

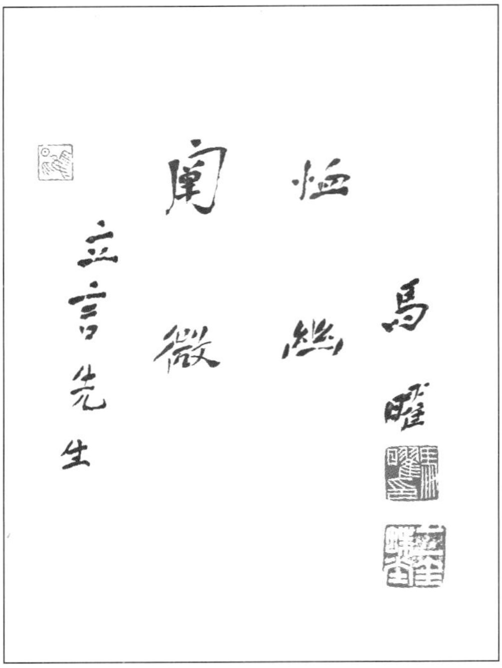

马曜给陈立言的题词

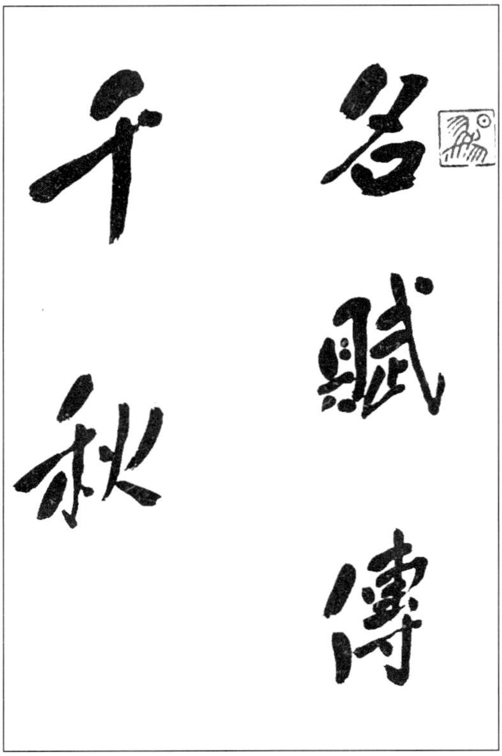

马曜给周善甫《春城赋》的题词一

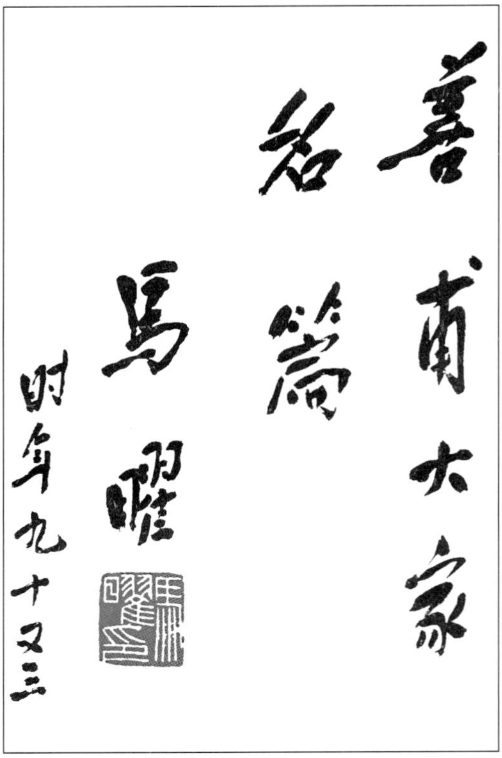

马曜给周善甫《春城赋》的题词二

《此湖精舍诗初集》（1947 年第一版）封面

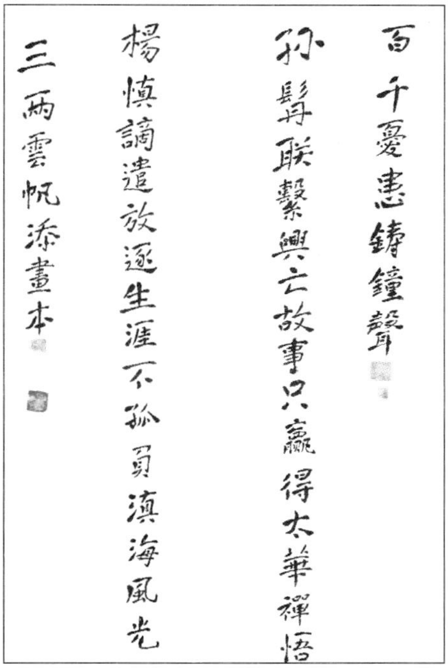

马曜撰书大观楼髯翁亭对联

马曜书赠赵椿

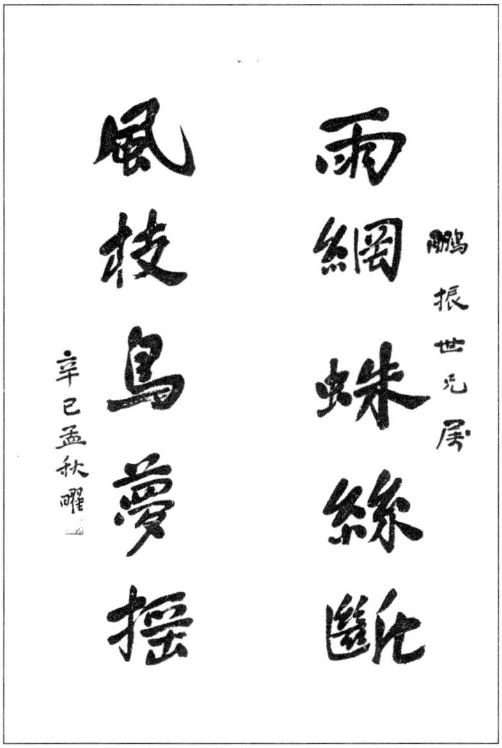

马曜书赠鹏振

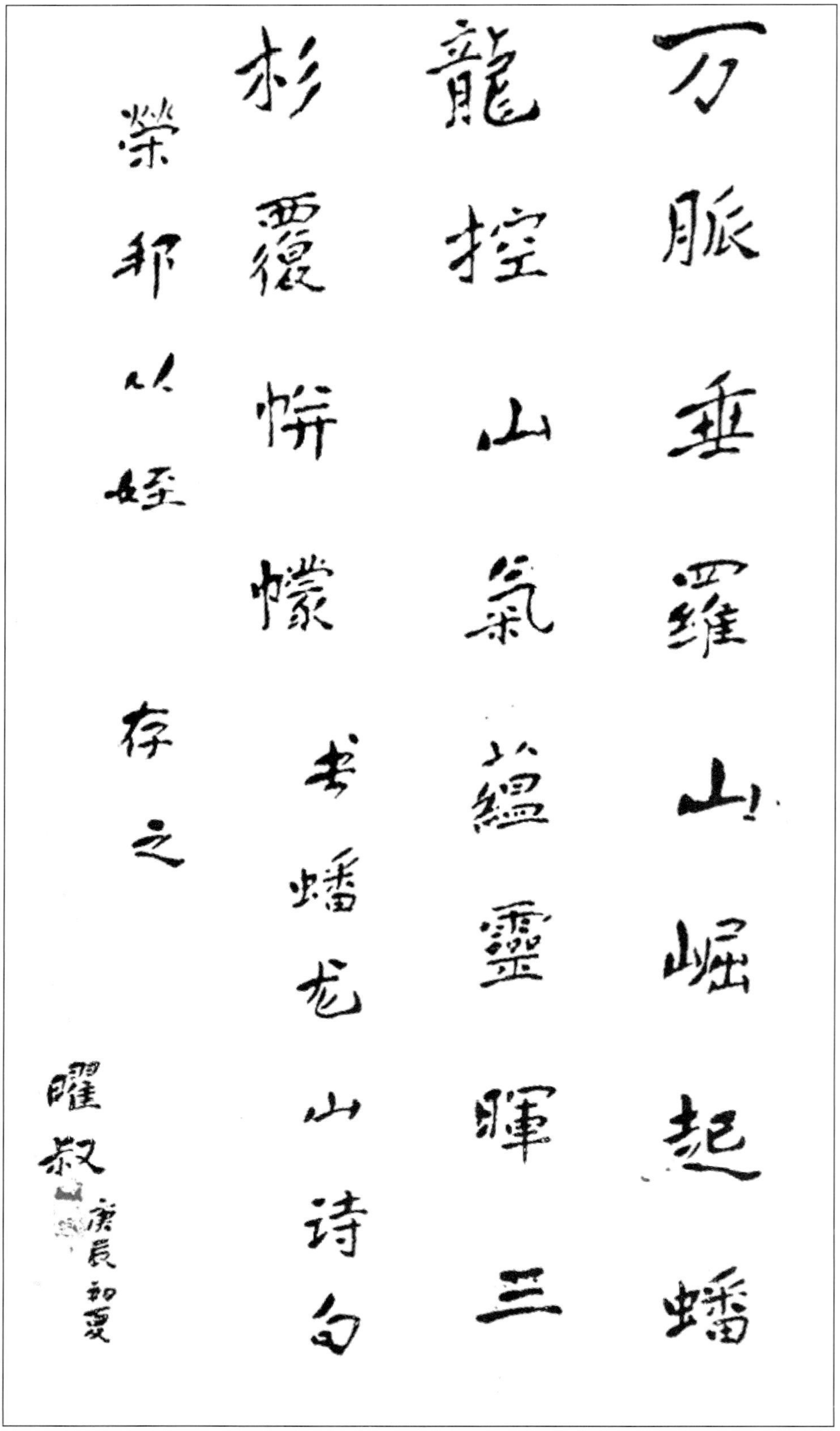

马曜书赠马荣邦

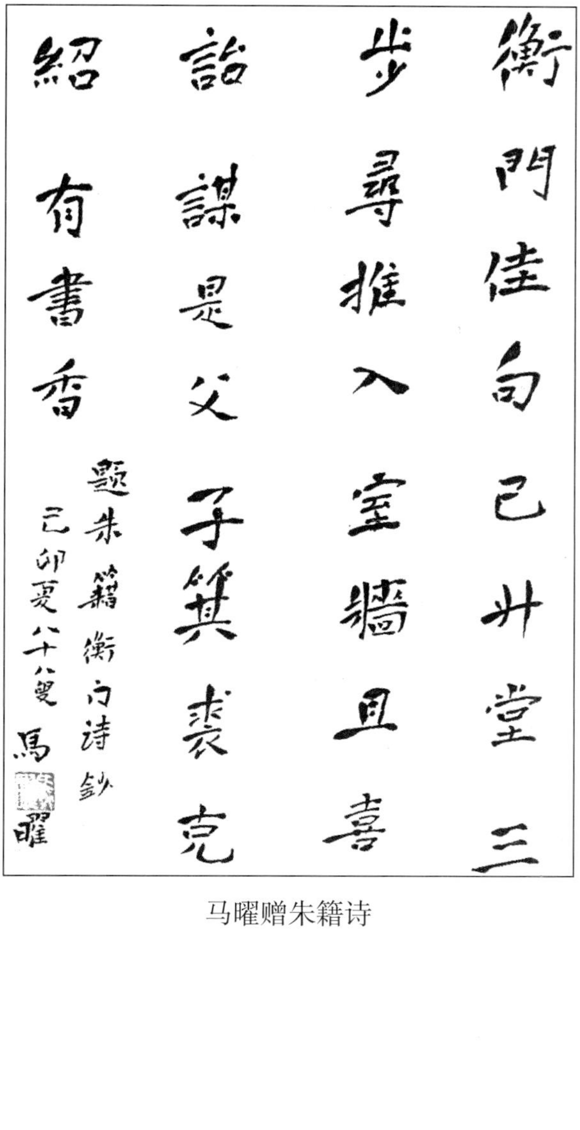

马曜赠朱籍诗

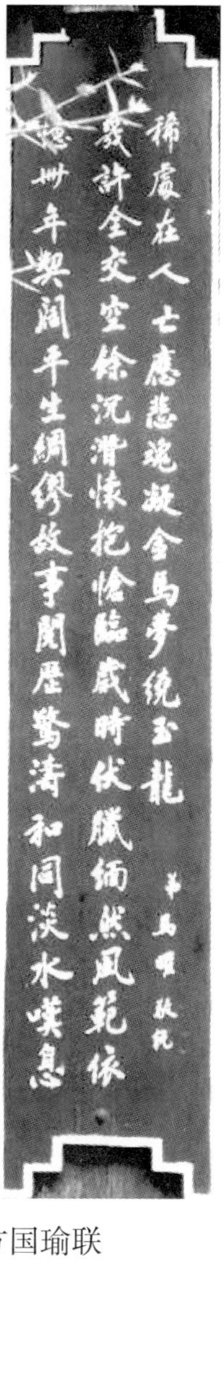

马曜挽方国瑜联

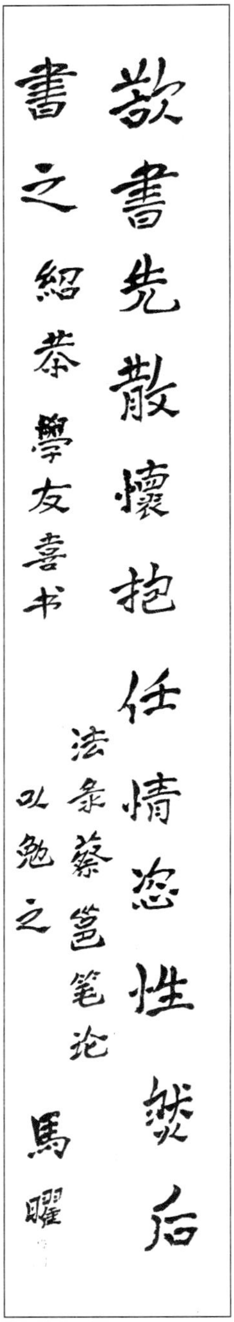

马曜书赠杨绍恭

赵椿题“马曜学术成果展示馆”馆名

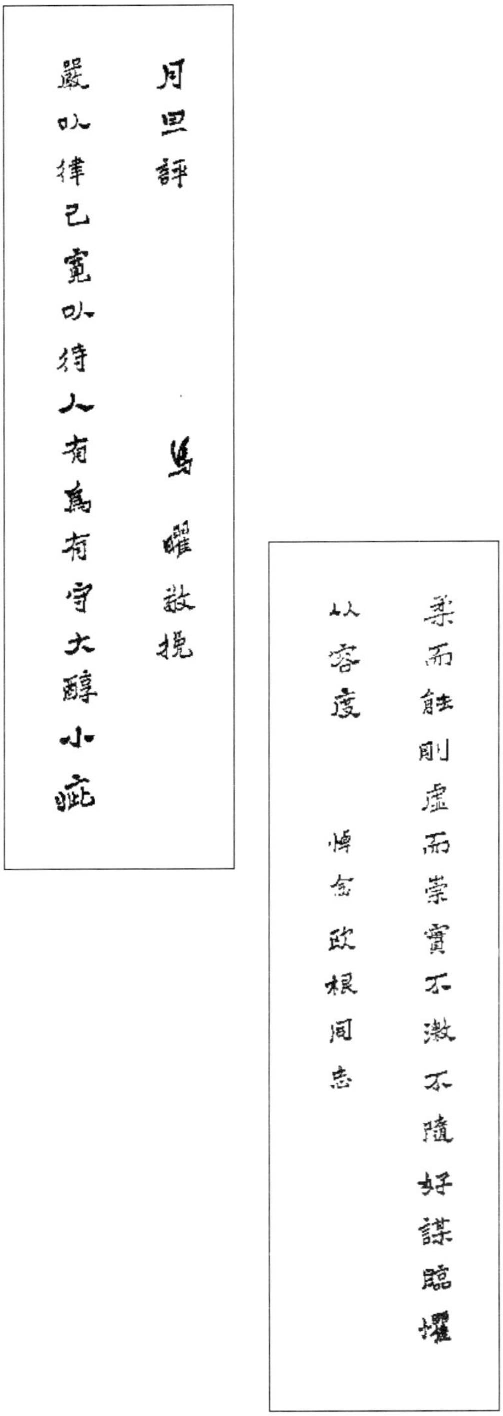

马曜挽欧根联

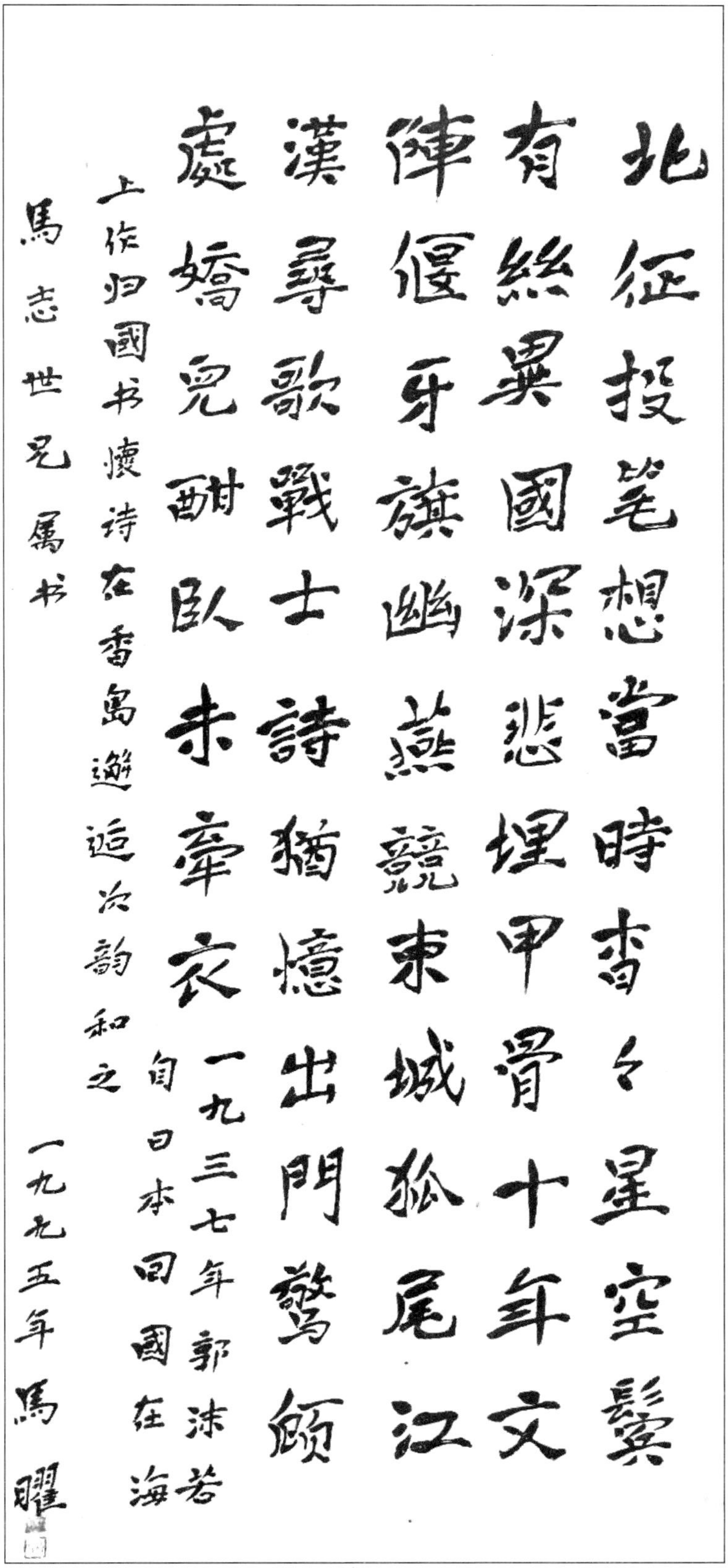

马曜书赠“边纵”战友马志诗

马曜挽马志联

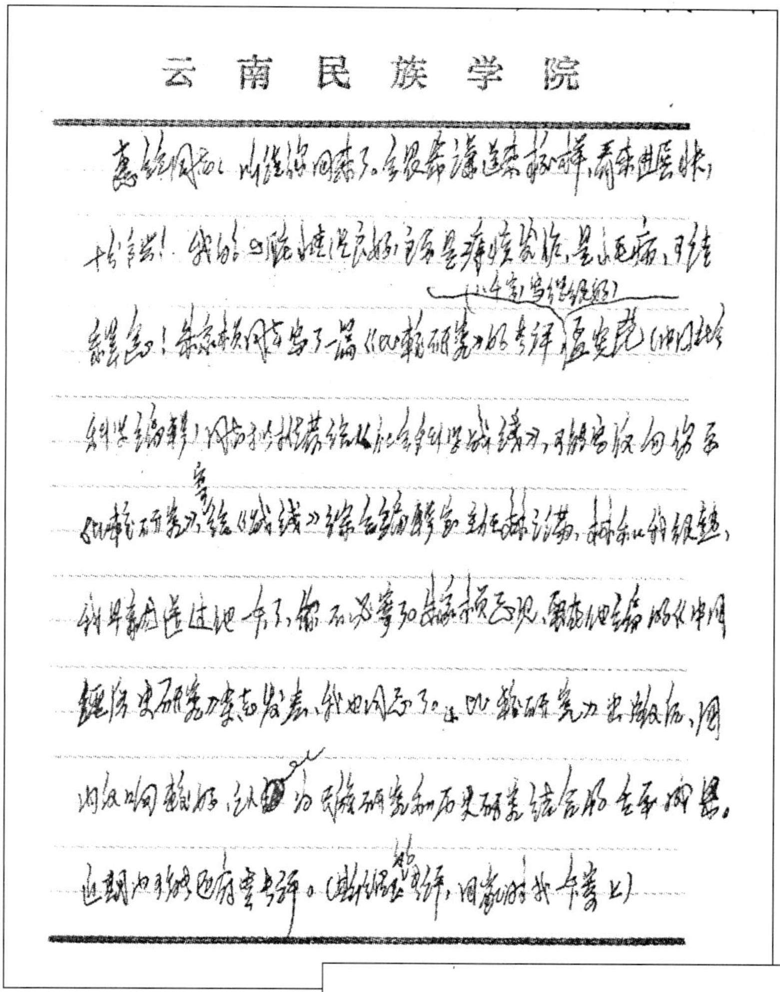

云南民族学院

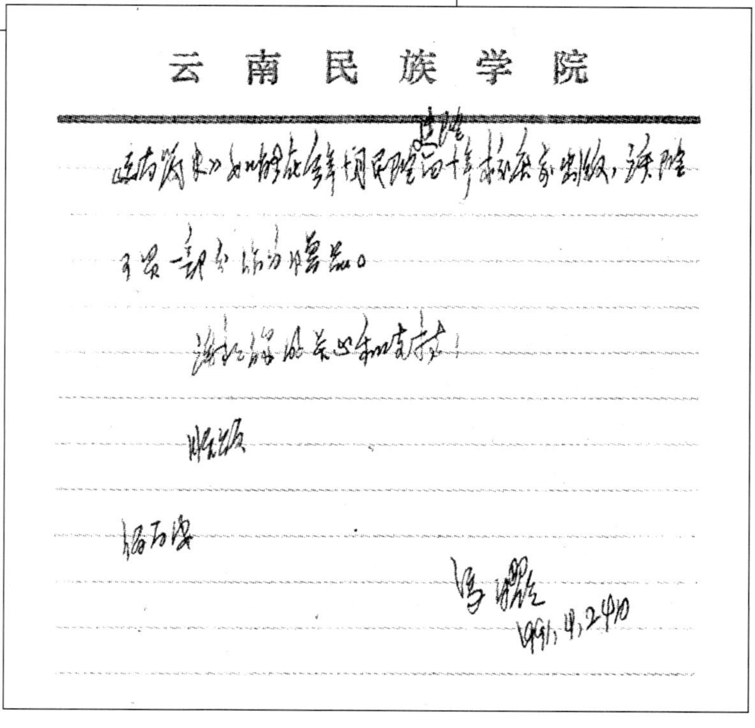

云南民族学院

马曜写给李惠铨的书信

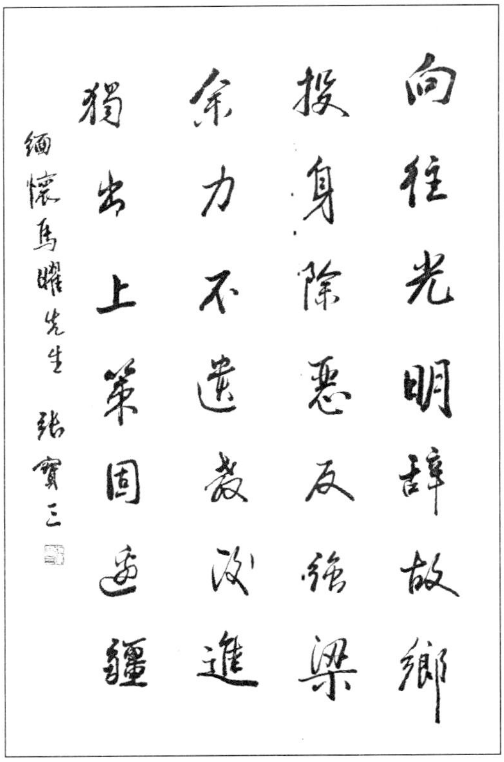

张宝三题诗缅怀马曜

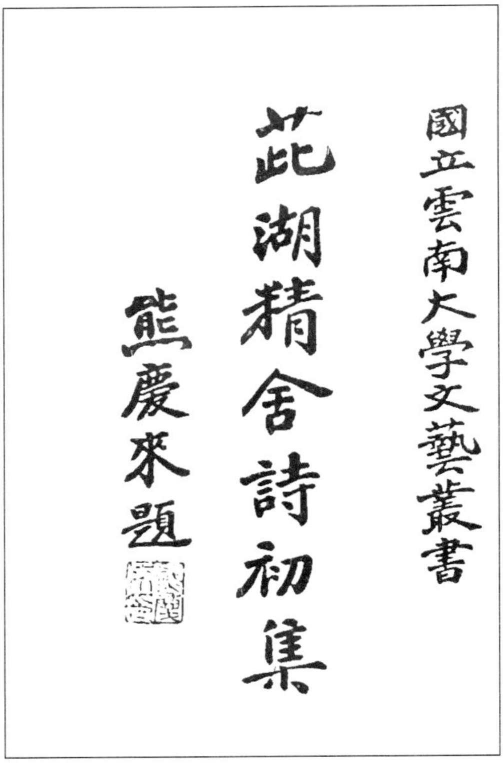

熊庆来为马曜《茈湖精舍诗初集》题写的书名

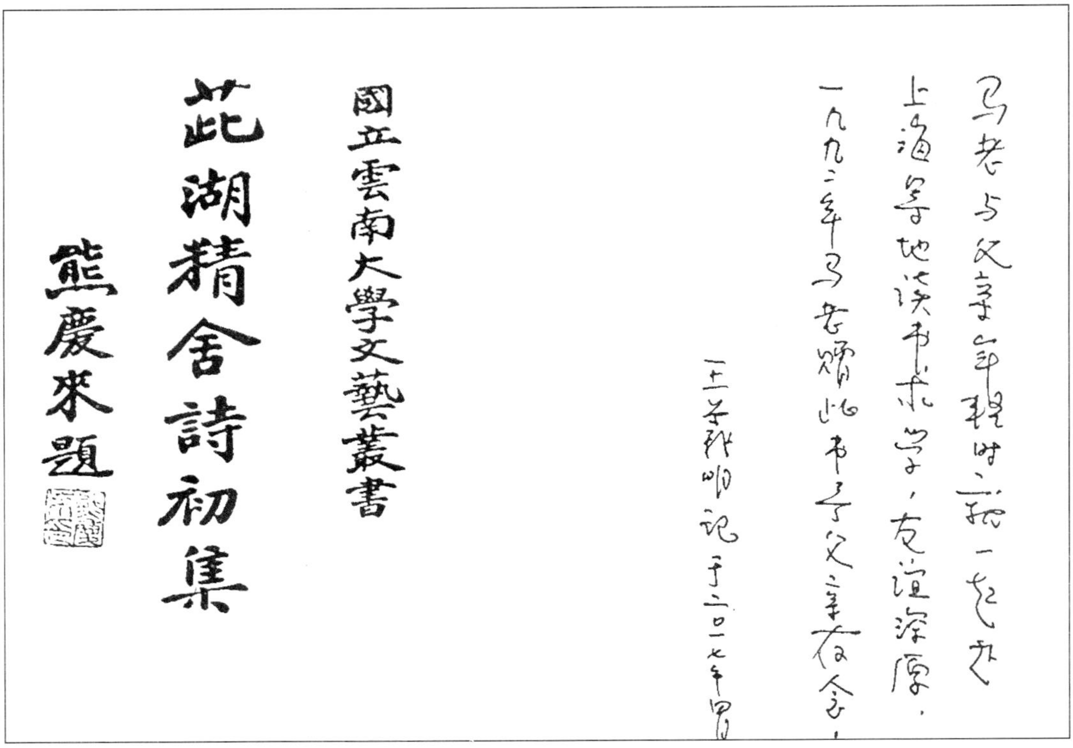

王义明题马曜《茈湖精舍诗初集》

张文勋悼马曜联

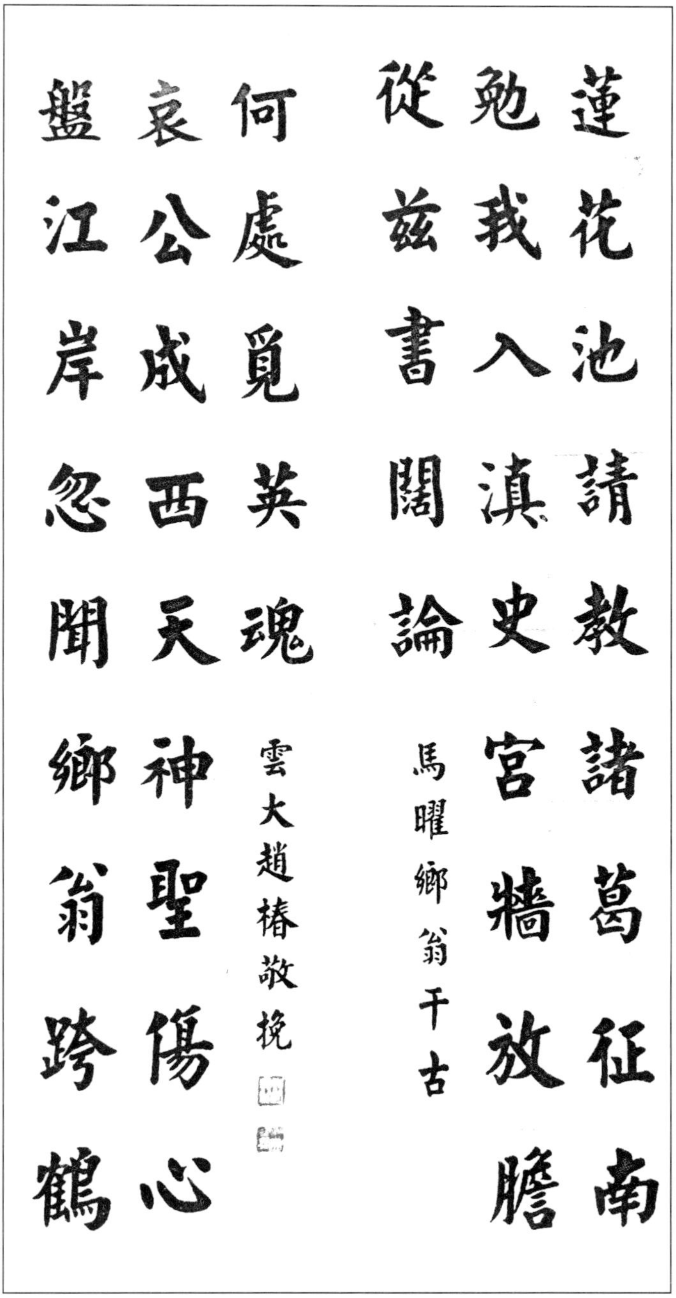

赵椿挽马曜联

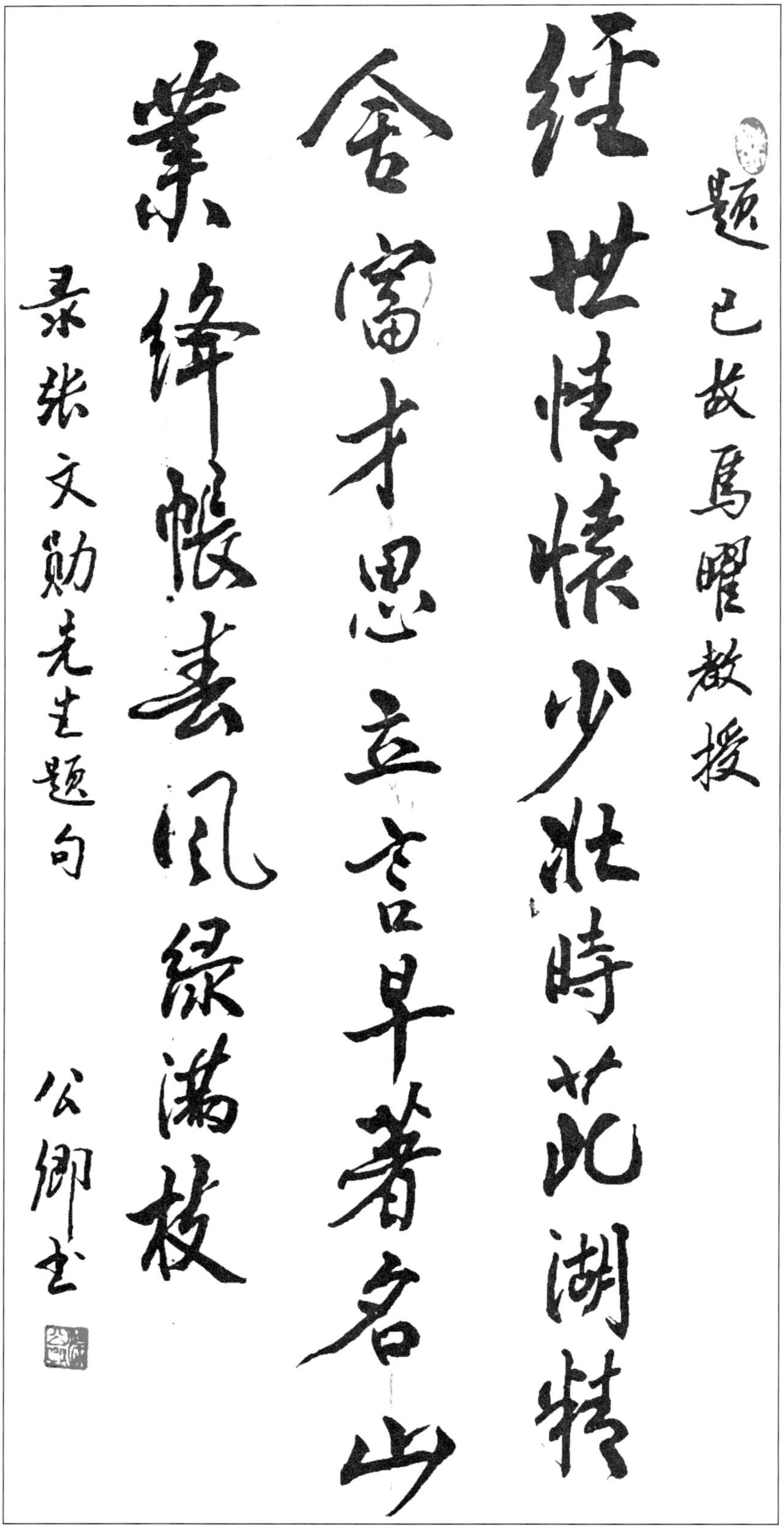

梁公卿录张文勋先生题句缅怀马曜

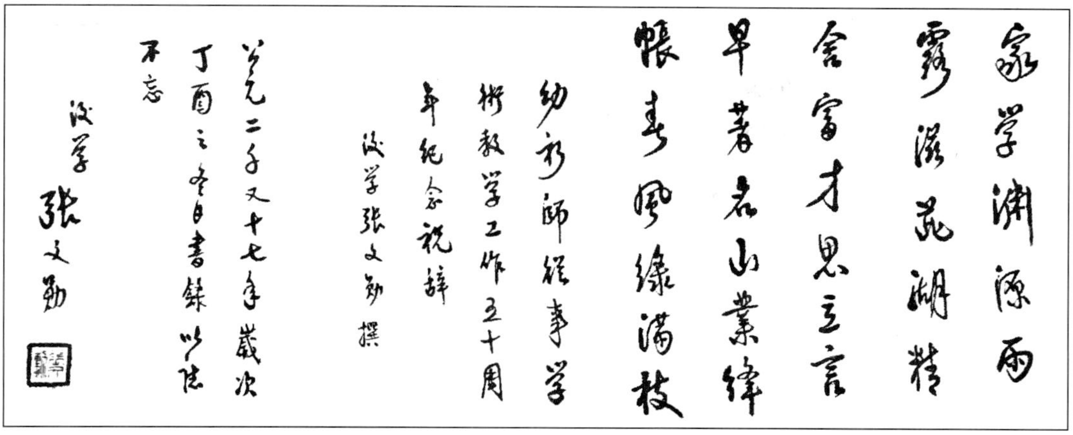

张文勋撰纪念马曜从事教学工作50周年祝辞

赵翼荣悼马曜联

马曜悼周总理诗（赵翼荣书）

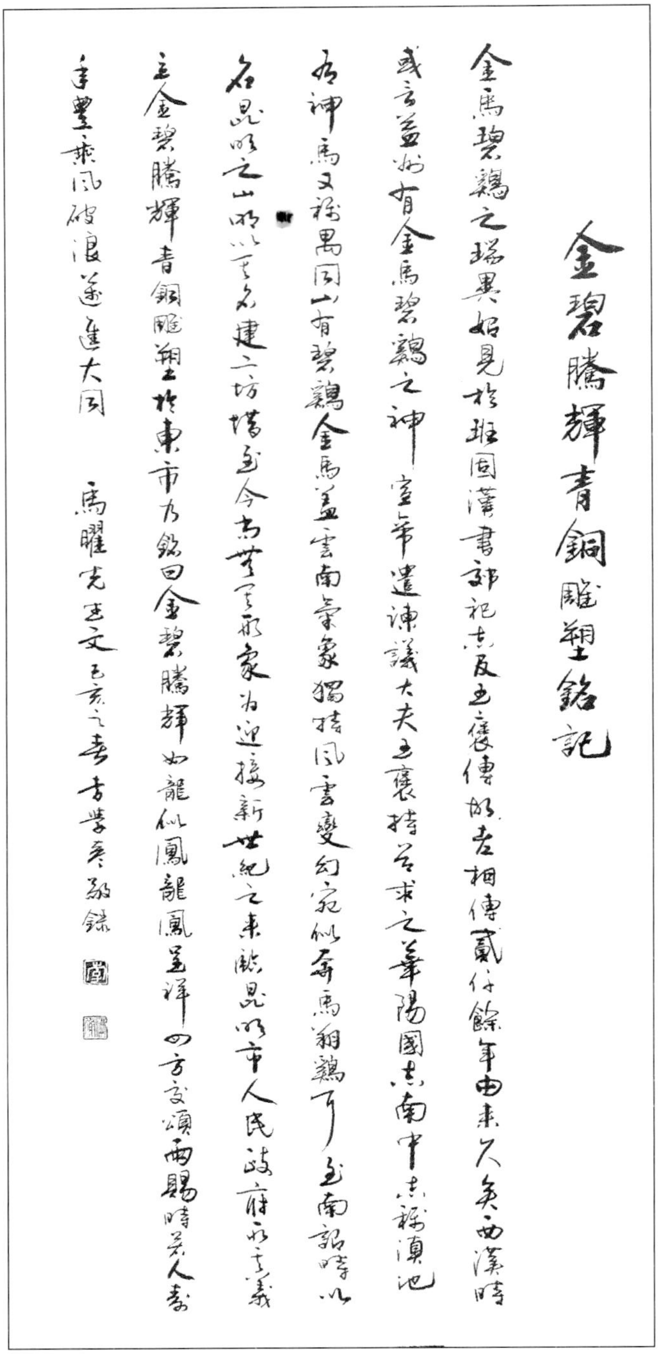

马曜撰《金碧腾辉青铜雕塑铭记》（李学彦书）

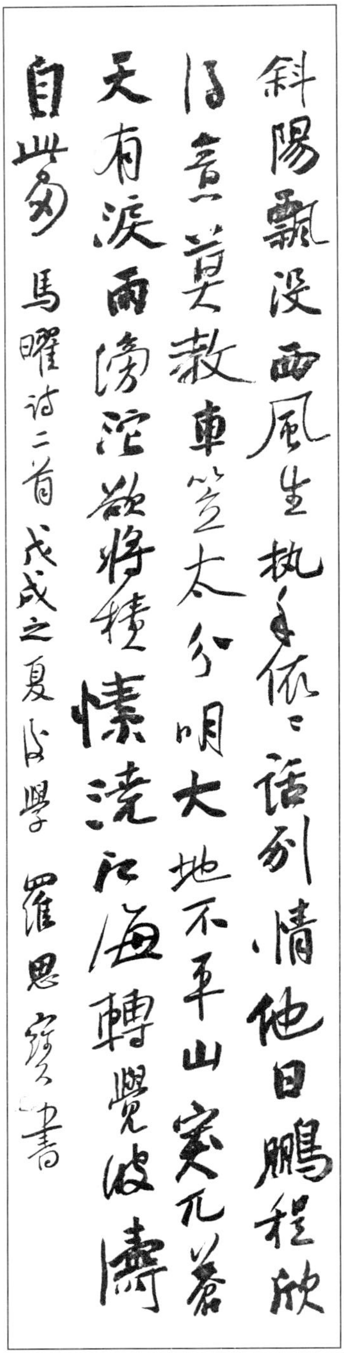

马曜诗两首（罗思宝书）

马曜和郭沫若诗（冯国语书）

马曜为四堂哥马錬所撰的传记文（张诚书）

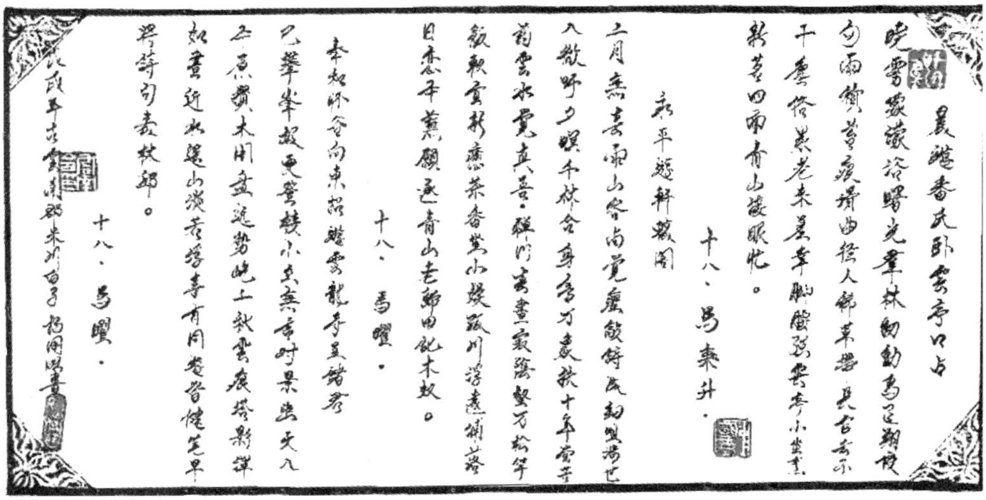

马秉升及马曜诗三首（杨国旺书）

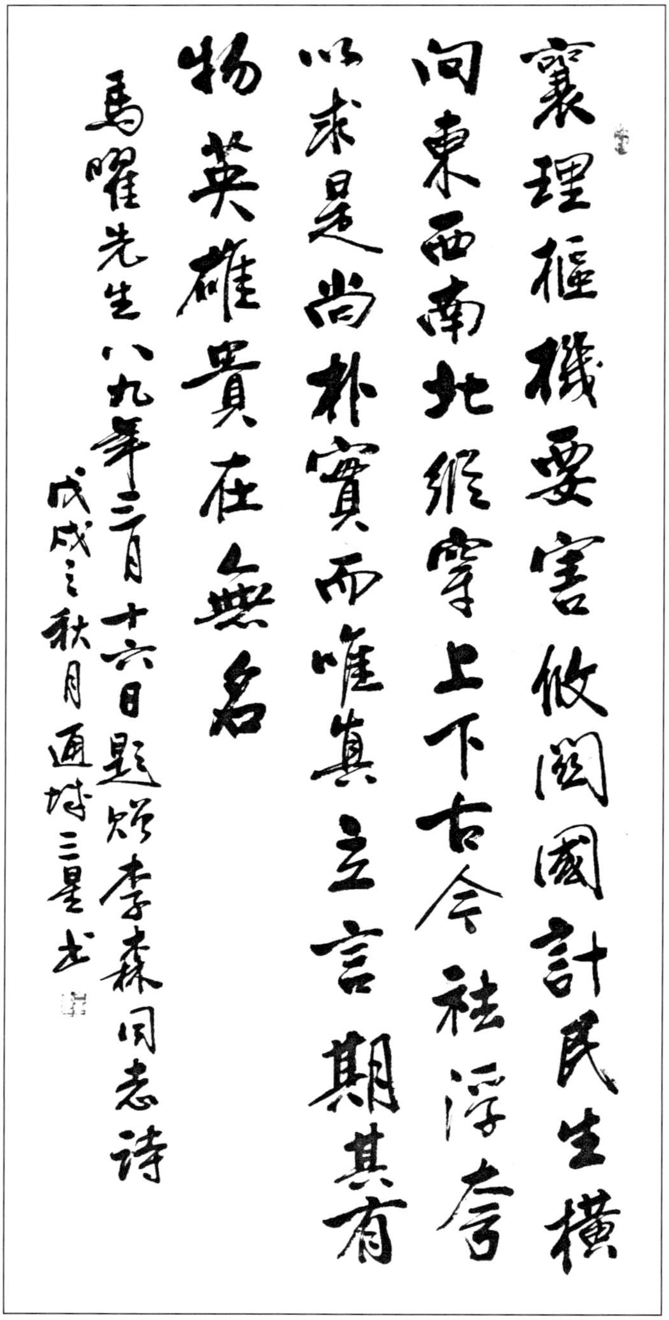

马曜赠李森诗（卢三星书）

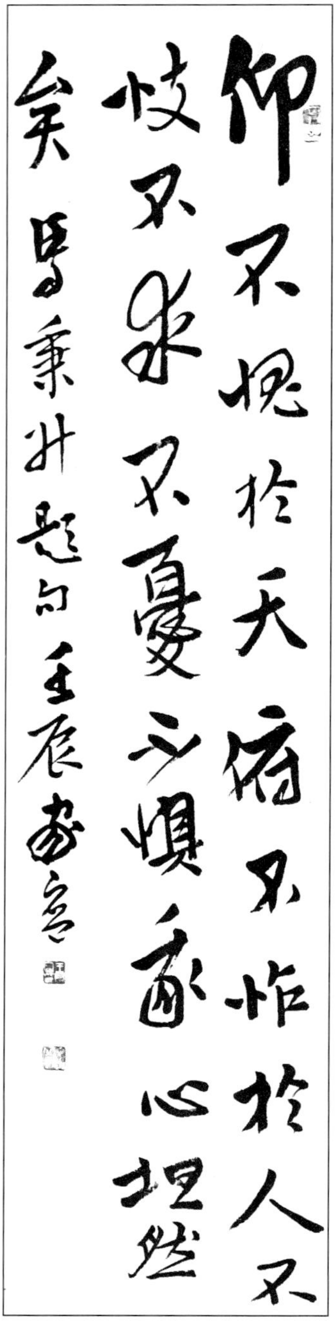

马秉升诗（王家宁书）

马曜纪念其四堂哥马鍊百年诞辰联
（张诚书）

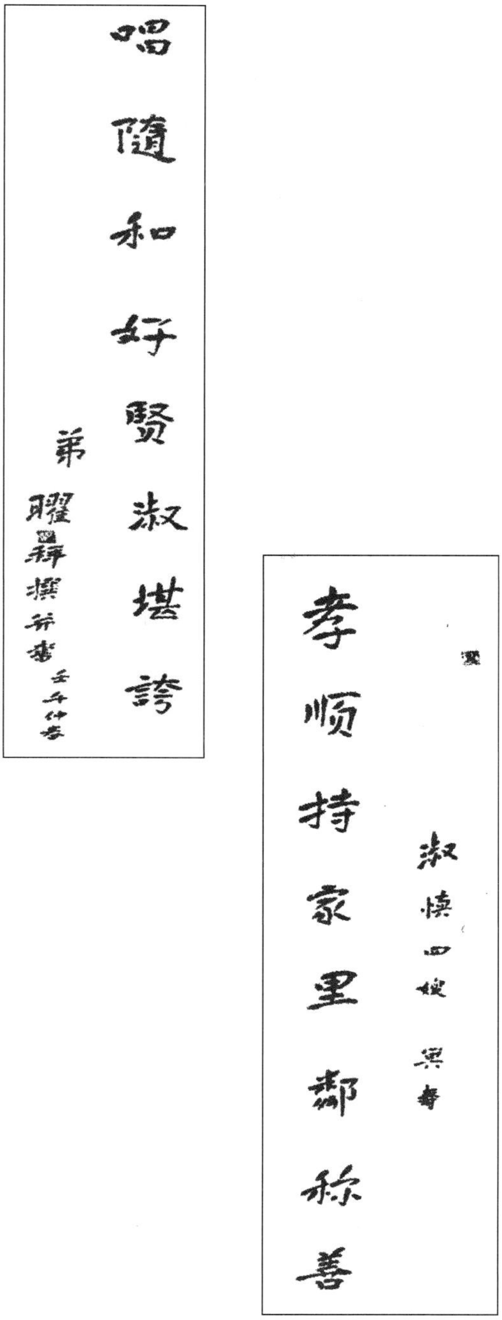

马曜挽四堂嫂张淑慎联

马曜挽胞兄马昶联

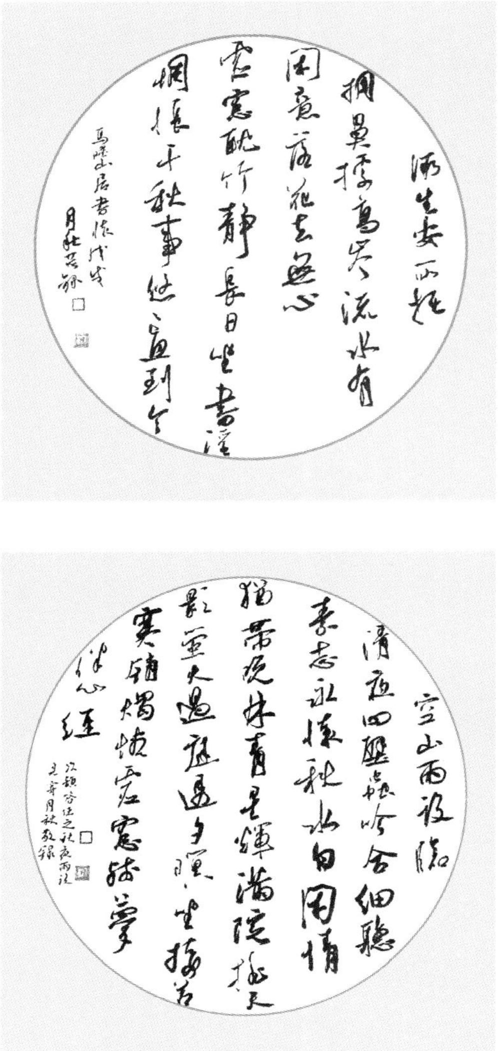

赵月秋书马曜诗

杨修品撰联缅怀马曜

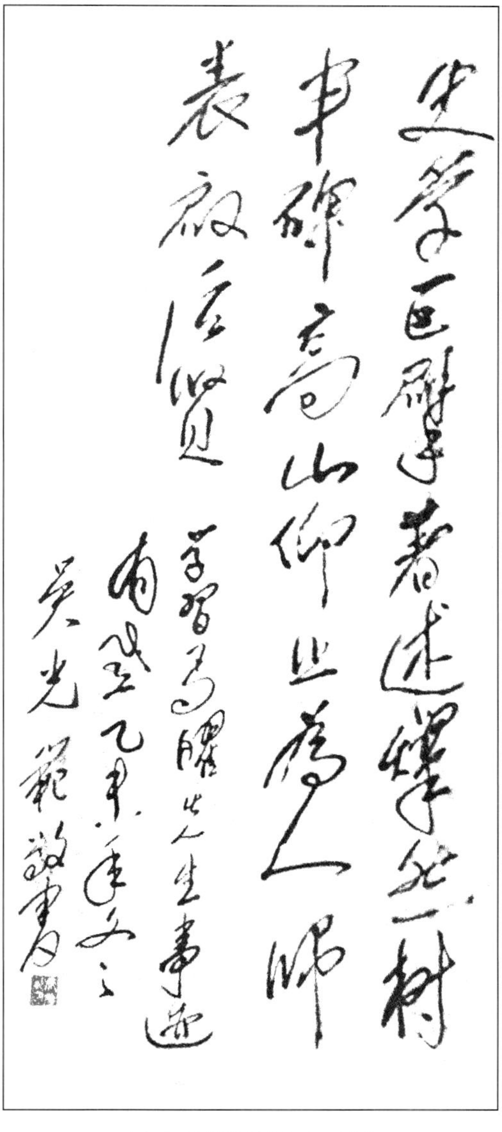

吴光范撰联纪念马曜

孙雨亭题字赠马曜

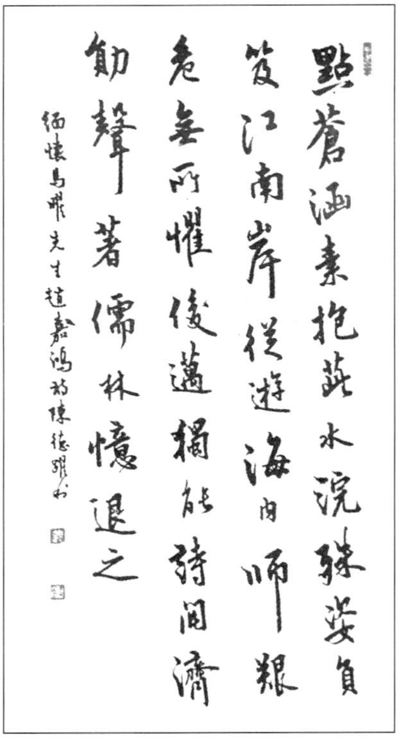

赵嘉鸿缅怀马曜文（陈德明书）

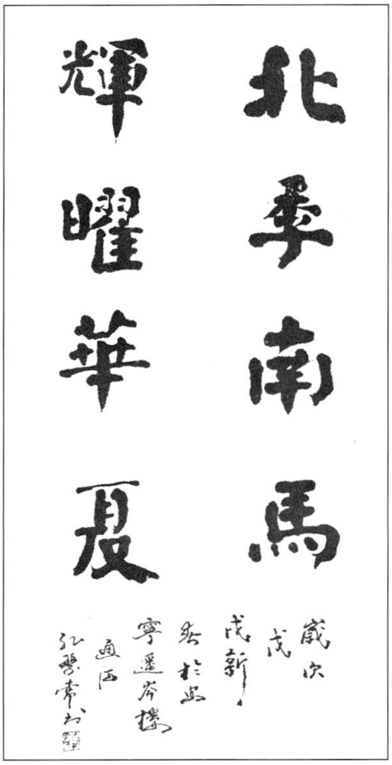

孔繁常缅怀马曜联

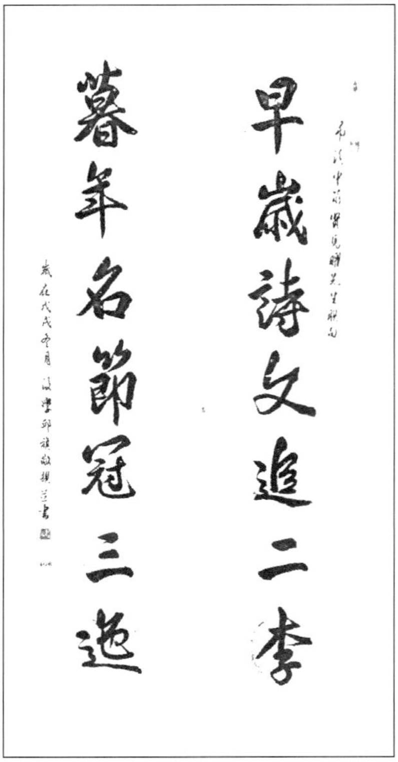

邱旗纪念马曜联

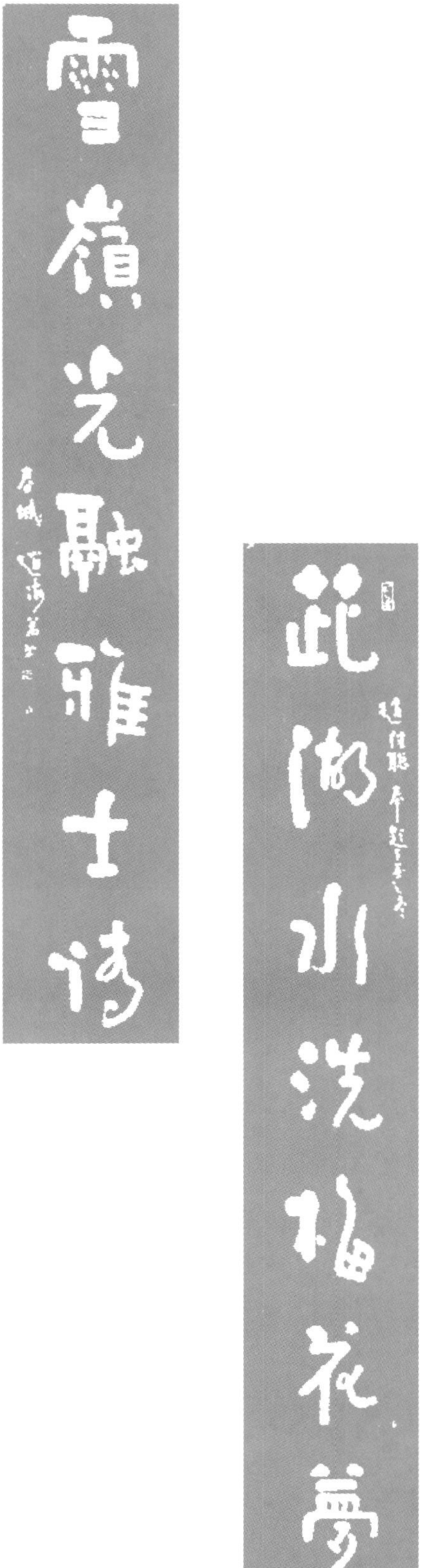

赵佳聪缅怀马曜联（赵海诺书）

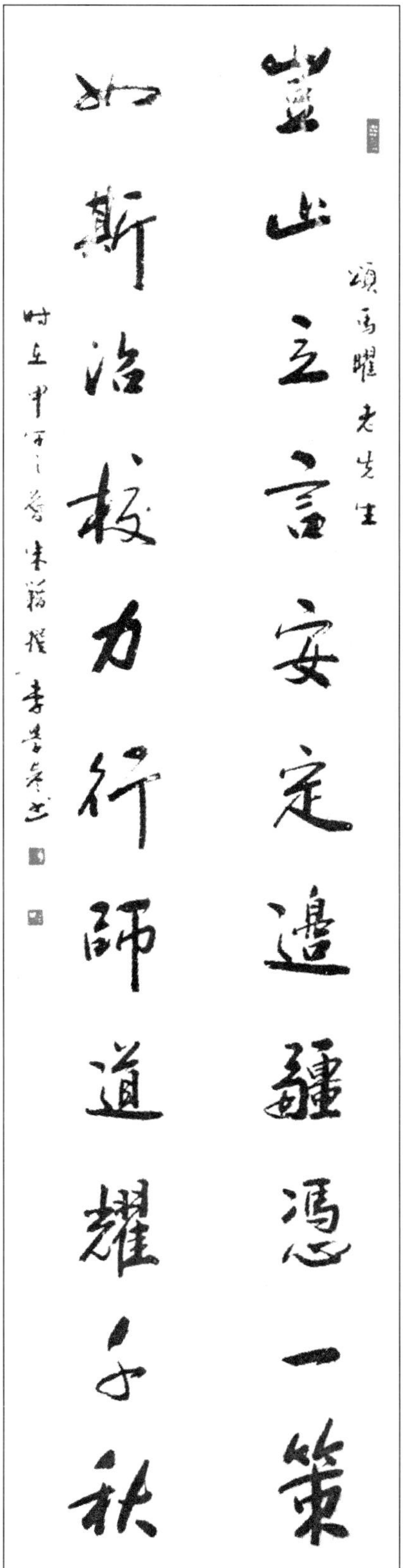

朱籍颂马耀联（李学彦书）

王嘉勇缅怀马曜联

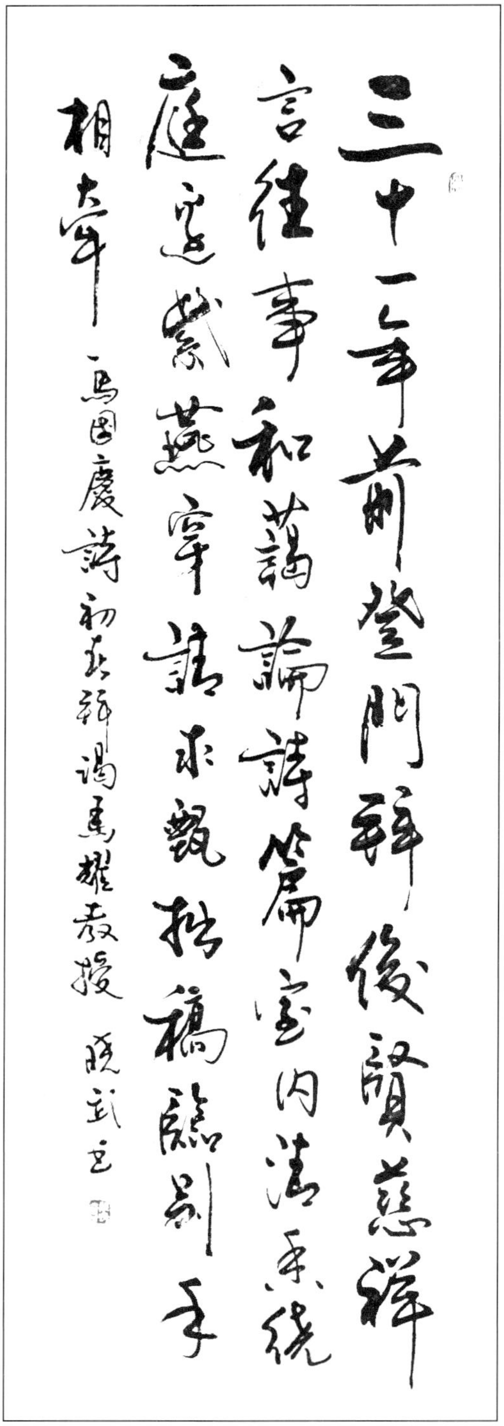

马国庆赞马曜诗（晓武书）

序

张文勋

我国古代的先圣先贤们，都十分重视个人的品德修养，把“立德、立功、立言”视为“三不朽”；也就是说，人固有一死，但是在人的一生中，能够做到立德、立功、立言，就可以永垂不朽，光前裕后。我们用这“三不朽”的标准去评价已故马曜教授的生平业绩，那可以说是当之无愧的。马曜出生于洱源县一个耕读传家的白族家庭，父亲马秉升（字东初）是前清的秀才，历任中学教师，曾在贵州荔波，云南兰坪、顺宁、永平等县任过县长。马曜自幼就接受了很好的国学教育，同时也亲历过白族农村的劳作陶冶。及长，他考入上海光华大学经济系求学。当时，中国共产党领导的抗日救亡运动在上海如火如荼地开展着。满怀爱国热情的有志青年马曜，也积极投入运动中，并于1931年加入中国共产党，在中共上海沪西区委领导下做工运和学运工作，接受党的教育和实际斗争的考验。1935年至1937年间，马曜以教书工作为掩护，为党做了许多工作。1938年，他因病回到昆明，先后在一些中学教书。1947年，应云南大学校长熊庆来之聘，到云大历史系任教。根据革命工作的需要，他加入中国民主同盟，并接受闻一多、楚图南等的建议，参加竞选，成为云南省参议会参议员，利用在国民党政权中的合法身份，做了大量地下革命工作。新中国成立后，马曜先后在省民族事务委员会、中共云南省委边疆工作委员会工作；十年“文化大革命”浩劫中，他受到迫害；直至1972年才重新回到大学工作，在云南大学历史系任教，担任云大《思想战线》的主编。后又调到云南民族学院[1]任院长，在任期内，使民族学院获得很大发展，成为在国内颇有声誉的民族大学。

马曜教授不仅是一位成绩斐然的教育家，他在学术研究方面也很有建树，是一位著名的学者。他对中国古代史和云南边疆民族史的研究，卓有成就。例如他对我国西周的社会制度和西双版纳的社会制度作了比较研究，提出了许多精辟的见解。对一些阶级分化并不明显的少数民族的社会改革，他提出"直接过渡"的主张，为制定云南省边疆某些少数民族社会改革的政策提供了理论依据。1959 年到 1961 年，马曜出任中缅勘界办公室常务副主任，参加了中缅边界的最后勘定。由于他具有深厚的边疆少数民族社会历史知识和理论，又收集有丰富的田野调查资料，所以在当时云南省的民族工作和边界划界等重大工作中，发挥了重要作用。马曜教授编辑出版著作甚丰，他主编的有《云南各族古代史略》《云南简史》《白族简史》等，他本人的著作汇编为《马曜文集》六卷。

除了在事业上、学术上有光辉成绩之外，马曜教授同时也是一位国内外知名的诗人。这和他的家学渊源有关。他的父亲马秉升是前清秀才，也是诗人，著有《抱霞轩诗文集》，这些无疑对马曜产生了深远的影响，正如他在《自传》中说的："忆自幼受化于先君，十四学为诗。……浸渍濡染，遂成痼癖。"从他 16 岁时所写的七律《盆兰》中的"孤芳曾忆隐空林，屈宋当年意气深""自爱幽香温晓梦，谁怜雪岭卧春心"之句，就可看出年纪小小的马曜，已可以称得上是出语不凡、才华横溢的诗人了。马曜教授传世的诗并不多，只有《茈湖精舍诗》一卷计 260 余首，另有《游茈碧湖赋》一篇，这也许和他一生经历有关。他从少年时代到老年，历经风雨坎坷，诗兴时有时无，诗作亦时断时续。他在给我的诗集《凤樵诗词》写的序中说："余少而好诗，老亦兴尽，不为诗将四十载矣！"这里面的原因很多，但从他在序中透露的信息看，原因有二：一是"锐志少数民族改革事业，吟咏遂置"；二是"六情滞外，而与世多龃龉，甘

① 云南民族学院 2003 年 4 月更名为云南民族大学。——编者注

游乎寂寞之道”，所以也就没有兴趣写诗了。这真是太可惜了。但我们仅就马曜教授传世的260余首诗而言，作为古体诗人，他可以说是我们现当代古体诗词界中屈指可数的佼佼者。

马曜教授和我是同乡，有乡情；他又是我的老师，有师生之谊。除此之外，还值得一提的是，他又是我诗词爱好上的忘年之交。我的第一本《凤樵诗词》出版时，承马老赐序。这篇序文是一篇温润典雅的美文，读者都交口赞誉，距今已20多年，我还随时诵读。如今，马老离开我们已有12年了，逝者渐去渐远，但他的学术思想，他的诗歌著作，却是历久弥新。马老的形象在大家的心目中，还是那么鲜活，他的音容笑貌，仍宛然在目。为了悼念马曜教授，缅怀他的光辉业绩和学人风范，他的亲友和弟子们特编辑出版此纪念文集。其中辑录的纪念文章，从不同的角度，对集革命战士和教育家、学者、诗人于一身的马曜教授作了全方位的描述，给后人树立了一位“立德、立功、立言”的“三不朽”的学习楷模。这正是这本纪念文集的真正价值所在。

张文勋

2018年月8月4日

于云南大学龙泉苑

目 录

自传

马 曜

我1911年10月11日生于云南省洱源县大果村一个白族知识分子家庭。父亲马东初（1884—1946年）是前清秀才，1912年毕业于云南优级师范史地科，1913—1919年先后任大理省立第二中学、昆明成德中学国文教员，省教育杂志总编辑。我自幼在家依母亲戴坤翠生活，七岁入本村私塾，开蒙老师是父亲的老师杨性成老先生，九岁读完"四书"、《幼学琼林》。1920年父亲回家月余，见我属对行文，略具理法。是时滇西军阀混战，民变蜂起，不得不转徙于县境内五充、鹅堆、风羽等村镇私塾学习，随读随辍。1923年入县城高小，一年后废学。家中存有父辈藏书一柜，尝随兴翻阅戊戌政变前后出版的郑观应的《盛世危言》、梁启超的《饮冰室文集》等，而不甚解。1924年随母避乱移居大理，一年后回乡，失学3年。1926年随父在大理僦居半年余，学作旧体诗。母亲迁居乔后井，煎盐为生。

1927年秋考入大理省立第二师范学校，偶接触《新青年》等进步书刊，萌发革命思想。1930年与同班同学施介等由洱源步行15天至昆明，考入高级农校，而每日旷课，到省教育会图书室阅读五四运动后新兴文学作品，尝在小报上发表白话诗。1931年春经越南去南京，在云南学会补习半年后，考入上海光华大学，在校参加中国共产党的外围组织"互济会"。"九一八"事变后，加入中国共产党，在沪西区从事学运和工运；参加街头募捐队，支援东北义勇军；赴南京请愿，要求国民政府出兵收复失地。当时校内有吕思勉、李石岑、钱基博等知名学者，按我的志趣和努力方向，本应读历史系或中文系，而我热衷于社会改革，选读了经济系，只是上了钱基博先生的大二国文课，深受知赏，并尝试去听李石岑先生的哲学讲座。

1932年夏，去湖北襄阳国民党滇军范石生部探亲。先是1927年南昌起义失败后，朱德、陈毅率所部一度到达湘粤边境，借驻于范石生部，播下了革命种子[1]。后范石生由十六军军长降职为五十一师师长，调至今湖北襄樊市。我在范部结识了一批思想进步的下级军官，曾相约秘密集会数次，计划策反起义，拉部队到红四方面军。同年秋，回校向党组织汇报在范部工作情况。1934 年春，上海党组织相继遭受破坏，失去联系，遂于同年夏到湖北范石生指挥的黔军三十四旅干部学校教书，继续从事策反工作（中共云南省委于 1985 年作出决定，恢复我 1931 年入党的党籍，党龄连续计算）。1935 年春，曾在范部结识的同志通知范石生企图在江西策划反蒋，我赶到庐山，范已失败。寄居“五一”公寓，应聘在李一平创办的芦林学校教书。是年冬罹肺疾，卧病年余。1936 年西安事变后，鼓励并资助病中照顾我的唐子敬（延安抗大机枪教练，已故）和上山看望我的罗丰（建国后在福州军区空军指挥部工作，正军级干部，已故）及学生柯贤廷（抗日战争中牺牲）等赴延安参加革命。同年芦林学校被蒋介石以“聚众讲学，图谋不轨”的罪名，勒令解散。1937 年春去福建，访问曾在芦林学校共过事的仙游县县长周山，值“七七”事变，留下协助备战工作半年之久。1937 年秋后回滇途中病阻香港，作诗和郭沫若《归国书怀》，由郭交广州《救亡日报》发表。年底回到昆明。

1938 年先后任安宁温泉小学校长，安宁中学、武定中学教员。1939 年上半年任镇南（今楚雄南华）高级师范文史教员，在学生中宣传马克思主义，参加救亡活动。同年秋到次年夏，进西南联合大学中学教师进修班，在中文系上课，选修陈寅恪所开魏晋南北朝史，罗庸、刘文典的唐诗，魏建功的音韵学，浦江清的中国文学史，许维通的《荀子》，陈梦家的文字学，并结识吴宓、张荫麟等人。1940 年下半年任昆华中学高中部文史教员，1941 年秋肺病复发，回洱源养疴。

1942 年，日本侵略军占领腾冲、龙陵，狂炸保山，我雇用马帮船户，承运乔后镇盐场食盐至大理、下关，转运保山，支援滇西抗日前线军民，每月运量约为 100 万市斤。1945 年 8 月日本投降后回昆明，接受闻一多、楚图南、冯素陶建议，竞选国民政府省参议员，利用合法斗争，促进政协和谈，支援“一二·一”学生爱国运动。1946 年参加中国民主同盟，在国民党议会积极开展反内战、反独裁、反“三征”（征兵、征粮、征税）斗争，抗议国民党反动派杀害李公朴、闻一多；创办《新云南》周刊，宣传共产党对时局的主张。1947 年后任云南大学、昆明师范学院

---

① 朱德：《从南昌起义到井冈山》，《人民日报》1979 年 8 月 1 日。

讲师、副教授。1948 年 6 月 30 日《平民日报》发表由我起草、9 个省参议员联合署名的《致国民党云南警备总司令何绍周公开信》，抗议国民党军警镇压昆明大、中学校学生的“反美扶日”爱国运动，要求无条件释放被捕学生。

1948 年与中共云南省工委取得联系，参加省工委直接领导的统战工作三人小组。通过统战关系推荐进步人士甘蕣任国民政府洱源县长，在洱源建立“两面”政权，掩护一批“七一五”事件中暴露中共身份的党员到洱源县开展工作，其中万国祥、周涛等先后任地下县委书记。1949 年，在中共云南省工委领导下，由参议会中共统战工作小组发起声势浩大的社会运动，阻止国民党李弥、胡宗南及桂系军队入滇，并迫使蒋介石于 1949 年调离何绍周，敦促卢汉起义。1949 年“九九整肃”中被国民党特务追捕，转移到边纵第七支队工作。12 月卢汉起义后，滇西北地委派欧根和我接管大理地区。1950 年初，原省工委书记郑伯克写信给周保中，以地委级干部身份被派到军管会和省委统战部工作。7 月，率云南民族资产阶级和起义人员代表团赴京参加一周年国庆，并到上海、天津、南京等大城市参观访问。同年冬奉命筹建省民族事务委员会，1951 年筹建云南民族学院，任云南省委民族工作五人小组成员，在省委领导下开展全省民族工作。1952 年任省委第一民族工作队副总队长，到德宏边疆开展工作。1953 年，调任云南省委边疆工作委员会研究室主任。7 月到潞西县①遮放西山区调查景颇族社会历史情况，提出以景颇族为代表的边疆十几个少数民族，阶级分化不明显，土地占有不集中，可以不必重分土地和划分阶级，而是要大力发展经济文化，培养私有观念，通过互助合作，克服原始平均主义和消除落后因素，完成某些环节的民主改革任务。1954 年秋，为了制定傣族地区的民主改革方针政策，率领省委边委、省委宣传部、思茅地委、西双版纳工委组成的调查队 70 余人，到西双版纳傣族地区进行了历时 8 个月的社会历史调查，确定西双版纳社会是建立在农村公社基础之上的封建领主制，并协助思茅地委制定《和平协商土地改革方案》。1956 年春，起草云南边疆少数民族地区土改总结。同年夏参与费孝通率领的全国人大常委会民族委员会民族调查组云南组的领导工作，并主持调查资料的编印工作。1959 年任中华人民共和国建国十周年大庆云南少数民族赴京观礼团副团长。1959 年冬任中缅勘界办公室常务副主任，1960 年冬参加并完成中缅划界工作。

---

① 1996 年 10 月，潞西县改为潞西市；2010 年 7 月，潞西市更名为芒市。——编者注

1963年与缪鸾和在《学术研究》（云南）联合发表《从西双版纳看西周》一文。同年到西双版纳继续调查。1966年“文化大革命”中受迫害，从1968年起到泸西县插队劳动4年。1972年调回昆明，在云南大学历史系任教。从1974年起主持中共云南省委云南历史编写组工作。1975年任云南大学《思想战线》刊物主编。1977年6月，主编的《云南各族古代史略》出版。1978年全国恢复大专院校职称，确定为云南大学历史系教授。12月，任《民族问题五种丛书》云南省编辑委员会常务副主任，主持组织编写彝、白、哈尼、傣、傈僳、拉祜、佤、纳西、景颇、布朗、普米、阿昌、怒、基诺、德昂、独龙等16个民族的简史共16部，由云南人民出版社陆续出版。组织编印各民族社会历史调查资料丛刊73本，另语言简志6本，共2000余万字，均已由云南人民出版社、云南民族出版社、民族出版社出版。

1979年4月，受聘为中国社会科学院民族研究所学术委员。10月，任云南少数民族国庆参观团副团长，到北京、天津、长春、内蒙古哲里木盟等地参观访问。12月，任云南民族学院院长、国家民委委员。1980年，受聘为国家民委学术委员会委员。10月，中国民族学会成立，当选为副会长。

1981年1月，中国西南（川、滇、黔、桂、藏）民族研究学会在昆明成立，当选为会长。1982年2月，受聘为《中国大百科全书·民族卷》分编委委员。11月，任云南省大专院校教授、副教授评审委员会委员，受聘为《中国历史大辞典》云南省编委会副主编、主编。

1981年夏，由中国西南民族研究学会发起，与费孝通、尹达、夏鼐、牙含章、任继愈、徐中舒、林耀华、方国瑜、翁独健等先生联合签名，给中国社会科学院院长胡乔木写信，倡议开展西南六江流域地区的民族综合科学考察工作。1983年当选中国史学会理事。同年下半年改任云南民族学院名誉院长。7月到拉萨市主持首届全国藏族学术讨论会。10月任云南省民族教育考察团团长，访问美国康奈尔大学、弗吉尼亚大学、贝勒大学、加州大学洛杉矶分校、南加州大学等校。1984年，主编的《云南简史》获中国史学会、中国出版家协会联合主办的爱国主义优秀通俗历史读物奖。1985年9月，兼任云南大学西南边疆历史研究所教授。主持在凉山彝族自治州首府西昌市召开的首届全国彝族学术讨论会，改任中国西南民族研究学会名誉会长，受聘为云南老年大学副校长。

1986年8月20日，在省委领导审查云南省民族事务委员会民族民俗展览座谈会上，提出加速修建云南省民族博物馆的建议，并力主选址应在海埂风景区，在博物馆周围兴建25个民族村，该提议先后得到省委、省府采纳。10月30日，《建国以来云南民族工作规律初探》一文获云南省政府社会科学研究现实问题优秀理论文章一等奖。应日本大阪国立民族学博物馆馆长梅棹忠夫的邀请，9月16日至27日，率四川、云南、贵州、西藏、广西5省区民族学者访问日本大阪、东京、京都、奈良、神户等城市，在该馆召开的中国西南民族学术讨论会上，发表《孔子的民族学思想》的演讲。1987年4月，应香港中文大学中国文化研究所的邀请，在该所作以《西双版纳和西周社会政治及礼俗制度的比较研究》为题的学术报告。应中山大学梁钊韬教授的邀请，到该校人类学系讲学。到贵阳出席西南民族研究学会和贵州省民族事务委员会召开的苗族瑶族学术讨论会。先后受聘为云南省社会科学联合会顾问及云南省社会科学院咨询委员会委员。1988年2月，任《云南省志》副总纂。3月4日，在省七届人大第一次会议上再次提出《发挥大城市师资、设备优势，在昆明创办一所中等民族综合学校的建议》。省教育厅和省民族事务委员会复函，委托云南教育学院办了一所实验中学，但未按建议办成规模较大的一所纵向一条龙、横向多层次的综合学校。7月，任云南中小学幼儿教师基金会理事。8月，参加编写并通纂的《白族简史》出版。1989年7月，受聘为云南省诗词学会名誉会长。8月23日下午，离休干部党组织学习并讨论签名事，我说签名动机是防止矛盾激化，没有错误，不存在检查问题。10月，主编的《云南各族古代史略》一书获国家民委社会科学优秀研究成果荣誉奖。11月1日，受聘为中国民族学会顾问。11月18日到南宁出席壮侗语各族学术讨论会，19日中午广西民研所副所长韩肇明、靖西县县长梁琦等在云南和广西交界公路边欢迎，张声震同志在靖西县原侬志高南天国遗址迎接，并陪同经德保、田东、武鸣等县考察后到南宁开会。12月，与缪鸾和合著的《西双版纳份地制与西周井田制比较研究》由云南人民出版社出版。1991年3月，受聘为王钟翰主编的国家“七五”规划重点项目《中国民族史》顾问。参加编写并任副主编的《当代中国的云南》一书，由北京当代中国出版社出版。11月，《西双版纳份地制与西周井田制比较研究》获第五届中国图书奖二等奖（1992年获1989—1990年度滇版优秀图书一等奖）。12月，《云南简史》第二版（增订本）出版。1992年5月，受聘为云南契丹族后裔调查组顾问。10月1日，国务院表彰我为发展我国高等教育事业作出突出贡献，发给政府特殊津贴证书。12月，受聘为昆明郑和研究会名誉会长。1993年任《大理丛书》编辑委员会顾问组组长。9月，受聘为云南孔子学术研究会顾问。1994年3月，受聘为云南南社柳亚子研究会名誉会长。5月，受聘为白族学会顾问。6 月，主编《云南民族工作四十年》，由云南民族出版社出版。11 月，《民族学资料在中国古史分期研究上的意义》一文获云南省 1990—1992 年社会科学优秀成果荣誉奖。1995 年 4 月，受聘为季羡林主编《东方文化集成》大型丛书顾问。7 月，受聘为云南中华民族文化促进委员会筹备委员。

10 月 28 日，中国西南民族研究学会、四川省民族事务委员会、四川省凉山彝族自治州人民政府在四川省凉山彝族自治州首府西昌市召开彝族暨彝族地区现代化建设学术讨论会，来自四川、云南、贵州、广西、西藏 5 省区和北京、香港的代表为学会创始人、名誉会长举行“马曜先生从事学术活动五十周年纪念座谈会”。会上四川代表冯元蔚、广西代表张声震、香港代表谢剑和西藏、贵州、云南代表都发言表示祝贺。11 月 1 日，中国老年人体育协会等单位评选我为第四届全国健康老人。1996 年 1 月为《李群杰书法作品选集》作序。4 月 10 日，受聘为《四库全书存目丛书》编纂委员会学术顾问。6 月整理完《马曜学术论著自选集》。9 月，为施滉遗著《孙中山评传》作序，为李晓岑著《白族的科学与文明》作序。

一笔流水账，这就是行年八十有五走过的曲折道路。把它写出来，是要说明大半生在治学上走了许多弯路，在个人理想追求上频遭破灭。孟子说：“人人有贵于己者，弗思耳矣。人之所贵者，非良贵也。”我的失误在于没有思考自己可贵——“好之者不如乐之者”的东西，也不去认真考虑有的人给予的尊贵不是真正值得尊贵的东西。雨果说：“从心中拔除上帝的信仰，并不是那么容易的。”然而，通过总结经验，从不自觉逐步走向自觉，使我不得不对以往崇信的一些人和事，包括自己做过的一些事和写过的一些文章，抱着“赵孟之所贵，赵孟能贱之”（《孟子・告子上》）的态度。后之视今，亦犹今之视昔，希望有生之年在能贱其过去所不应贵而贵之的道路上走下去，不断在否定之否定中改造自己。

中国现代教育家马曜传

李文辉

少年时代

马曜字幼初，1911 年 10 月 11 日出生于云南省洱源县大果村一个白族知识分子家庭。父亲马东初先生（1884—1946），是前清秀才，1912 年以优等生毕业于云南优级选科师范学堂，1913 年后在大理中学、昆明成德中学、开远中学任国文教员达 17 年。抗日战争初期，出任永平、龙陵县长，主持滇缅公路从漾濞至龙陵段的修筑工作，对抗战作出了贡献。马曜自幼受到父亲的影响，培养了爱国主义思想和对教育事业的浓厚兴趣。

马曜 7 岁入村中私塾读书，聪明颖悟，博闻强记，很快掌握了旧体诗的写作技巧。16 岁时，已能写出格律谨严、对仗工稳、意境高远的旧体诗。

1927 年秋，马曜考入大理省立第二师范初级部。这所学校的所在地，是大理城内著名的“西云书院”旧址，苍山洱海，映带左右，翠竹环绕，环境清幽，是读书的好地方。马曜勤奋攻读，学业日进。但是，安静的读书生活却没有持续多久，第一次国内革命战争的风浪也波及西部边疆的这所师范学校，引起了马曜思想上的激烈变化。大革命失败后，全国处于白色恐怖之中。云南地方当局成立“清共委员会”，在全省进行图书审查，控制文化教育，逮捕和屠杀共产党人、进步人士。大理师范具有进步思想的青年学生奋起进行抗争。他们发起组织“洱源旅榆同学会”，推举马曜为会长，经常开会研讨时事，抨击黑暗政治。1929 年夏初的一个晚上，同学举行话剧晚会，有讽刺大理驻军欺压人民的节目，驻扎三塔寺的地方军队独立营百余人，以此为借口，到校寻衅滋事，打伤教师两人和学生多人，致使学校被迫停课十余天。这件事，激起马曜的无比愤慨。他在昏黄的油灯下，伏案写诗作文，抒发愤懑心情，并撰写了“举目皆大敌，居心作小人”的对联，张贴墙壁，与施介等同学共勉。联语中的“小人”是反语，意为敢于做那种被反动统治者称为“小人”的“犯上作乱”的革命者。这副对联，反映了青年时期的马曜已萌发了革命的思想。

1930 年夏，马曜和施介等同学从大理步行到昆明求学。他考入云南省高级农业学校。这时的昆明，革命活动虽然因遭到镇压而显得沉寂，但地火仍在运行，革命书刊仍在暗中传播。马曜在朋友处阅读了一批革命书籍，初步接触了马克思主义。他还经常到省教育会图书室如饥似渴地浏览“五四运动”以来的新兴文艺作品。郭沫若的《女神》，那狂飙突进的激情，歌颂叛逆者的礼赞，猛烈地震撼着马曜的心灵。这时，马曜产生了一个强烈愿望——“仗剑去国，辞亲远游”。他决心走向更广阔的天地，寻求救国救民的真理。

1930 年冬，19 岁的马曜，告别故乡，只身赴南京，在云南学会补习功课半年，1931 年秋，考取上海光华大学经济系。从此，他的生命历程发生了一个大的转折。

在抗战的激流中

光华大学是 1925 年“五卅惨案”时上海圣约翰大学一部分师生不满学校当局镇压学生反帝爱国运动，自行分出建立的一所大学。许多在上海的学者如吕思勉、徐志摩、钱基博、李石岑、潘光旦、王造时等曾先后在那里任教或兼课。著名国学家钱基博先生教授大学二年级国文，对马曜这个来自西南边疆的少数民族学生十分器重，师生间建立了深厚情谊。后来，马曜的诗集《玭湖精舍诗初集》1948 年出版时，钱基博亲自为之作序，誉马曜为“滇南诗人”，“因才抒藻，不乏遒响”。在光华大学期间，马曜受钱基博的教益良多，为其以后研究中国古代哲学、历史学和从事教育工作，打下了良好基础。

1931 年 9 月，爆发了“九一八”事变，日寇强占了我国的东三省。全国人民掀起了轰轰烈烈的抗日救亡运动。马曜同当时的千千万万爱国青年一样，已不可能再在学校埋头读书，激于爱国义愤，他积极地投入了抗日救亡活动。在斗争中，他作了一个对比：一方面，国民党政府奉行不抵抗政策，横暴地镇压群众的抗日活动；另一方面，中国共产党旗帜鲜明，号召全国人民奋起进行抗日救亡斗争。这时，马曜在政治上作了一个重大抉择。要抗日，要救国，就必须参加到共产党的行列中来——这是他当时越来越强烈的信念和执著的追求。他先是参加了党的外围组织互济会，“九一八”事变后，便坚决地参加了中国共产党。从此，马曜更加自觉地把自己的命运和党的事业联系在一起。他在中共沪西区委领导下，积极从事工运和学运工作。曾参加义勇队、宣传队，组织街头募捐队，支援东北义勇军。有时白天忙碌了一天，晚上还和同学一起，冒着秋夜风寒，伫立街头，向群众宣传抗日和募捐。9月下旬以后，马曜两次参加上海八个大学爱国学生组织的赴南京请愿活动，要求国民党政府出兵抗日，收复失地。12月，为抗议上海警备司令部逮捕北京大学南下示威团两名领队学生，马曜参加了各大学学生包围国民党上海市政府的正义行动。他是直接找上当时的上海市市长张群并迫使他出来会见群众的一批学生之一。这次斗争，最终使被捕的爱国学生获释。马曜后来回忆“九一八”事变时的情景说：“那时青年学生爱国热情高涨，是不顾身家性命的。”

1932年春季，艾思奇来到上海，致力于介绍马克思主义哲学。由于同乡的关系，马曜和艾思奇时相过从。他们常在一起讨论马克思主义，分析时局，对国民党政府的媚日行径表示强烈愤慨。马曜认为，乞求国民党恩准抗日是徒劳无益的，应当采取更积极的实际行动，他想到驻扎湖北襄阳的国民党滇军五十一师师长范石生对蒋介石不满，范部有一些下级军官倾向革命，可以试一试策动范部兵变，投奔红四方面军。1932年夏天，马曜去襄阳。他在那里结识了一批思想进步的下级军官，冒着危险进行策反工作，可惜没有成功。同年9月，他回到上海复学。

1934年春，马曜所在的党组织遭到敌人的破坏，他被迫失去了组织关系。在此后的岁月里，他一方面积极找党，一方面始终以一个共产党员的标准严格要求自己，坚持不懈地从事革命活动。（中共云南省委于1985年作出决定，恢复马曜1931年入党的党籍，党龄连续计算）

活跃在教育战线上的革命者

马曜1934年夏天离开光华大学。从这时起一直到解放，十余年间，他都在国民党统治区从事教育工作，先后担任过小学校长、中学教员、大学讲师和副教授。他在教学工作中，除了传授文化知识，更主要的是教育学生明辨是非，走革命的道路。他的学生中，有许多参加了革命的实际斗争。有的成为今天党、政、军的领导骨干，其中有中央委员、省一级的领导干部。

1934 年夏，马曜到湖北随县教书。他再度来到湖北，目的是继续对范石生部进行策反，仍然没有成功。但在他的影响下，罗丰、彭光、唐维恭等青年提高了政治觉悟，先后参加了革命。这是他此次湖北之行的积极成果。

1935 年初，马曜应聘到江西芦林学校教书。芦林学校是李一平先生（国务院参事）创办的一所具有进步倾向的学校。马曜和其他教师，不断地向学生进行爱国的、革命的思想教育，甚至公开讲授马列主义。在他们的教育影响下，有些学生在抗日战争中参加了游击队，有的英勇牺牲。这所学校于 1936 年底被当地警察局以所谓“鼓吹异端邪说”的罪名查封。马曜在芦林学校教书期间，薪俸微薄，生活清苦，1935 年除夕时竟没有米下锅。这时，他又染上肺病，缺医少药，病情日益严重，槁卧荒山，几至不起。1936 年“西安事变”前后，马曜与挚友罗丰、唐维恭，学生柯贤廷在芦林相聚。大家对“西安事变”的发生同感振奋，罗、唐、柯三人对未杀蒋不以为然，马曜说服他们，应当从孤立亲日派的全局看问题。罗丰到延安后回忆此事，深服马曜的卓识。1937 年春，根据国共合作的新形势，马曜鼓励罗丰、柯贤廷到延安参加革命。后来罗丰进了抗大（离休前任福州军区空军政治部副主任），柯贤廷到陕北公学学习（1939 年牺牲）。不久，马曜又扶病亲自送唐维恭（唐是汉阳兵工厂工人，到延安后在抗大任机关枪教员）到九江转武汉去延安，并赋诗握别。马曜鼓励朋友和学生参加革命实际斗争，自己也热望能结伴同行，但重病缠身，不能如愿。他写了“大地不平山突兀，苍天有泪雨滂沱”的诗句，抒发这种心情。

1937 年 7 月，抗日战争全面爆发，江南陷于兵荒马乱之中。马曜拖着病体，谋生艰难，只得取道香港、越南回云南。1938 年春，马曜历尽艰辛，回到故乡。由于环境较为安定，病情渐有起色。在这以后几年内他先后担任过安宁温泉小学校长，安宁、武定、镇南（今楚雄南华）、昆明等地的中学和师范学校的文史教员。1939 年 10 月，马曜到西南联大进修文史一年。西南联大是人文荟萃之地，马曜从陈寅恪教授学习历史，从罗庸、刘文典教授学习古典文学，还选修了魏建功教授的音韵学、许维通先生的先秦诸子之学和陈梦家先生的文字学，学术上得到全面提高。1940 年

10月，以全班第一名的成绩于西南联大毕业，后到昆华中学任教。抗战时期，云南的民主空气比较浓厚。马曜利用这种形势，在教学中积极宣传马克思主义和中国共产党的抗日主张。在这一时期内，世界著名植物学家秦仁昌，语言学家傅懋勣，历史学家方国瑜、李埏、缪鸾和等人都不同程度地受到马曜的进步思想影响。李埏教授在解放后回忆说："马曜是我的马克思主义启蒙人。"

解放战争时期，昆明地区蓬勃发展的民主运动，是全国革命斗争的一个重要方面。民主运动的骨干力量，是广大进步教师和进步学生。这期间，马曜先在中学任教，1947年被聘为云南大学文史系讲师，兼任昆明师范学院中文系讲师（1949年后转为副教授）。他以积极的姿态投入到民主运动中，后期以地下党员的身份，参加了争取卢汉将军起义的工作。

1945年抗战胜利后，马曜与闻一多、楚图南、冯素陶等民主同盟负责人建立了密切的联系，随即参加了民盟。闻一多、冯素陶考虑到杨青田、马曜作为云南本地人的有利条件，建议他俩以教育界人士的身份竞选云南省参议员，开展合法斗争。杨、马二人于1945年冬当选。省参议会是所谓"民意机构"，并无实权，但却有很大的影响，除每年开两次大会外，每月约开一两次例会。马曜在教学工作之余，充分利用省参议会这个讲坛，进行民主斗争。他说服了许多来自不同职业和阶层的省参议员，参加了反蒋统一战线。

1945年11月下旬，昆明地区学生集会游行，发出"反内战、要和平，反独裁、争民主"的正义呼声。12月1日，遭到国民党军队和特务的武装镇压，教师学生死4人、重伤60余人，这就是著名的"一二·一"惨案。马曜愤怒作诗斥责国民党当局的暴行，有"诸生有命谁能惜，食肉犹夸饲虎驯"和"八春喋血河山在，医国终须换骨丹"之句。他在省参议会上提出国民党中央"驻滇军队不得直接拘捕人、任意检查人，以维人权"的提案，旗帜鲜明地支持学生运动。随后，他在省参议会内又积极参加和组织了反对内战、反对"三征"（征兵、征粮、征税）的斗争和抗议国民党当局杀害李公朴、闻一多的斗争。

1948年夏，马曜同地下党取得联系，接着回到了党的队伍。他像游子回到慈母怀抱一样，充满感奋的心情，迫切地要求党组织交给自己战斗任务。这时，在地下党云南省工委的直接领导下，在省参议会内，秘密成立了由杨青田、唐锡畴、马曜三人组成的党的统战工作小组，积极开展以争取地方实力派为中心的党的统战工作和揭露、反对美蒋的斗争。1948年夏天，昆明学生运动掀起新的"反美扶日"运动高潮，抗议国民党政府的卖国行径。国民党云南警备总司令何绍周（何应钦的侄子）指挥军警进行镇压。马曜执笔写了《致何绍周的公开信》，以九个省参议员的名义在6月30日《平民日报》上发表，并摘要刊登于《大公报》。信中义正词严地指出“美国不顾我国利益，扶植日本，八年之血迹未干，强邻之野心复起。……青年抗议游行，动机极为纯正”，要求“迅将无辜被捕学生，一律予以释放”。这封信在当时产生了很大的影响。7月15日，两千多名反动军警围攻逮捕大批罢课的青年学生，制造了有名的“七一五”事件。数百名青年学生高踞云南大学会泽院楼顶，抗拒军警的围攻。当天，马曜怒不可遏地写了题为《七月十五日即事》的诗：“正气真存不帝秦，刀光剑影警鸡晨。悬空万目睽睽处，知是田横五百人。”诗中把反抗美蒋的青年学生比作义不帝秦的鲁仲连，比作杀身成仁的田横五百壮士，对学生的英勇斗争，作了热情的歌颂。在白色恐怖下，马曜还尽力掩护和转移了万国祥等一批教师、学生中的地下党员到滇西参加武装起义的准备工作。

1949年初，人民解放战争取得伟大胜利，全国解放在望。马曜奉省工委指派，多次与卢汉谈判，敦促他和平起义。为了排除卢汉起义的障碍，党的统战工作小组发动省参议会开展驱逐操纵云南军事指挥大权的省警备总司令何绍周的斗争（卢汉暗中支持，提供了何绍周贩卖武器、鸦片，中饱私囊的材料），迫使蒋介石于1949年2月宣布撤销云南省警备总司令部，调走了何绍周。在这以后，马曜和统战工作小组成员在省参议会内，还发动了一系列反对国民党残余军队溃退入滇企图控制云南作为大陆反共最后基地的斗争，如反对胡宗南部队入滇，反对桂系三〇三师入滇，反对国民党第八军李弥部和第九十八军刘伯龙部入滇等。还通告全省人民立即停止交兵交粮，同蒋介石的“应变计划”进行针锋相对的斗争。

在反动统治下，想找一块“清净土”闭门读书或教书是难以实现的。一个爱国的知识分子，或迟或早总要走到共产党领导的人民民主革命的行列中来。马曜在教育战线坚持不懈地进行革命斗争，并教育、支持学生走上革命的道路。他的活动顺应了历史发展的潮流，带有鲜明的时代特色。

民族教育的准备——民族调查

解放后，马曜是中共云南省委民族工作五人小组的成员。云南是多民族的边疆省，民族问题在云南具有特殊重要的意义。1950 年，马曜受命组建云南省民族事务委员会，任副秘书长。1951 年，他被任命为云南民族学院副教育长。云南民院是云南有史以来第一所专门培养少数民族人才的高等学校，由云南省人民政府副主席周保中将军兼任院长。马曜作为民族学院筹备委员会委员，具体负责筹建的日常行政工作，参与了学生的招收，教学计划的制定，课程的设置和教师的聘请，等等。他殚精竭虑，付出了辛勤劳动。经过努力，云南民族学院于 1951 年 8 月 1 日正式成立，各族人民奔走相告，庆贺这一件大喜事。

马曜不仅负责学院教学方面的组织领导工作，还承担了讲授民族理论政策课程的工作。他在教学中深切感到，要搞好民族教育，首先必须了解教育对象——少数民族的现状和历史，要研究不同民族在形成和发展过程中所具有的特点，还要研究各民族间的相互影响和相互关系。只有对少数民族的情况了然于胸，民族教育才能做到有的放矢。而当时的实际情况是，历届政府并没有留下像样的民族资料，甚至连最起码的民族识别也几乎没有人做过，究竟云南有多少少数民族，谁也说不清楚。基于做好民族工作和发展民族教育的需要，马曜产生了亲自做民族调查的强烈愿望。

民族学院的创建工作有了初步头绪以后，马曜在省民委立即开展了全省民族人口统计，各民族的自称、他称数百种的调查分析。1952 年他率领民族学院第一班毕业学生到德宏傣族、景颇族地区开展工作，从事民族调查。后来又调任省委边疆工作委员会政策研究室主任、边疆处处长、中缅勘界委员会办公室常务副主任等职，一直到“文化大革命”。1966 年以前马曜一直兼任云南民族学院民族理论政策的授课教师，并经常到省委党校、云南大学及财贸、工交、农水等系统的专业学校讲授民族政策。十多年来，他所积累的丰富的民族工作和民族教育实践经验，为其在“文化大革命”后重新从事民族教育，打下了良好的基础。

马曜从 1951 年开始，就在省民委首先发起和组织领导了对全省少数民族的调查研究工作。1953 年至 1955 年，他具体领导了德宏景颇族地区和西双版纳傣族地区的社会调查；1954 年到 1956 年，参加并组织领导了对云南 20 多个少数民族的民族识别工作和大规模的社会历史调查工作，积累了大量的第一手材料。1953 年，马曜到潞西县遮放西山景颇族地区进行了 40 天的调查，剖析了 41 个村寨的情况，一幅原始公社末期——农村公社的生动图画展现在他的面前。这里，原始森林茂密，山梁上疏落地分布着一些村寨。人们使用简陋的工具，从事狩猎、采集和刀耕火种的农业生产，为了维持最低的生活辛勤劳动，并保持互助合作的习惯；没有从农业分离出来的手工业者，基本上是自然经济；旱地自由开荒，水田占有虽有多少之别但不集中。山官寨头有世袭的特权和轻微的剥削，但大部分参加劳动，其生活仅相当于中农水平。当马曜到西双版纳傣族地区调查时，发现是另一番情景，那里的封建领主经济已相当发达。马曜从实际调查中，深刻认识到各民族发展极不平衡的特点。彝、白、纳西、回、蒙古族等内地民族，已经进入封建地主经济；边疆傣、哈尼、拉祜、藏、阿昌、普米等族，经济上是封建领主制，政治上是土司制度；居住在小凉山的彝族，保留着奴隶主所有制；分布在国境边沿一线的傈僳、佤、景颇、布朗、怒、独龙、基诺、德昂等族，或多或少地保留着原始公社制，或正处于原始社会向阶级社会的过渡阶段。这样，就构成了一部活的社会发展史。根据这些极其复杂的情况，马曜认为民族地区进行民主改革和社会主义改造，决不能照搬汉族地区的做法，而必须从实际出发，采取特殊的政策和措施。他首先提出对于保留着原始公社残余、阶级分化不明显的景颇、傈僳、佤、布朗等族解放初有约60万人口的边疆民族地区，由于水田占有不集中，阶级分化不明显，不应把土地改革当作一个革命运动阶段来进行，可以不重分土地，不划阶级，可在国家的帮助下，发展经济、文化和互助合作，逐步完成某些环节的民主改革任务，直接过渡到社会主义。他的意见为云南省委所采纳，形成了“直接过渡”的思想和政策，在理论上和实践上都有重要的意义。与此同时，他根据省委指示协助思茅地委制定了西双版纳傣族地区和平协商土地改革方案。基于对各少数民族发展不平衡的特点的认识，马曜从这时开始形成了发展民族教育必须分类指导的思想。

马曜在“文化大革命”中受到残酷迫害，被罗织许多莫须有的罪名，关“牛棚”多年，被“开除党籍”、“扣发工资”、下放农村“插队落户”。在身处逆境的情况下，马曜对党的信念坚定不移。1970年平反昭雪以后，他将补发工资中的1000元交了党费，其余捐赠他插队所在的生产队和救济贫苦农民，以表示一个老党员对党的忠贞和对人民的深情。

民族教育的实践

1972年，马曜重新回到教育战线工作。先后担任云南大学历史系教授、云南大学《思想战线》刊物主编、云南民族学院院长、名誉院长等职。这时，他已年过花甲，为了弥补“文化大革命”中失去的宝贵时间，他异常勤奋地工作。他爱才重才，把培养人才视为最大的乐趣。他在发展民族教育事业方面，倾注了满腔热情，作出了突出的贡献。

马曜任云南民族学院院长是1979年。当时，这所大学同其他大学一样，在“文化大革命”中备受摧残，百废待兴。马曜重回民院时，怀着强烈的发展民族高等教育的事业心，制订规划，组织实施，日夜操劳。马曜认为，云南民族学院的发展要同整个民族工作联系起来，正确处理好发展民族教育事业与发展民族经济的关系。1980年初，马曜首先提出，民族学院招生重点要面向全省少数民族人口中的最大多数和经济文化特别落后的国境边沿一线和内地广大山区，主要培养少数民族中学师资和各类专业技术人才，为这类地区的“四化”建设服务。同年，他主持制订了学院1980—1985年发展规划，经院党委讨论通过，并报请省委批准实行。按照这个规划，此后几年民院的工作有了很大的发展。1980年开办了预科，招收边疆和内地山区的少数民族初中毕业学生和高考落选的应届高中毕业生，分别开办高中班和大学预科补习班。连续三年有75%的高中和预科生考上了大学，其中20%考取清华大学等全国重点大学。有的学生入学时，汉话都不会说，3年毕业后考取了大学。民院本科原有汉语文、少数民族语文、政治、历史、数学5个系，1980年后增加了物理、经济管理、外语3个系，并筹办化学系，在校学生由原来700人增加到1500人。培训在职民族干部的干训部，逐年扩大招生人数，逐步走向正规化。马曜协助民院设立了云南省民族研究所，调来一批国内知名民族学专家，使该所业务得到充实加强。为适应学校发展，需要扩建校舍。马曜为联系征地、申请经费、组织施工，亲自劳碌奔波。两年之内，扩建校舍4万多平方米，兴建了能容纳1500名学生上课的教学大楼、学生宿舍，兴建了280户教职工宿舍，成立了永久性的民族文化和民族工作展览室。几年后，云南民族学院从一所原来主要轮训在职政工干部的学校，发展成为一所培养“四化”建设所需要的政治干部和专业技术人才的综合性大学，这些同马曜的辛勤工作是分不开的。

马曜主持民院工作期间，首先抓师资队伍的建设。他认为要办好一所大学，没有一支量足质高的教师队伍是根本不可能的。他延揽人才，有一股求贤若渴的劲头。民院在3年内调入教学和科研人员120人，其中有59人是从其他学校包括外省学校商调来的；有61人是采取“招贤”的办法调入的。这61人中，有的是历次政治运动中被错误处理的，有的是闲散在社会上的专业人员，有的是外单位学非所用的。

有一位原云南大学副教授，解放初期被错误处理，判刑多年。1980 年，马曜派人到法院查找他的案卷，请求法院复查，很快得到平反，恢复了副教授职称，担任一个系的副主任。还有一位知名教授，50 年代错划为“右派”，被迫退职，马曜得知后，延请到校任教，恢复了他的职务和职称。在反右派扩大化错误未纠正以前，马曜就聘请了一批“右派”教师到校任职。马曜重视和爱惜人才，团结知识分子，出以公心，不计毁誉，敢于冲破“左”的思想阻力，赢得教育界的普遍尊敬。

民院学生的民族成分包括全省 20 多个少数民族，许多人来自穷乡僻壤，对城市和大学生活很不习惯。马曜对学生亲切关怀，视同子弟。他特别重视从政治思想上关心学生。1981 年，有个学生在试卷上写了有政治性错误的话。马曜分析这个学生本质不坏，主要是年轻幼稚，受到资产阶级思想影响，听信谣言。因此，应进行疏导教育，耐心帮助，并让授课教师把试卷退给该生，不装档案。这个学生深受感动，认识了错误，后来表现很好，并申请入了团。马曜经常主持会议，具体研究和检查后勤工作。为了改善教职工和学生的生活，他在 1980 年就提出用“半企业化”的办法管理食堂，取得显著效果。马曜关心学生的事迹是很感人的。1981 年底，经济管理系有一个白族学生的母亲在家乡患破伤风病危，这个学生买到了急需的针药，但无法及时送回。马曜知道后，当即派汽车连夜把针药送到 500 公里以外的鹤庆县，使病人得救。这件事很快在全县传开。白族群众反映说，云南民族学院送来了党对少数民族的关怀，救活一个人，暖了众人的心！

马曜重回教育战线以后，即使担任着繁重的行政领导工作，也从来没有放弃他热爱的教学工作。他常说：“我是以教书走向社会，也要以教书终晚年。”作为历史学教授，他主要讲授先秦史和民族史的课程。先秦史和民族史是一个广阔的领域，没有弄清楚的问题很多，特别是用马克思主义观点研究云南民族史，并写出系统的科学的教材，还是一个全新的课题。马曜不满足于把现成的书本知识传授给学生，而是致力于把科研和教学结合起来，用科研的成果充实教学的内容。因此，他的授课有创见，富新意，受到学生的欢迎。1975 年，他撰写的《庄蹻起义与开滇的历史功绩》和《诸葛亮安定南中》两篇论文发表，对云南历史上的两个重要问题进行探讨，引起学术界的很大兴趣，《光明日报》随即开展了关于“庄蹻起义”问题的讨论。1977 年，马曜主编的《云南各族古代史略》出版。这是一部包括资料有 90 万字的巨著，以类似“纪事本末体”的形式，叙述了云南各民族从远古到鸦片战争前夕的历史。全书力求用历史唯物主义观点，理出云南历史上几千年重大事件发展的内部联系；把云南各族史放在全国历史发展总体中加以考察，是一部有特色的云南地方史和民族史的力作，也是一部很好的历史教材和教学参考资料。书的绪论是马曜执笔写的《云南各民族的由来和发展》。此文对云南20多个民族各自的族源和族属，从古迄今的发展，各民族之间的关系，条分缕析，提出了系统的见解。日本学者长谷川清、栗原悟在《东南亚历史与文化》杂志1983年第12期上著文评价此书说："在研究民族体系的出版物中，以《云南各族古代史略》为最好。……我们应将马曜先生在该论文（指绪论）中提出的见解与过去许多有关民族分类问题的研究进行比较，并加以严密的研究。我们认为该论文已包括了许多重要问题，并摆出了许多当前中国民族学界的基本见解。"在这部著作的基础上，马曜又主编了一部《云南简史》，于1983年出版。该书在1984年获全国爱国主义优秀通俗历史读物奖。由全国著名历史学者所组成的评委会对此书给予很高评价："我国有55个少数民族，而云南占了25个。本书题名《云南简史》，实际上是云南各民族的简史，它从历史上各兄弟民族的形成、发展、迁徙、分布及与内地各王朝的联系，包括了政治往来、军事战争、经济合作、文化交流各个方面的事态，说明他们在云南的休养生息、开发建设以及相互之间的融合、同化……本书简明扼要，条理清楚，学术性与通俗性结合得较好，是地方史中不可多得的一部著作。"这本简史不但在青年学生中拥有许多读者，而且被列入"云南丛书"，成为广大干部的读物。

特别值得称道的是，马曜运用民族学资料，比较研究先秦历史，于考古学、文献学之外另辟蹊径，为国内学者所重视。早在20世纪50年代，马曜在西双版纳地区对傣族社会经济情况进行调查时就发现这里的经济形态，既不同于内地的封建地主经济，又不同于欧洲中世纪的农奴制，而是一种封建份地制，和文献记载中反映的西周时期中原地区的井田制有许多类似之处。他从这些类似之处中领悟到，不同民族的历史发展处于同一阶段时，往往会出现重复性和常规性，解剖了西双版纳封建领主制这一活的"社会化石"，就找到了一把解开古代西周社会之谜的钥匙。他从多方面比较研究中，得出了西周社会是建立在农村公社基础之上的封建井田制的结论。他与缪鸾和合作，发表了长达10万字的《从西双版纳看西周》的论文。马曜70年代重回教育战线后，由于历史教学的需要，他重新整理发表了旧作，在此基础上，又完成了《傣族封建领主制与周秦社会的比较研究》《西双版纳份地制与西周井田制比较研究》等长篇论文和专著。徐中舒、杨向奎、匡亚明等著名教授充分肯定马曜的研究成果。匡亚明教授在《孔子评传》中说："关于中国西周社会性质问题，至今尚有争论。如果现有文献资料和考古资料还不够作为解决问题的充分论据的话，那么，在一定程度上正和摩尔根所做的那样，马曜、缪鸾和二位同志把解放前西双版纳所处的领主封建社会的活生生的现实丰富材料，从民族学的角度，向我们提供了更为有力的解决西周社会性质之‘谜’的钥匙，不也同样可以说是一个很有价值的贡献吗?”

由于马曜在先秦史、民族史的研究上取得突出成绩，日本、美国留学生慕名而来，要求长期或短期进修。马曜悉心指导了这些外国访问学者和研究生的学习。

马曜通过多年民族教育的实践，形成了自己的对进一步发展云南民族教育的见解和主张。他认为，云南边疆约有 400 万人口的少数民族，大体上是从封建领主制、奴隶制以至原始公社末期等社会母体脱胎进入社会主义的。这些民族不仅没有跨越商品经济关，而且没有跨越文化启蒙关。旧社会的历史痕迹和传统意识不是短时期可以消失的。经过 50 年代的民主改革和社会主义改造，云南各少数民族在党的领导下，跨越一个到几个社会历史发展阶段，进入社会主义，这确乎是了不起的深刻变化。但是，过去这方面的宣传有片面性。这种跨世纪的飞跃，单单以社会制度的变革即消灭阶级来衡量，是很不全面的。没有与社会制度变革相适应的社会生产力的发展，没有经济、文化的繁荣，民族地区已经建立起来的社会主义制度是不巩固的。马曜认为，要发展经济，必须教育先行。建国以来，国家在财政和物资上给了云南少数民族巨大的帮助，但至今大多数少数民族的经济生活还不富裕，边疆和山区 400 万人口的地区仍处于穷困状态。重要原因之一，是没有高度重视发展民族教育，提高人口素质，少数民族自己的人才没有大批培养出来，还不能做到“用自己的脚走路”。文化落后限制人们接受新鲜事物。不久前，边疆某县发生过一件事，县上奖给某生产大队一部拖拉机，由于柴油发动机发动起来后不会关闭，只好找几个小伙子用棍棒把机器砸烂。马曜常引用这个例子说明一个道理：对于教育文化落后的少数民族，多教给他们一些知识和本领，比多给他们物质的东西有效和重要得多。只抓生产，不抓教育，是违反经济发展规律，也是不符合民族工作发展规律的。马曜认为，民族教育大大落后于经济发展的需要，这是当前云南民族地区“四化”建设中的突出矛盾。要使少数民族迎头赶上汉族，必须把民族教育当作具有战略意义的头等大事来抓，致力于提高民族的素质，培养大批科学技术和经济管理专业人才。提高少数民族劳动者的素质包括提高他们的文化技术水平，用科学思想改变他们的传统观念，刺激其对科学技术的需求和接受程度。这是发展民族经济的内在动力源泉。没有这一内在源泉，即使有大批外部技术人才的进入，大量财力和物资的支援，也是收效甚微的。

马曜于80年代初在省的党代会和县委书记会议上，多次提出对现行民族教育体制进行改革的建议，并在《光明日报》和《云南日报》上写过多篇论文加以阐述。他认为，现行民族教育体制，存在着照搬汉族地区做法的一般化、一刀切的弊病，必须改革。改革的指导思想，是要从不同民族的不同实际出发，实行分类指导，因地制宜地在学制、课程设置、修业年限等方面，采取切实有力的具体措施，他分析了全省1100多万少数民族人口当前教育水平的现状，认为大体分三种情况。第一类是主要居住于内地平坝及交通沿线的白、回、纳西、蒙古等族以及少数彝族和壮族，人口200万；其文化发展水平和原有的教育基础接近汉族；发展这类地区的教育事业，可以在发展整个国民教育中统一解决。第二类是哈尼、傣、拉祜、藏、阿昌、普米等族，还有大部分彝族和壮族，人口500多万；其文化教育很落后，青壮年文盲、半文盲达60%～70%，拉祜族达80%以上；对这类地区的教育事业，国家要大力扶持，采取一些特殊措施，包括放宽入学年龄，尽量扩大招生人数，延长各类学校修业年限，解决入学低水平和毕业高要求之间的矛盾，等等。第三类是苗、瑶、傈僳、佤、景颇、布朗、怒、德昂、基诺等族及克木人以及部分高寒山区的彝族支系等，人口300多万；其文化教育特别落后，有一些地区还停留在刻木、结绳记事的原始文化阶段，12岁以上的人口绝大部分是文盲或半文盲；对这类地区，要由国家包下来，实行食宿包干的免费教育，经过几十年坚持不懈的努力，才有可能赶上现代化的文化教育、科学技术水平。

在民族地区特别是第二、三类地区发展民族教育，会遇到一个尖锐的矛盾，就是师资奇缺。当地少数民族出身的师范生、大学生寥寥无几，外地汉族教师和大学生多不愿去边远地区从事教学工作，去了也不安心，生不下根来。怎样解决这个矛盾呢？马曜在1980年就提出，利用大、中城市师资密集、教学设备齐全和学习环境优良等优势条件，建议在昆明和大理、个旧等城市，办若干所“一条龙”的民族预科学校，学生人数由千名（地州）到万名（昆明）不等，每年从民族地区主要是特别落后的二、三类地区，挑选大批初小毕业的聪颖幼童入学，初中毕业后按各三分之一比例分别升入普通高中、中等师范和职业技术中学。毕业后，大部分回乡任小学教师和从事各种职业技术工作；一部分再升入大专院校深造。采取这种学生就教师、少数民族学生到先进地区“留学”的办法，师资问题得到解决，学生也获得良好的学习条件，就能多出人才，快出人才。几年来，他多次在国家民委会议、省党代会和省的各种有关会议上宣传他的主张，希望引起有关领导部门的重视，采纳实行。

近年来，马曜已届高龄，退居二线，但他壮心不已。除了继续指导研究生学习外，还进一步扩大民族史的研究领域，并致力于中外学术交流。1983 年，他担任云南民族教育考察团团长，率团访问美国康奈尔大学、弗吉尼亚大学、贝勒大学等五所高等学校。1986 年 9 月，又率领中国西南民族学会访问团访问日本，同日本学者进行学术交流。1987 年 4 月，他应香港中文大学中国文化研究所的邀请，赴香港讲学。他表示，一息尚存就要为发展祖国的文化教育事业尽绵薄之力。马曜在青年时代，曾为一位辛亥革命老人题赠过一首诗。这首诗，很像今天进入高年的马曜教授自己的情怀的写照——

龙沙曾阅汉旌旗，
万里归来雪满髭。
垂老不忘天下事，
伏波矍铄剑南诗。

（载于《中国现代教育家传》第七卷，湖南教育出版社 1988 年版）

（李文辉，中共云南省委宣传部理论处原处长、副巡视员）

马曜先生

谢本书　口述　张昌山　撰文

马曜先生是一位名人，我很早就已闻其大名，但直到 20 世纪 70 年代初他回到云南大学历史系工作，我们才相识。真正比较全面深入了解这位学术名家，却是在 90 年代末期我应邀撰写《马曜评传》之后。而今，马先生作古已 6 年有余，我常常想起他，很怀念这位备受尊崇的世纪学人。

丰富的阅历

马曜生于 1911 年 10 月 11 日，字幼初，云南洱源人，白族。早年在大理、昆明读书时，就积极参加学生运动。1931 年，马曜考入上海光华大学经济系，同年加入中国共产党。1932 年夏天，他利用与滇军将领范石生的同乡关系，到湖北襄阳策动滇军五十一师兵变，因故未成。此后马曜虽一度与党组织失去联系，但仍坚持不懈地进行革命活动。大学毕业后抗战已经爆发，马曜回到云南任中小学校长，长期从事教育工作，其间曾在西南联大进修一年，以优异的成绩结业。抗战期间，马曜常常利用学校课堂积极宣传马克思主义和中国共产党的主张。抗战胜利后，马曜参加民盟，并声明自己的中共党员身份，他遵照闻一多等人的建议，以教育界人士的身份竞选云南省参议会议员，开展合法斗争。按照中共云南省工委的指示，马曜与杨青田、唐用九 3 人组成统战工作组，团结参议会中的积极分子与国民党反动派作斗争。1948 年底，党组织为他办理了重新入党的手续，1985 年中共云南省委恢复他 1931 年入党的党籍。

1947 年，马曜被聘为云南大学文史系讲师，并兼任昆明师范学院中文系讲师，

1949 年聘为副教授。他在进步教师中传播马克思主义，鼓励大家走向光明。1949 年，云南的形势很复杂也很严峻。马曜根据省工委的指示，利用议员身份多次与云南省主席卢汉商谈，动员他和平起义。他曾被国民党特务列入逮捕的主要对象。9 月中旬，马曜前往滇西参加“边纵”支队，做群众和部队的思想政治工作。年底，卢汉宣布起义，云南解放后马曜被委派接管大理，随后调回昆明。马曜先后担任中共云南省委统战部办公室主任，省民族事务委员会副秘书长，省民族工作五人小组成员，省委边疆工作委员会办公室主任、研究室主任、边疆处处长，直到“文化大革命”开始。其间还出任过中缅勘界委员会办公室常务副主任，为中缅边界的勘定作出了贡献。“文化大革命”开始后，马曜受到冲击。1972 年，马曜主动要求调入云南大学历史系工作。当时省里要编一套云南地方史书，让马曜担任《云南通史》古代部分的主编。由他主持编写的《云南各族古代史略》于 1977 年出版，后来以此为基础写成《云南简史》。1975 年，省里决定创办一份综合性政治刊物，取名《思想战线》，任命马曜为主编。由于刊物突出了学术性和地方特色，办得有声有色，颇得学术界好评，发行量曾达到 10 万册。而今，《思想战线》已成为国家的名刊、大刊，享誉学林。

1979 年 12 月，马曜出任云南民族学院院长，时年 68 岁，几年间，将一个干部培训学校建设成为一所综合性高等学校。1983 年 7 月，马曜改任名誉院长，1985 年离休。2006 年 2 月 6 日，96 岁高龄的马曜在家中无疾而终。我记得，是年 2 月 2 日是春节，2 月 3 日我曾去看望他，他精神很好，我们交谈了一个多小时，他仍很关心学术界，要我多介绍些学术动态。没想到仅过了 3 天，马曜就辞世了。

学术是这位世纪老人的生命，他与学术相伴一生。

卓越的贡献

马曜是集战士、诗人、学者、教育家于一身的世纪学人，是著名的“道德文章并重”的“云南才子”，是当代白族文化名人的一面旗帜，也是云南乃至中国社会科学界的一座丰碑。

在学术上，马曜既是民族学家，也是历史学家，在多个学术领域都取得卓越的成就。先后出版《云南各族古代史略》（主编）、《云南简史》（主编）、《傣族社会历史调查》《白族简史》（通纂）、《西双版纳份地制与西周井田制比较研究》（合著）、《茈湖精舍诗初集》、《云南民族工作四十年》（主编）、《大理文化论》、《情系大理·马曜卷》、《民族学与民族工作论文集》、《马曜学术论著自选集》、《马曜文集》（六卷本）等，发表文章300余篇。

马曜的学术生涯中，科研成果丰硕，学术影响广泛深远。特别是在下述两个方面，作出了原创性的重大学术贡献。

一是在民族学和民族工作中，首倡“直接过渡”。20世纪50年代初，马曜在民委系统工作，参加省委派出的工作组，到潞西县遮放区西山景颇族聚居区做过较长时间的深入调查研究，分析了41个村寨的情况，认为民族地区的民主改革和社会主义改造，不能照搬汉族地区的做法，应从客观实际出发，采取特殊的政策和措施。他提出在以景颇族为代表的边疆9个少数民族地区，由于土地不集中，阶级分化不明显，不应把土地改革作为一个革命运动阶段来进行，可以不重分土地，不划阶级，应在国家帮助下，发展经济、文化和互助合作，逐步完成某些环节的民主改革任务，直接过渡到社会主义。这个意见经省委采纳，并报中央批准，形成了“直接过渡”的思想和政策。这一政策的实施取得了重要成就。历史已经证明，对云南边疆某些少数民族地区，实行“直接过渡”，无论在理论上还是实践上都是正确的，具有重要的理论价值和实践意义。

马曜在长期的民族研究和工作实践中，还总结出云南民族工作的经验和规律。他提出，要正确处理民族工作中的八个关系：即“稳”和“进”的关系，敌我矛盾、阶级矛盾和民族矛盾的关系，民主改革中团结上层与发动群众的关系，民主改革中共性与个性的关系，改革中发展生产和改革生产关系的关系，民族问题与阶级问题的关系，发展经济和发展教育的关系，民族区域自治中党的领导和少数民族当家做主的关系。他所进行的研究和总结，极有助于人们提高对民族工作的认识和把握，不断地推进民族地区的建设与发展。

二是在历史研究中，首创“三重证评价”方法。仍是在20世纪50年代初，马曜就开始留意西双版纳的土地制度。他是从招待原西双版纳宣慰使署召片领政府议事庭长召存信的过程中，初步了解到过去西双版纳的一些政治、经济情况。后来，云南省政府副主席周保中要他起草一个向中央报告西双版纳政治形势的电报，内称：在中华人民共和国成立前夕，西双版纳30几个勐土司（召片领分封的地方政权）的共主宣慰使的地位，颇类似周代王室衰微时期的“周天子”，但他在傣族人民中还保持着深厚的传统影响。从那时候起，马曜的脑子里产生了把西周和西双版纳的社会制度进行比较研究的念头。随后几年，他与缪鸾和合作，进一步开展调查研究，发现云南大多数民族中不同程度地保留着农村公社土地所有制，而且有亚细亚所有制典型的土地“集体所有，私人占有”的农村公社制度，在西双版纳傣族地区保存得最为完整。1963 年，他们合作发表了《从西双版纳看西周》的长篇论文。通过比较研究，明确倾向于西周封建论的观点。这是运用民族学资料研究中国古代史分期问题的一篇重要文章，引起史学界的极大关注。后来又完成了《西双版纳份地制与西周井田制比较研究》一书。这是我国第一部系统地利用民族调查资料与先秦古史资料、考古资料相结合，探索西周井田制疑案的学术著作，它不仅为揭开井田制之谜和解决我国古代史分期问题提供了一把钥匙，而且在丰富和拓宽我国古史研究的视野、深化古史研究的理论方法等方面，也作出了重要贡献。尤其值得推崇的是，马曜在继承近代著名学者王国维在古史研究中运用考古资料与文献资料相结合的“二重证评价”方法的基础上，进一步与民族学研究相结合，运用民族调查和民族学资料，创造了“三重证评价”方法，并成功地运用这种方法论述中国古史上的重大学术问题。

《西双版纳份地制与西周井田制比较研究》出版后，好评如潮。有学者认为，马曜所进行的这项研究及其成果，与摩尔根《古代社会》一书通过对北美印第安人部落的研究找到解决古代希腊、罗马和德意志历史上那些哑谜的钥匙，有相似的重要意义。

早年成名的诗人

马曜不仅是学者，还是一位卓有成就的诗人，而且，他成为诗人，比成为学者的年代更早。他从青少年时代就开始学习写作古体诗，以格律严谨、对仗工稳、意境高远著称，获得“少作已闻追二李（李贺、李商隐）”的评价。现存最早的马曜创作的 13 首古体诗，是他 17 岁至 19 岁时所作。1948 年出版的《卂湖精舍诗初集》收入旧体诗 261 首。这部诗集由云南大学校长熊庆来题签，列入“国立云南大学文艺丛书”之一公开出版，著名学者罗庸、钱基博、王灿、刘文典、徐嘉瑞等为之作序。该书于 1992 年由蔡川右教授作注，由云南教育出版社再次出版。《卂湖精舍诗初集》两次出版，相隔数十载，无论是当年作序的名家，还是今日的文化教育界，都对马曜的诗给予了很高的评价。著名学者季羡林说："读先生诗有鹤立鸡群之感。"马曜的古体诗，既为白族现代文学，也为中国现代诗歌，增添了异彩。马曜青年时代还写有现代诗，可惜未保存下来。

"枳过江亦可为橘"的教育思想

作为学者的马曜，在教育学方面亦有重要贡献，成为一位著名的教育家。他曾在大中小学任教，先后达28年之久，并出任小学校长和大学校长多年。马曜特别关心和重视民族教育，在长期的民族教育及民族工作实践中，逐步形成了富有个性和特色的民族教育思想。他把自己的民族教育思想归结为一句话，这就是"枳过江亦可为橘"。大家知道，成语"南橘北枳"讲的是环境对物种及人的影响，语出《晏子春秋·内篇杂下》："橘生淮南则为橘，生于淮北则为枳，叶徒相似，其实味不同。所以然者何？水土异也。"马曜对典故的辩证运用，使其更加完整。"枳过江亦可为橘"，其意为云南众多少数民族虽然社会经济发展相对滞后，文化教育较为落后（好比是"枳"），但只要创造一定条件（有一定的温度和湿度），他们的文化素质会大大提高起来（好比变成了"橘"），成为促进社会经济发展的强大力量。

马曜担任云南民族学院院长期间，着力实践其民族教育思想。他以民族教育家的战略眼光和气魄，在短短几年内便将这所学校转变成为办学特色鲜明、学科专业比较齐全、粗具规模的本科大学。他为学校的发展运筹帷幄，四处奔走，并身先士卒，直接承担本科教学任务，并指导研究生，活跃在教学、科研第一线，为发展民族教育事业呕心沥血。他的许多教育佳话至今还在校中流传。

1988年湖南出版的《中国现代教育家传》第七卷收入了马曜的传记。该丛书立传的云南籍现代教育家仅二人，马曜是其中之一。

高尚的品格

马曜不仅为革命事业和学术事业作出了重要贡献，他的人品人格也为世人称道。

求贤若渴，施恩不图报，是马曜办学的一大特点，也是他的人格力量之所在。马曜常说，人无完人，只要有一技之长，就当用其所长而避其所短。这里只说说他主政云南民族学院时的几个事例。他到民院后，为几个被错划为“右派”或被错判徒刑的人平反落实政策，并聘来学校任教。当年有一位知识分子，有较高的英语、日语水平，还懂法、德、意等国文字，由于种种原因，这位知识分子成了社会上的“闲散人员”。马曜了解到这些情况后，将这位同志调入民院任教，并加以重用。马曜甚至对过去在运动中极左思潮影响下对他进行过错误批判的人也不计前嫌，安置录用。

马曜在广泛搜罗人才的同时，对少数民族学生也倾注了巨大的热情。他对学生关怀备至，视同子弟。曾有一个学生在试卷上写了有政治性错误的话，马曜认为这个学生本质上不坏，犯错误是年轻幼稚，听信谣言所致，对他应着眼于疏导教育，耐心帮助，不给处分，并让授课教师把试卷退给学生，不装档案。这个学生深受感动，认识了错误，后来表现很好，进步很快。还有一个学生的母亲在家乡鹤庆患破伤风，这个学生在昆明买到了急需的针水，却苦于无法及时送回家。马曜知道这一情况后，立即让学校派车连夜赶了500多公里把药送到，挽救了生命垂危的病人。当地群众说：云南民院送来了党对少数民族的深情厚谊，救活了一个人，温暖了众人的心。

马曜对朋友、同事和后辈的关心，始终一如既往的热情和真诚。他的书房和客厅常常是宾朋满座，电话铃声不绝于耳；他还不断收到各种会议和活动的邀请书。他为人太好，名声太大，又从不摆架子，几乎是“有求必应”，因此直到晚年仍是“离而不休”，整天忙忙碌碌。

马曜常说：一个人晚节很重要，有的人早年虽有丰功伟绩，若晚节不保，必然玷污一生名节。他赞赏清廉，痛恨贪腐。他两袖清风，生活俭朴，家无长物，只有藏书数千和满柜的书稿，然而却将无价的精神财富留给了后人。

广泛的交游

在一定程度上也可以说马曜是一位社会活动家。他乐于且善于交往，朋友遍天下。

在早期的革命活动中，马曜交游广，朋友多，积极争取各方面的同情与支持，这就大有益于革命事业。新中国成立后，马曜从事民族工作，从民族上层到普通民众，他都交了许许多多的朋友，尊重他们，关心他们，并从交往和调研中了解真实情况，进而提出真知灼见，于是才有“直接过渡”思想和“三重证评价”方法这些重大贡献。

学术交往是马曜学者生涯的重要组成部分。他与国内外众多学术名家都有学术交流关系，这方面可以列出一个长长的名单。仅就其学术交流中来往的书信而言，就是一笔丰厚、珍贵的学术文化遗产，希望有相关人士能早日将它整理出版。这里仅列举其中的几位——

徐嘉瑞先生是文史大家、教育家和诗人，年长马曜 16 岁，是一位前辈。据马曜说，他们相识甚早，20 世纪 30 年代后期，从诗文交往发展到革命友谊，从忘年之交到忘形之交。徐先生很器重马曜，1947 年为他的《此湖精舍诗初集》作序，赞赏有加，又饱含期许。马曜非常敬重这位前辈，对他的学识及为人极为钦佩。早在 1949 年云南“九九整肃”中，徐先生被列入特务意图逮捕的黑名单，马曜知道后，连夜急告徐先生出走避风，免遭一劫。1979 年，《徐嘉瑞诗词选》出版，马曜为其撰写了前言。之后，由马曜等知名人士共同呼吁整理出版徐先生的全部著作。2006 年，由马曜主编的四卷本、370 余万字的《徐嘉瑞全集》终于出版面世。马曜在序中对徐嘉瑞先生给予高度评价，认为他是“五四运动”以来在云南倡导新文学运动的主要代表，是最早研究和整理云南民族民间文学的先驱，是云南文坛无可替代的一面旗帜。

马曜与方国瑜、杨堃、江应樑等著名教授的关系都很好。在云南从事民族研究的前辈学者中，有“三驾马车”之说，据我所知，这原来是指方、杨、江三位先生，后来杨堃调走了，“三驾马车”就是指方、江、马三位了。他们都是德高望重的学术大家。马曜与他们的学术观点并非完全一致，比如关于“诸葛亮南征路线”问题，他与方先生之间就有过学术论争，但相互看重，彼此尊重，保持了终生的情谊。

季羡林先生与马曜同龄，都出生于 1911 年。他们在学术交往中建立了深厚的友谊，互赠著述，互致问候，互道珍重，情真意切。季氏对马曜的道德文章评价甚高，并先后为《马曜学术论著自选集》及《马曜先生从事创作学术活动五十周年纪念文集》题写书名。

云南大学李埏教授曾深情地回忆他与马曜的交往。20 世纪 40 年代末，马曜到云大文史系任教后，他们成了同事朋友。马曜把历史唯物主义与辩证唯物主义的书介绍给李埏看，并作讲解。李埏把马曜称作是他的“马列主义的启蒙教师”，并说“我之所以走上学习马克思主义的道路，首先就是得到他的指导和帮助，我要感谢他”。

缪鸾和与马曜是志同道合的学人。新中国成立后他们曾一起在民委系统工作，20 世纪 70 年代又一起回到云大历史系任教。他们是学术上的合作者，共同撰写和发表了《从西双版纳看西周》《傣族封建领主制与周秦社会的比较研究》等著名论文。然而，1979 年缪鸾和先生不幸逝世。马曜肩负着合作者的殷切期望，继续进行深入细致的研究，终于在 1989 年底出版了 34 万字的《西双版纳份地制与西周井田制比较研究》一书，并郑重地署上他们两人的名字，这既是他们学术合作的见证，也是对亡友最好的纪念，也展示了马曜不据功为己有的广阔胸襟和高尚情操。

（载于《思想战线》，2012 年第 4 期）

（谢本书，云南民族大学教授、云南省社科联原副主席；张昌山，西南林业大学党委书记）

马曜先生访谈录

范祖锜

范祖锜（以下简称范）：尊敬的马老，您与辛亥革命同龄，已是92岁高寿的长者。在近一个世纪的风雨沧桑中，作为一个革命战士、诗人、学者、教育家，您为中国的民族研究作出了卓越的贡献。学术大师季羡林先生称您“道德文章并重”“云南学界领袖群伦”，我们晚辈更对您怀着“高山仰止，景行行止”之情。请您先谈一谈。

马曜（以下简称马）：我的家乡在云南省大理白族自治州洱源县，是著名的高原湖泊——洱海的发源地。这里群山叠翠，绵延无际，湖河相连，阡陌纵横，平畴沃野，绿树成荫，是一个风光优美的所在。明代旅行家徐霞客曾到此游历，并有“悠悠然有江南风景”之叹。距县城不远的茈碧湖，水体清澈，水草丰富，其中最多的是白里透黄的茈碧莲，花似棉絮，赏心悦目。茈碧湖流往邓川，注入洱海，确为洱海之源。

范：洱海地区是云南历史上开发较早的地区，白族是云南各民族中历史文化最为悠久的民族之一。先生的故乡山水钟灵毓秀，乡里间一定孕育出一种特有的文化氛围。

马：确实如此。洱源县虽然僻处西南边陲，但是以白族先民为主的各民族很早就生息繁衍在这块土地上。唐朝初年独立设治，著名的六诏中有三诏即是在洱源境内。白族是一个善于吸收汉文化的民族，不仅如此，他们还将汉文化传播给洱海地区的其他民族。因此，在唐代，县内已形成“人知礼乐，本唐风化”的局面。以后历代，封建教育制度在县内推行，私塾遍及城乡，文人雅士层出不穷，如阮元器重的王崧、清末著名书法家赵时俊等，他们或以学识充任京官，或凭文才饮誉三迤。因此，前人称洱源“地虽瘠而足耕，民虽贫而能读，绍唐宋勤俭之遗，比中州文物之盛，正未得以荒远讥也。”

我出生在一个白族知识分子家庭。据马氏家谱记载，洱海白族马氏祖籍江南（今江苏省）金陵府句容县，明初迁河南南阳府。嘉靖三十年（1551 年），始祖马合牟来滇任浪穹县（今大理洱源）主簿，到我这一代已有十六传。全家族早已融入白族大家庭。马氏家族定居于县城西北约 5 公里的大果树村。历代“农恒耕，士恒读”，中举者众，任教谕、县令、县知事、盐场知事者亦不在少数。其中七世叔祖马文祯，18 岁进京应试，成为明万历丙午科举人，曾任孔子故乡曲阜县知事。崇祯六年（1628 年），马文祯申奏朝廷，经批准在自己的家乡浪穹县用曲阜泥土塑造孔子像，大力提倡儒学，开一代崇德兴学之风。直至 20 世纪 60 年代的“文化大革命”，孔子塑像才被毁坏，其间完好保存了 300 余年，可谓西南边疆文化的奇迹。先父马秉升（1884—1946 年），字东初，为前清秀才，1909 年考入云南优级师范，1912 年以文史地选科毕业，先后任大理省立第二中学、昆明成德中学、开远中学国文教员，省教育杂志总编。嗣后从政。抗日战争初期，他出任永平、龙陵二县县长，主持滇缅公路漾濞、龙陵段的修筑工作，为抵抗日本侵略者作出了贡献。他一生五任县令，居官勤廉，归来之日，无宅于都市，无田于郊野，无遗资以养老年，坚持了中国传统知识分子的操守。先父自幼热爱诗歌，工于古典诗词的音韵格律，教学从政之余，常常吟诗酬唱，这对我产生了很大的影响。他以诗勉励后代：“儿曹立志须关国，体向前途问屈伸。”诗中深厚的爱国主义情怀给我留下了终生难忘的印象。

范：饶有灵气的故乡山水和绵长宏富的家学渊源，是先生人生旅途的起点和学术事业的根基，这本应是令人称羡的。然而，先生的成长过程中，却碰上了中国社会的剧烈动荡时代。您是怎样走上革命道路的？

马：我幼时在家乡入私塾读书，1927 年考入大理省立第二师范初级部。这所学校在大理城内著名的“西云书院”旧址上建成，依托苍山，面向洱海，竹树环合，境界清幽，是读书的好地方。但是当时正值大革命失败之后，全国处于白色恐怖之中，云南地方当局成立“清共委员会”，在全省进行图书检查，控制文化教育，逮捕和屠杀共产党人和进步人士。大理师范具有进步思想的青年学生起来进行了抗争，我受到他们的影响，时校内洱源籍学生组织了同学会，推荐我为会长。我们经常在一起研讨时事，抨击黑暗政治。1930 年夏天，我和同学施介从大理步行到昆明求学，考入云南省高级农业学校。求学期间，我在朋友处阅读了一批革命书籍，初步接触了马克思列宁主义。同时，还经常到省教育会图书室借阅“五四运动”以来的新文艺作品，深受其革命激情和叛逆精神的感染。当时，我产生了“仗剑去国，辞亲远游”的愿望，决心走向更广阔的天地，寻求救国救民的真理。

1930年冬，我告别故乡只身赴南京，在云南学会补习功课半年，于1931年秋考取了上海光华大学经济系。光华大学是1925年“五卅惨案”时上海圣约翰大学部分师生因不满学校当局镇压反帝爱国运动，而自行分出建立的一所大学。吕思勉、徐志摩、钱基博、潘光旦、王造时、李石岑等著名学者曾先后在这里任教，使我受益良多。特别是国学大师钱基博先生对我这个来自西南边疆的少数民族学生关爱有加，潜心指教，为我今后的学术研究和教育工作打下了良好的基础。

就在我入学后不久，爆发了震惊中外的“九一八”事变，日寇强占了我国东北三省。这使从小就受到爱国主义思想熏陶的我产生了极大的义愤，我同千千万万不愿做亡国奴的中华儿女一样，积极投入了抗日救亡运动。1931年9月下旬，上海大中学生罢课，复旦、光华、大夏等8所大学的爱国师生两次赴南京请愿。我参加了这些活动，和同学们到国民政府门前示威，高呼“打倒不抵抗主义”等口号。面对学生们的爱国激情和全国兴起的抗日救亡运动，蒋介石、戴季陶等人不得不接见了示威请愿的学生，发誓赌咒，表示一定抗日。请愿结束回到上海后，大家继续坚持斗争，支援东北义勇军，参加义勇队、宣传队，组织街头募捐队。在斗争中，我明白了这样一个真理：中国共产党旗帜鲜明，真心抗日，要抗日，要救国，就要跟着共产党走。加入共产党，成为我的执着追求。于是，我首先参加了党的外围组织——互济会。不久，中共沪西区委考察我在抗日救亡运动中的表现后，批准我加入中国共产党。1931年11月，入党宣誓仪式在上海大西路边的一片丛林里举行。由于是在白色恐怖的环境下，仪式较为简单，宣誓者仅有我1人，监誓者也只有1人。但是，宣誓仪式十分严肃，我表达了我为共产主义事业奋斗终生和把一切献给党的决心。入党后，我在中共沪西区委的领导下，积极投入到工人运动和学生运动中。1931年12月，为抗议上海警备司令部逮捕北京大学南下示威团的两名学生领袖，上海8所大学的学生包围上海市政府。上海市市长张群调集宪兵包围了学生队伍。我和同学们毫不退缩，直接找到了张群，迫使他出面同学生见面，并最终答应释放被捕学生。

1932年夏天，我们了解到驻扎湖北襄阳的国民党滇军五十一师师长范石生对蒋介石不满，一些下级军官倾向革命，于是决定策动范部兵变，投奔红四方面军。我利用与范石生的同乡关系，前往襄阳开展工作。由于蒋介石集团的严密控制和监视，策反未能成功。返回上海后，我回光华大学复学。1933—1934 年，由于王明路线的错误，党组织遭到了严重破坏，我与组织失去了联系。在此后的岁月中，我一直积极寻找党组织，同时，以共产党员的标准严格要求自己，坚持不懈地进行革命活动。1934 年以后，先后担任小学校长、中学教员，1947 年被聘为云南大学文史系讲师，并兼任昆明师范学院中文系讲师。1949 年转为副教授。抗日战争时期，云南的民主空气比较浓厚，我在教学中积极宣传马克思列宁主义和中国共产党的抗日主张，在云南大学一批进步师生，包括李埏、缪鸾和等学者中传播进步思想。

抗战胜利后，我与闻一多、楚图南等民主同盟领导人建立了密切联系，随即参加了民盟，并在参加时声明了自己的中共党员身份。遵照闻一多等先生的建议，我和杨青田先生以教育界人士的身份竞选云南省参议会议员，开展合法斗争。1945 年冬当选议员后，我们充分利用省参议会这个讲坛，利用国民党云南省主席龙云与蒋介石的矛盾，进行反蒋斗争。在著名的“一二·一”运动中，我们公开提出议案控诉国民党当局屠杀教师学生的暴行，在省参议会上提出了国民党中央“驻滇军队不得直接拘捕人、任意检查人，以维人权”的提案，旗帜鲜明地支持学生运动。随后，又在省参议会内积极参加和组织了反对内战、反对“三征”（征兵、征粮、征税）的斗争以及抗议国民党当局杀害李公朴、闻一多二位先生的斗争。

1948 年夏天，通过镇南师范学校的学生王颂陶，我找到了党组织，经中共云南省工委详细审查后，解决了我的组织问题。时任工委书记的郑伯克同志对我说现在是重新入党。关于恢复组织关系问题，因为党处在地下时期，对过去的历史难以做出全面的结论。待将来全国解放后，再作全面的审查结论，决定是否恢复原来的党龄。当时，处于同样情况的还有杨青田、唐用九同志。我们三人都同意省工委的意见，于 1948 年底办了重新入党的手续。（1985 年中共云南省委做出决定，恢复我 1931 年入党的党籍，党龄连续计算，至今已有 72 年）

范：您的革命生涯十分曲折，富有传奇色彩。在白色恐怖中投身革命活动，在中华民族面临生死存亡的关头加入中国共产党，与党组织失去联系后仍在讲坛上宣传马克思列宁主义真理，在“黎明前的黑暗”时重新回到党的怀抱。从一介书生到光荣的共产党员，从爱国的热血青年到成熟的革命者，您走过的艰难历程是老一辈无产阶级革命战士和革命知识分子成长道路的缩影。

马：重新回到党的怀抱，获得新的生命，我精神非常振奋，迫切要求党组织交给自己战斗任务。此时，正值中国命运的大决战时期。为争取云南地方实力派和揭露、反对美蒋的种种阴谋，中共云南省工委把我和杨青田、唐用九三人编成统战工作组，杨青田任组长，由省工委书记郑伯克直接领导。进入1949年后，云南的形势十分严峻，但工作进展却很顺利。人民解放军二野和一、四野战军一部以强大兵力迅速挺进大西南，与中国人民解放军桂滇黔边纵队（简称“边纵”）密切配合，对国民党云南地方实力派卢汉的政权形成大军压境之势。中共云南省工委和桂滇边工委分析了云南形势，决定利用蒋卢（汉）矛盾，放手发展人民武装力量，发动群众斗争，加强反美蒋统一战线，同时争取以“绥远方式”解决云南问题，指示统战工作小组加强对卢汉的争取工作。国民党中央政府也在密谋策划加强西南各省的联系，企图消灭一切“革命力量”以建成“西南反共堡垒”，其中很重要的一环是把云南作为反共基地与人民对抗到底。云南几次处于白色恐怖之中。我一方面尽力掩护和转移教师、学生中的地下党员到滇西参加武装起义，同时奉省工委指派，利用省参议员的身份多次与卢汉谈判，敦促他和平起义；另一方面利用省参议会的合法讲坛与国民党展开斗争。例如，1949年初，省参议会发起了驱逐云南警备总司令何绍周的斗争，迫使蒋介石撤销云南警备司令部，调走何绍周，除去了起义的一个障碍。在5月召开的省参议会第七次大会上，我同61位议员提出动议，急电省政府从即日起援台湾例，严格执行入口检查，以防“政治垃圾”混入滇境，并注意抵制大量金圆券流入保护云南免遭严重剥削，维护人民生活和社会治安。以后，统战工作小组在省参议会内，发动了一系列反对国民党残余军队溃退入滇，企图把云南作为大陆最后的反共基地的斗争；通告全省人民立即停止交兵交粮，坚决抵制蒋介石的“应变计划”。这些活动引起了国民党特务的注意。据军统云南站站长沈醉后来回忆，当时我已被列为主要逮捕对象。9月中旬，我依靠亲友的帮助，躲过了国民党军警的搜捕，前往滇西，随“边纵”七支队和中共滇西北专员公署做群众工作和部队思想政治工作。1949年底，卢汉先生起义，云南和平解放，我被派参与接管大理，随后调回昆明工作。

范：新中国的建立，为知识分子开辟了施展聪明才智的新天地。据我所知，您早年接受中国传统的私塾教育并从事文史教学与研究；1931年入上海光华大学后，师从钱基博等国学名师；1939年在西南联大进修文史，选修陈寅恪的魏晋南北朝史、罗庸的唐诗、魏建功的音韵学、陈梦家的文字学、浦江清的中国文学史、刘文典的李商隐诗等课程，亲聆名家教诲，结识了吴宓等一批知名教授，并以全班第一名的成绩毕业，有着很深厚的国学基础。若精力转向研究事业，理应在此领域中多有建树。但您却没有这样，而是在新中国建立后的半个多世纪中，把自己的全部精力、智慧和心血献给了民族工作，您对各民族千百年来的深重苦难有着切肤之痛和深刻的认识，实现各族人民的彻底自主和解放，实现各族人民的共同发展和繁荣，是您追求的目标和奋斗的理想。而这一点，恰恰与党的事业和需要完全一致。所以，党组织分配您从事民族工作和民族研究，而您义无反顾，勇往直前。

马：我后半生倾全力从事民族工作和民族研究，的确是服从党的事业的需要。云南地处祖国西南边疆，民族众多，战略地位重要。做好民族工作，对于民族团结、边疆稳定、维护祖国统一，具有重要意义。云南和平解放以后，历届省委和省人民政府都高度重视这项工作。新中国建立之初，百废待兴，省委、省政府把民族问题列入重要议事日程，抽调一批干部到这条战线工作。1950 年 3 月 10 日，云南省人民政府成立，白族出身的抗日名将周保中同志任副省长，兼任中共云南省委统战部部长，负责全省的民族工作。我被任命为统战部办公室主任，从此开始了长达半个世纪的民族工作。1950 年 12 月筹建云南省民族事务委员会，我任副秘书长。1951 年 1 月，中共云南省委成立民族工作五人小组，在省委的直接领导下开展民族和边疆工作，我是小组成员之一。1952 年 9 月成立中共云南省边疆工作委员会（简称“边委”），取代民族工作五人小组，我被调入省边委，先后任办公室主任、研究室主任、边疆处处长，直至“文化大革命”开始。这期间，参与起草了中共云南省委有关边疆民族政策和全省民族工作的大量文件。1959 年下半年到 1961 年，我出任中缅勘界委员会办公室常务副主任，在中央和省委、省政府的正确领导下，与同志们共同艰苦奋斗，最后勘定中缅边界，为中缅两国人民世代友好奠定了坚实的基础。

范：如同新中国成立之前的曲折人生一样，您半个世纪的民族工作和民族研究历程也丰富多彩，极具魅力。20 世纪 80 年代您在一篇文章中指出，民族工作的一条基本经验是：“民族调查研究一定要走在民族工作前面。”这句话看似平淡，但蕴含了深刻的道理，是您民族工作经验的结晶。而且作为一个民族学研究者，最基本的前提和最坚实的基础，就是田野考察，对研究对象做透彻、深入、全面的了解。在边疆民族地区做田野考察，工作艰苦，时有风险，甚至要作好牺牲生命的思想准备。但是无论如何，长期的、认真的、科学的调查研究是民族工作和民族研究绕不开的重要一环。请您谈一谈这方面的经历。

马：我做民族工作和民族研究是从调查研究开始的。云南民族众多，发展不平衡，情况十分复杂，要贯彻好中央的民族政策，必须从实际出发。因此，对各民族千姿百态的历史、政治、经济、文化、语言、文字、风俗、宗教进行系统的调查，首先具有政治意义，是贯彻中央各项方针政策的需要。事实上，在新中国建立初期，民族调查对全省民族工作的顺利开展发挥了积极作用，并在科学研究上取得了丰硕成果。1950年6月，中央访问团到云南，大力疏通民族关系，并结合访问工作开展调查，写成内部资料一百多份，共两百多万字。1951年，刚成立的省民委也派出干部到德宏、怒江、临沧、思茅、红河、西双版纳等地州调查，积累了大量资料。根据这些调查成果，省委客观地分析了全省形势，制定了符合边疆民族地区实际的工作方针。具体是把全省分为内地、边疆及两者间多为少数民族聚居的内地与边疆之间的缓冲区三种不同类型地区，对不同地区规定了不同的政策界限。例如在1951年开始的土地改革运动中，省委决定对约有220万人口的边疆民族地区暂不“土改”。内地的土地改革实行分类指导：（1）对经济文化水平、社会发展程度较高的白、回、壮、蒙古、纳西和部分彝族地区，采取与汉族地区基本相同的政策，但在方式方法上适当照顾民族特点和民族关系；（2）民族杂居山区，始终注意和突出民族特点，注重民族团结，正确处理民族关系，尊重各民族风俗习惯和宗教信仰，实行稍宽的政策，有利于取得广泛的社会同情。1952年以后，省、地、县组织调查队持续不断地对边疆地区各民族社会经济情况进行深入系统的调查，基本摸清了处于不同历史发展阶段的各民族的社会性质，收集编印了近千万字的调查材料，为在不同民族地区采取不同的社会改革方式提供了科学的依据。随着边疆广大地区的群众觉悟不断提高，民族干部大批成长，民族上层也被推动进步，民主改革已成“瓜熟蒂落”“水到渠成”之势。云南省委根据第一届全国人民代表大会上《关于中华人民共和国宪法草案的报告》中，关于在“现在还没有完成民主改革的少数民族地区，今后也可以用某种缓和的方式完成民主改革，然后逐步过渡到社会主义”的指示，在总结内地“土改”经验教训和对边疆深入调查研究的基础上，根据不同民族地区的情况，制定了不同的改革方案。（1）民主改革前处于奴隶制和农奴制的地区，采用“和平协商土地改革”的方式，即在废除封建农奴主和奴隶主所有制的前提下，对民族上层采取赎买政策，消灭其所属阶级而团结、教育、改造其个人。一方面发动少数民族中的劳动人民起来推翻本民族内部的剥削制度，另一方面帮助少数民族中的上层人士认识改革的必要，争取他们接受改革。实行“和平协商土改”，是由当时特殊的时间、地点和条件以及民族内部阶级关系的特殊性决定的。因此把民族上层作为人民内部矛盾对待，不采取内地自上而下发动群众“斗地主”的方法，强调正面教育，既划清阶级界限，又团结民族上层。（2）对于从原始公社末期向阶级社会过渡的地区，由于土地占有不集中，阶级分化不明显，所以不再把土地改革当作一个运动来进行，而是团结一切劳动人民，逐步废除民族间和民族内部的特权，开展互助合作运动，直接向社会主义过渡。

这一段时间，民族调查研究一直走在民族工作的前面。通过调查研究，摸清当地实际情况，探索民族工作规律，使我们把马克思主义的普遍真理同民族地区的具体实践结合起来，按照实际情况决定方针政策，结合实际贯彻中央的方针政策。因此，在从建立新中国初期的对敌斗争，至1956年互助合作运动初期和1955—1957年的三年民主改革时期，整个边疆十分稳定，农业生产发展较快，群众生活明显改善，共产党在各族人民中树立了崇高的威信。这一时期被许多同志称为民族工作的“黄金时代”。

范：您具体领导并直接参与了这一历史时期的民族调查工作，付出了艰苦的劳动。“黄金时代”的成功实践，证明中央和省委决策的英明，也证明您和前辈民族调查工作者的成果是经得起实践检验的。我想着重探讨“‘直接过渡’的方针政策是怎样提出的?”这一问题。云南民族工作的老领导、云南省人大常委会副主任王连芳同志生前曾撰文写道：“怎样使阶级分化不明显的民族进入社会主义的问题，民族部门和边疆地区的领导不同程度地进行酝酿。这些酝酿和试验当然是一种新思想形成的必然过程，但我至今依然认为，对这些地区实行‘直接过渡’的比较系统的正式建议，并促其成为省委的决定，则是马曜同志的贡献。”

马：王连芳同志过奖了，我只是做了一些具体工作。1953年6月，中共云南省委边委考虑到了其他少数民族应采取什么方式过渡到社会主义的问题。我结合1952年率领省委民族工作队第二大队在瑞丽、陇川景颇族的群众工作实践，于1953年7月给中共云南保山地委写了名为《从遮放西山区的情况看景颇、崩龙（后改德昂）等族地区的生产问题》的报告，主要谈了以下内容。（1）山区的基本情况。一是自然条件优越，土壤、气候比内地山区好，适宜种植水稻、旱地作物和经济作物。二是景颇族内部土地占有不集中，阶级分化不明显。景颇族山官从事劳动，生活水平相当于甚至低于内地中农水平，其剥削量不超过一个主要劳动力全年劳动量（120天）的5%。山官在群众中享有很高威信，每年播种前，要由山官首先播种。群众没有废除和打倒山官的要求。三是生产力水平极为低下，大部分实行刀耕火种。基本上是自然经济，没有独立的手工业和商人。（2）鉴于景颇族正处于原始公社解体到阶级社会的过渡阶段，巩固地团结本民族内有影响力和号召力的民族上层，是稳定边疆和发展生产的重要环节。景颇族的山官是农村公社头人，被认为是本民族和部落的保护人；寨头是一寨之首，作用类似山官；魔头（董沙、巫师）是本民族有知识的人；拉事头是血族复仇的头人。这几类人与较先进的傣族地区的土司比较起来，容易争取团结。（3）景颇族基本上保持着村社土地“公有私耕”的制度，平均主义观念严重。因此，在党的领导下，依靠贫苦农民，团结一切劳动人民，团结和教育一切与群众有联系的公众领袖人物，在国家的大力扶持下，通过互助合作，发展生产，逐步提高人民的生活水平和政治觉悟，增加社会主义因素，消除不利于生产和民族发展繁荣的因素，使这些地区的各民族直接过渡到社会主义社会。

实践证明，“直接过渡”的道路是一条正确的道路，它不仅完成了社会主义改造的任务，也同时完成了民主革命所需要完成的主要工作。1954 年到 1966 年，上述地区取得了重大成就：（1）彻底废除了部落酋长的山官制度。首先，废除了山官对土地的控制权，实现了土地的集体所有制。其次，完全废除了建立在土地私有制基础上的官工、官谷、官烟、兽腿、年礼、保头税等山官特权剥削。第三，彻底瓦解了由山官、董沙、寨头、拉事头议决村社大事的政治制度。（2）淘汰了阻碍生产发展的原始部落残余。如不计报酬的伙有共耕方式，春耕前祭祀官庙的制度，杀牲祭鬼的迷信活动，通宵达旦跳丧葬舞的习俗等。（3）发展教育，提高了科学文化水平，逐渐树立起按劳分配、生产积累、合理消费和扩大再生产等观念。（4）解放和发展了生产力，不少地区贫困落后的面貌大为改观。

范：“直接过渡”思想的提出和政策的实施，在民族工作中是一个创举，在理论上也独树一帜。然而这一正确思想和政策有的人却不理解，“文化大革命”中甚至有人诋毁它。

马：其实，关于“直接过渡”问题，马克思、恩格斯早有论述。他们不仅论证了资本主义必然要为社会主义所代替，而且提出了落后国家和民族（即处于前资本主义阶段的国家和民族）在一定条件下可以向社会主义过渡的理论。列宁生活在与马克思不同的历史时代，面临不同的革命任务。19 世纪末至 20 世纪初，当时他把主要精力用于批判民粹派，力主推翻俄国农奴制，促进资本主义发展。他认为农村公社不可能超过资本主义阶段而成为社会主义的出发点，否定当时俄国存在的两种可能性。然而随着形势的发展，列宁的思想有了很大的变化，由否定转为肯定落后国家和民族向社会主义过渡。到1918年后，他得出了“在先进国家无产阶级的帮助下，落后国家可以不经过资本主义发展阶段而过渡到苏维埃制度，然后经过一定发展阶段过渡到共产主义”的结论（见《列宁全集》中译本第4卷，第336页，人民出版社1959年出版）。列宁还指出，落后国家向社会主义过渡，必须大力发展生产力，必须学习资本主义国家先进的科学技术和管理经验。20世纪50年代初，我们提出云南边疆地区一些后进民族可以直接过渡到社会主义，认为这类民族可以“不分土地，不划阶级”，即不把土地改革作为一个运动阶段进行，这与马克思主义创始人提出的关于落后国家和民族向社会主义过渡的理论确有不同的具体内容，但毫无疑问，我们的思想以及后来制定的相关政策，的确是结合云南少数民族特殊情况，学习和运用马克思主义创始人这一理论的成果。我想，在全面建设小康社会，开创有中国特色社会主义事业新局面的今天，深入探讨马克思、恩格斯、列宁关于落后国家和民族向社会主义过渡的理论，对于边疆一些后进民族仍具有特殊的现实意义，也具有重要的理论价值。

范：刚才您说，“直接过渡”思想和政策的形成，是学习和运用马克思主义理论的成果。我觉得，也是您和从事民族工作的前辈们严谨扎实的民族调查研究的成果。说到民族调研的成果，不能不提及您在中国古代史分期研究领域的特殊贡献。从20世纪上半叶开始，中国封建社会起于何时、西周社会如何定性成为史学家们争论的重大问题。由于年代久远、历史变迁、资料残缺等原因，人们对古代史的一些问题难以理解，认识存在分歧，在所难免。但人们也发现，历史规律常常重复显现。一些常规性的历史现象在不同民族的不同时代往往以相同或相似的方式存在。我国古代哲人根据这个道理，在文献资料和考古资料不足的情况下，利用民族学资料解释古代社会，即所谓“天子失官，学在四夷”（《左传·昭公十七年》）、“礼失而求诸野”（《汉书·艺文志》）。您和缪鸾和先生合作，在西双版纳进行了长期深入的调查研究，并利用那里封建社会中活生生的材料，从民族学的角度，向史学界提供了解开西周社会性质之谜的钥匙。这一成果问世后，好评如潮。请谈谈您对西双版纳份地制与西周井田制进行比较研究的历程。

马：应该指出，最早发现西双版纳的村社土地制度，并把这种制度与西周井田制进行比较研究的，并不是我和缪鸾和先生。新中国建立以前，早有人从事这方面的研究。20世纪30年代到40年代，李拂一、李文林、姚荷生、陈翰笙诸先生各自对西双版纳傣族社会进行了调查研究，不约而同地得出了基本相同的结论，即认为西双版纳土地制度类似西周的井田制。

（20世纪）30年代我在上海求学时，就接触了“中国社会史论战”的历史背景，40年代在云南大学历史系任教时，我又留意于商周社会性质问题的讨论。1950年我参加筹建云南省民族事务委员会，在接待原西双版纳宣慰使署召片领政府议事庭长召存信的过程中，初步了解了新中国建立以前西双版纳的一些情况。接着，省人民政府副主席周保中指示我向中央起草一个反映西双版纳政治形势的电报，叙述了早在中华人民共和国建立前夕，西双版纳30多个勐（召片领分封的地方政权）的共主称宣慰使，其地位颇类似周代王室衰微时期的“周天子”，但宣慰使在傣族人民中还保持着浓厚的传统影响。从这时起，我就产生了对西双版纳和西周进行对比研究的念头。

1954年10月，我率领70余人的联合调查组，对西双版纳28个勐、662个村寨进行了历时8个月的实地调查，写成了近300万字的分村寨、分勐、分版纳以及分专题的典型调查报告和傣文史料译文，这些资料后来汇集为《中国少数民族社会历史调查资料丛刊·傣族社会历史调查》（西双版纳之二至十，共九册），1982年至1985年间由云南人民出版社出版。作为联合调查组的负责人，我起草了《关于西双版纳傣族社会调查的总结报告》，1955年底，又代思茅地委起草了《关于西双版纳傣族自治州傣族地区采取和平协商方式进行土地改革的意见》。西双版纳于1956年完成了民主改革。在多年的调查中，我同缪鸾和先生发现，云南许多少数民族中不同程度地保存着农村公社土地所有制，其中以西双版纳傣族地区保存得最为完整。以水利灌溉事业为中心的公共事务在从家族公社向农村公社过渡和国家的起源形成过程中，起了重要作用。我们还发现，以“土地王有”为特征的傣族封建份地制，既不同于汉族地区战国以后的封建土地制，与西欧中世纪的封建农奴制也有区别。结合上述材料思考中国古代史分期问题，使我们比较倾向于西周封建论的观点。50年代中国古代史分期问题讨论得最为热烈的时候，我正忙于从事边疆民族地区民主改革和社会主义改造工作，无暇进行学术研究。60年代初，随着国内政策的调整，学术讨论又活跃起来，我也有时间和精力进行写作了。1963年，我与缪鸾和先生合作，在《学术研究》（云南）杂志第一、三、五期上连载发表了10万字的长篇论文《从西双版纳看西周》。论文发表以后，引起了史学界的注意，老一辈史学家范文澜等先生表示支持，并给予鼓励。

我们的研究仅是初步的，还须深入。1963年到1965年，我到西双版纳参加

“四清运动”，在景洪县曼卖寨傣族贫农咩希家同吃同住一年，对傣族社会有了进一步了解。当时民主改革已近10年，但村社制度的影响仍清晰可见。1966年“文化大革命”开始后，不仅研究工作无法继续，而且还因为《从西双版纳看西周》一文，我与缪鸾和同志被打成“反动学术权威”，罪名是以“土地村社公有”美化土司制度，宣扬“边疆特殊论”。我们被一连批斗了3个多月。到1972年，我和缪鸾和同志先后重返云南大学历史系任教，才又有机会共同探讨西周的社会性质问题。粉碎“四人帮”后，我们商讨对《从西双版纳看西周》进行补充修改，并邀请过去共同调查的张寒光一起合作，在1977年到1978开展了相关工作。1978年6月，写成了《傣族农奴社会和周秦社会的比较研究》的征求意见稿，分送研究先秦史的同仁。1978年10月，缪鸾和出席《历史研究》和《中国社会科学》杂志社在长春召开的中国古代史分期问题学术讨论会，宣读了这篇论文；同年11月，在白寿彝先生主持，由北京大学、北京师范大学、中央民族学院联合举办的学术讲座上，缪鸾和先生就这个问题作了演讲。《中国史研究动态》1979年第5期对该文作了介绍。史学界的同仁们对这一研究非常关注，提出不少意见和建议。我同缪鸾和先生计划据此作较大的调整和修改。不料缪先生因参加白寿彝先生主持的《中国通史》编写工作，积劳成疾，于1979年6月16日不幸逝世。他先我而去，令我伤感；他寄厚望于我，催我奋进。1983年，我从云南民族学院院长的岗位上退下来，立即倾全部精力完成缪先生的未竟之业。经过1984年到1985年两年的努力，《西双版纳份地制与西周井田制比较研究》终于写就。全书约34万字，又几经修改后，以我和缪先生的名义由云南人民出版社出版。

范：《西双版纳份地制与西周井田制比较研究》（以下简称《比较研究》）是一部具有创新意义的学术著作。正如徐中舒先生在《序言》中所言：本书“一方面系统地利用民族学资料研究先秦历史，另一方面对于中国古代历史奴隶制和封建制分期问题中的西周封建说进行了全面论证”，“研究和写作方法，我们认为值得大力提倡”。2001年本书再版时，朱家帧先生在《再版序》中进一步指出，在研究方法上，本书作者继承了王国维在古史研究中应用的考古资料与文献资料相结合的“二重证据法”，进一步与民族学研究相结合，形成“三重证据法”。这种民族学研究不同于某些游记式的乃至猎奇的资料搜集，也不同于摭拾一些零散的、片断的、孤立的民族学资料用来作类比论证式研究。您和缪先生的民族研究，通过长期深入民族地区进行调查研究，在取得大量第一手资料的基础上，以马克思主义理论为指导，进行整理分析，完整、系统地解析了一个民族现存的封建领主制社会，将建立在农村公社基础上的封建制社会的政治经济结构及村社封建化的历史过程生动地展现出来。请您对《比较研究》作重点介绍。

马：我们在《比较研究》一书中提出，中华人民共和国建立以前，西双版纳发展滞后，其经济社会结构不同于内地，保留着若干不同特点，同西周的井田制颇为相似。（1）土地王有。民主改革前西双版纳的最高封建领主为“召片领”，即元明以来受封为“车里军民宣慰使”的傣族大土司，是全区的最高统治者和最高土地所有者。政治上的统治权与经济上的土地所有权合而为一。这同西周所谓“溥天之下，莫非王土；率土之滨，莫非王臣”是一致的。（2）封国采邑制度。“召片领”是西双版纳36个勐的共主。“勐”是封国，相当于西周“封建亲戚，以藩屏周”。“勐”有“召勐”，相当于周代的诸侯。“召片领”将其诸子、昆弟和作战有功的将领分封到各“勐”当“召勐”，“勐”成为国中之国，“召勐”则是仅次于最高领主“召片领”的二级领主。“召片领”在其直辖的王畿内，“召勐”在其领地内，以村社为单位把土地分赐给其大小家臣，作为采邑。家臣类似西周的卿大夫，相当于三级领主。（3）村社制度。西双版纳每个村庄平均有30户左右，在“土地王有”下保持土地“集体所有，私人占有使用”和定期分配土地的制度。村社头人“寨父”“寨母”有管理居民迁徙、管理村社土地、征派劳役贡赋、管理宗教婚姻、调解纠纷等职权。西周的农村公社称为井、邑、丘、社、书社等。“九夫为井，四井为邑”，一个邑36家，大小与西双版纳相似。村社选出管理公共事务的人，称为“父老”，相当西双版纳的“寨父”“寨母”。（4）井田制度。《孟子·滕文公上》称“田井”为“井地”，就是将面积一平方里的土地划为“井”字形的9个方块，每个方块100亩，正中一块是天子、诸侯、卿大夫的“公田”，四周的8块是8家农民的“田”，一夫一妇受田百亩。8家农民要耕种完“公田”后，才能耕种自己的“私田”。“公田”上的收获物全部交给领主，“私田”上的收获物归农民所有。新中国建立以前的西双版纳，土地也分为领主直属土地和农奴份地两部分。根据1954年对8个版纳、19个勐的统计，领主直属土地绝对数字为36778亩，约占全部耕地面积的13%，类似西周的“公田”。“公田”大部分由农奴代耕，解放前多少受内地影响，一部分已改征实物代役租。农奴份地约占全部耕地的87%，类似西周的“私田”，与西周一样，农奴份地的分配以成婚的一对夫妻为单位。凡成婚男子都有权要求或被迫接受一份“份田”，50岁后，若有子女，由子女继承份田和对领主的负担，没有子女的则准予退还全部“份田”。这和周代“民，年二十受田，六十归田”（《汉书·食货志》）的情况大体相同。（5）经界与沟洫制度。西周有自下而上发展起来和自上而下层层控制管理下去的垂直灌溉系统。沟洫（即“经界”）和道路把平原地区的大片土地划分成规整的田区，一如“井”字形，故称“井田”。后来井田中的“公田”随着实物地租取代劳役地租而消融于“私田”（份地）之中。但作为井田“经界”的沟洫系统仍然存在，它们既是份地的界限，又是沟洫系统。这和西双版纳的灌溉制度颇为类似。（6）阶级和等级制度。西双版纳封建领主社会划分为领主和农奴两个阶级。领主集团中主要有两个等级，一是“勐”级，它是“召片领”的直系亲属，只有这个等级才能继承“召片领”，受封为“召勐”，任“议事庭长”。“勐”级的人实行等级内婚。二是“武翁”级，它多是“召片领”的家臣“波郎”。农奴阶级分为三个等级。一是“傣勐”等级，由原村社自由民转化为农奴，是劳役地租的主要承担者，用自己的耕牛、家具无偿为大小领主耕种土地；二是“滚很召”等级，由家内奴隶转化而来，他们定期回到所属各级领主家服家内劳役，或按村寨分配一种专业劳役，例如为领主养牛、养马、养象、纺织、挑水、做饭、充当侍从，甚至为贵族妇女提裙子，为领主死亡哭丧等；三是“召庄”等级，是从贵族支裔繁衍分化出来的自耕自食农民，地位稍高，主要劳役是担任领主的警卫，轮流值宿，他们分配得一小块私田为“召庄田”，可以自由买卖。西双版纳的“勐”和“武翁”等级相当于西周的“公”和“大夫”；“召庄”相当西周的“士”，他们是“食田”的；“傣勐”相当于西周的“庶人”，他们是“食力”（服农业劳役）的；“滚很召”相当于西周的“皂、舆、隶、僚、仆、台”等，他们是“食职”，服各种专业劳役的。（7）世卿制度。西双版纳的“勐”“武翁”贵族等级，世世代代享有政治地位和特权，都封官晋爵并享受采邑和禄田，实行事实上的世卿制度。（8）宗法制度。西周和西双版纳的宗法制度，在嫡长子继承和余子分封以及与之相应的大宗小宗的区别这些基本点上都很类似。只是由于西双版纳进入父系社会后仍然残存着对偶婚，民间母系亲属关系重于父系亲属关系，因而领主集团中的宗法组织不如西周那样完备和严密。（9）“国”和“野”的划分。孟子曾论述周代“国”和“野”以及与之相应的“君子”和“野人”（《孟子·滕文公上》），和周礼的“乡遂”和“都鄙”的划分大体相当。民主改革前的西双版纳，也有类似周代“乡遂”和“都鄙”的划分。“召片领”及贵族、大小家臣居住的地方叫“宣慰街”，相当于周代的“王畿”和“乡遂”；各村社就是“召片领”及其家臣的采邑，相当于“野”和“都鄙”。

范：通过您的分析，读者对周代的经济社会结构会有一个鲜活的认识。其中的重要一点就是，关于井田制，除了《孟子》说得比较具体外，汉代以前的古籍往往语焉不详，或者偏而不全。西双版纳份地制在很大程度上印证了西周的井田制，成为西周井田制的活化石。正如杨向奎先生指出，西周的井田制“可以从民主改革前傣族地区特别是西双版纳现实存在的‘份地’制度中得到符合实际的解释”。宋蜀华先生在评价《比较研究》一书时也说：“本书作者在一定程度上正如摩尔根所做的那样，试图用西双版纳的社会经济制度这把钥匙去解开西周社会性质之谜，其贡献是不言而喻的。”作为一个民族史研究者，能作出如此贡献实属不易，是您30多年锲而不舍，上下求索的必然结果。

您在学术事业上建树甚丰，不仅个人研究有很高的造诣，也花了大量精力组织集体的学术研究活动，用很多时间把二者结合起来，1975年创办云南大学《思想战线》杂志就是这样做的。学者们现在还称道的是，在“文化大革命”那样的特殊年代，您作为杂志主编，居然组织了几个专题的“纯学术”讨论，的确需要相当的胆识。

马：《思想战线》创办之初，为了突出刊物的学术性，我发表了《庄蹻起义与开滇的历史功绩》一文，主要观点是：开滇的庄蹻不是出身于“楚庄王苗裔”的“将军”，而是一个穿草鞋的农民起义领袖；楚顷襄王在位36年内只有一个为“盗”的庄蹻，不可能有两个同时齐名的一为“盗”、一为“将军”的庄蹻；庄蹻起义有利于“秦之所欲弱莫如楚”的战略，促进了秦统一中国；庄蹻起义失败后，率领数千起义军溯流水，出且兰，到达滇池地区，变服从俗，成为滇王；起义军把先进的楚文化传入云南，加速了滇中社会经济的发展，促进了中华民族的融合和走向统一。

范：欢迎批评和争鸣，同时以更加严肃的态度深入研究，参与论战。就刊物而言，《思想战线》遵循“百家争鸣”的精神，开辟了“关于庄蹻起义的讨论”专栏，发表了持不同观点的论文10余篇，其中包括著名史学家杨宽、徐中舒、方国瑜、李埏、王玉哲等撰写的文章。嗣后，《光明日报》也开展了庄蹻是“将”还是“盗”，是一人还是两人的讨论。所发的文章难免烙上“文化大革命”时代的印记，但热烈的讨论不仅打破了当时沉闷的学术空气，提高了刊物的知名度，而且引发了人们进行学术研究的积极性，产生了较大的社会影响。

“文化大革命”期间，您还主持了另一项学术活动，就是主编《云南各民族古代史略》。1973—1975 年，经过编写组多位同志的努力，写成征求意见稿，粉碎“四人帮”后，于 1977 年 6 月正式出版。在此基础上写成的《云南简史》于 1983 年出版，次年即获全国爱国主义优秀通俗历史读物奖，得到史学界的高度评价，成为广大干部和青年喜爱的读物。在编写过程中，您对云南 25 个少数民族源与流的研究十分引人注目，在国内外学者中有很高的地位。1990 年到 1994 年，您又主编了《云南民族工作四十年》，当时您已是八十高龄的耄耋老人，但仍然不辞辛劳，不知疲倦，全身心投入，令人感佩。这部百余万字的巨著，全面地介绍云南各民族的情况，客观地反映云南 40 年民族工作的历程，科学地总结了云南民族工作的重大成就和经验教训，是一部有关云南和云南民族工作的“百科全书”。

马：这些成果，都是参与和支持编写工作的诸位同志心血的结晶。在我参与和组织领导的学术活动中，还有两项规模更大一些。一项是编辑“民族问题五种丛书”，我担任“丛书”云南省编辑委员会副主任（常务），负责日常工作，先后组织 16 个民族简史的编写组并一一作出规划。在编写、审订过程中，我们始终把质量放在第一位，反复推敲，反复征求学术界和本民族干部群众的意见。与此同时，又组织力量，搜集整理 20 世纪 50 年代云南省少数民族地区社会调查积累的大量原始资料，出版了各民族社会历史调查资料共 73 种。仅上述两种丛书，就合计有 89 册，2475 万字。这是一项基础工作，无论是对民族工作还是对民族研究，无论是对中国学者还是国外学者，都提供了帮助。到 90 年代中期，云南出版的“民族问题五种丛书”总字数占全国“五种丛书”的三分之一。

第二项是开展西南民族研究。党的十一届三中全会以后，学术事业迎来了蓬勃发展的春天。我和西南地区的一些学者共同努力，于 1981 年创建了中国西南民族研究学会。这些年来，学会主要做了以下工作。（1）坚持开好学术讨论会。每两年一届的会议都讨论一些学术界、党和政府关心的问题，力求拿出高质量的成果。1983 年至 1995 年间先后召开的 8 次学术讨论会，分别以藏学、彝学、苗学、瑶学、壮侗语诸民族学、西南民族地区经济发展战略、山区民族经济开发与社会进步等主题进行探讨，使西南民族研究在深度和广度上有了新的拓展。（2）倡导在西南地区开展多学科的民族综合考察。1982 年，我与费孝通、夏鼐、尹达、任继愈、徐中舒、方国瑜诸先生联名向中央写信，倡导开展民族地区综合考察。西南民族研究学会成功地组织了两项考察。一是“六江流域考察”。“六江流域”指川、藏、滇边境的岷江、大渡河、雅砻江、金沙江、澜沧江、怒江及其主要支流流域地带，包括藏东南高山峡谷区、川西高原、滇西北横断山高山峡谷区和滇西高原区。六江的上游居住着藏缅语族的10多个民族，下游则有壮侗语族、孟高棉语族、苗瑶语族的6个民族。六江流域自古以来是上游民族南下和下游民族北上的民族走廊。二是对贵州“六山六水”10多个民族的综合考察。两项考察都取得了丰硕成果。（3）坚持搞好学会自身建设，制定了一套行之有效的规章制度。（4）积极开拓对外学术交流，与日本、美国、法国、加拿大、韩国以及港台地区的学术机构、学术团体和学者建立了广泛联系，促进了学术发展。

范：在民族工作和民族研究中，您作出了一系列开一代先河的贡献。在民族教育事业中，您也是殚精竭虑，鞠躬尽瘁。无论是在云南民族学院的筹建过程中，还是在构建过程中，您都备尝事业草创的艰辛，都以“筚路蓝缕，以启山林”的精神从容应对，在云南各民族教师和学生中留下不少佳话。

马：云南民族学院于1951年初开始筹建，我作为省民委副秘书长，具体负责学校的选址、调集干部、聘任教师和招生等工作。1951年8月1日，学院正式宣告成立，我任副教育长，具体负责教学、研究工作，并承担民族理论政策的教学任务。后来我离开学院，但一直兼授学院的民族理论课程，直至1966年。“文化大革命”开始后，云南民族学院停止招生。1972年恢复招生，虽然经国务院批准列为高等院校，但实际上只是民族干部培训学校。粉碎“四人帮”后，民院经历了一个由乱到治、由整顿提高到改革的深刻转变过程。1977年底，全国高等院校恢复统一考试招生制度，云南民族学院政治系、汉语言文学系首次招收四年制本科新生，开始向名副其实的普通高等院校过渡。1978年我被聘为学院顾问，1979年12月被正式任命为云南民族学院院长兼党委副书记，此时我已69岁。

范：“文化大革命”中饱受摧残的教育战线，百废待举。您已年近古稀，仍挺身而出，担此大任，令人钦佩，也是众望所归。

马：中央和各级党委对民族教育的高度重视，各民族发展高等教育的强烈愿望，把我推到云南民族学院的领导岗位。1979年底，中共云南省委召开常委会议，专门研究云南民族学院的办学方针和“六五”发展规划，我作为新任院长列席了会议。会议决定：“云南民族学院应在现有基础上，逐步扩大发展为包括本科、专科、预科、干部轮训和民族研究所的新型民族高等院校……大力培养‘四化’所需要的具有共产主义觉悟的少数民族干部和专业技术人才，这是加速我省民族地区社会主义现代化建设的重大措施，云南民族学院在这方面担负着重要任务。”云南民族学院据此制定了办学的“三三制”方针，即到1985年，民院在校学生达3000人，其中本科、预科、干训部各1000人，相应地扩建校舍，逐步增加教学设备。我在任的4年间，遵循省委制定的办校方针，团结全院教职工，克服种种困难，开办新专业，不断扩大办学规模。原有的汉语言文学系、历史系不变，政治系改为政治法律系，数理系分为数学系、物理系、化学系，新增经济管理系、外国语言文学系、少数民族语言文学系，新设干部专科部、大学预科部、函授夜大部等教学单位，创办《民族学报》《云南民族学院学报》，建立文物陈列室。

范：这个陈列室正式创立于1981年10月，现在已经成为有一定规模的云南民族学院博物馆。许多学者认为它“开创了我国民族博物馆的先河”。这一年，民院经过多番周折和艰苦努力，建成了6000多平方米的标准化教学大楼。用今天的眼光看，它已落伍了，但当时是民院成立30年来唯一一座有一定规模的教学大楼，在那时云南的高等院校中也处于领先水平。

马：教学大楼的建成、办学规模的扩大、学科设置的增加都是重要的。但是，更重要的还是要有一支高水平的教师队伍。

范：孟子说过：“所谓故国者，非有乔木之谓也，有世臣之谓。”曾任清华大学校长的梅贻琦先生也说过：“一个大学，可以没有大楼，不能没有大师。”

马：云南民族学院原本是一所以轮训少数民族在职干部为主的学校，要发展成一所综合性高等院校，基础自然薄弱，然而最薄弱的还是教师队伍。所以，在我任院长的那几年，用心最多的是不拘一格选拔教员。我十分敬佩蔡元培先生办北京大学时的爱才、惜才之举，总希望遇到几位强于我、超过我的学者。当时，新培养的大学生、研究生尚未毕业，只得到社会上延揽、罗致人才。由于正值拨乱反正时期，平反冤假错案的工作尚未全面展开，搜罗人才的工作遇到不少障碍。要办好学院，必须力排众议，冲破“左”的思想束缚，从在历次政治运动受迫害的知识分子中物色人才。有一位留美的老知识分子，因冤案被判刑，刑满释放后历史问题仍未解决，他与我非亲非故，但为了落实政策，我倾注了大量精力。通过半年多的工作，终于推倒了原有的误判，为他恢复了名誉、公职和副教授职称。这位老知识分子的积极性空前勃发，承担了大量教学任务，并担任了系副主任。那时，我四处奔走，为一些受迫害的同志平反昭雪，将他们调入学院，许多人后来成为民院的教学骨干和科研带头人。省外的许多教师也纷纷要求调入。3年中，调入云南民族学院的老师达120多人，大大加强了师资力量。

范：求贤若渴，施恩不图报，是您的人格力量之所在，是当时众多学者愿到云南民院任教的奥秘。您不仅对老师们关怀备至，也对同学们充满了爱心。

马：当年作为边疆少数民族的子弟，我在上海光华大学受到钱基博先生的特殊关爱，留下了终生难忘的印象。我深知边疆文化落后，经济贫困，学习条件艰苦，各民族子弟能到昆明上大学，是一件非常不容易的事。他们肩负着父老乡亲的厚望，把他们培养成本民族的高层次人才是他们家乡的大事，也是边疆各族人民的大事。云南各民族经济社会发展不平衡，一些山区、边疆的民族更为落后，更缺乏经济建设的专门人才。因此，在招生时要倾斜和照顾，进校后更要在政治上、学习上、生活上多关心。当然，首先是政治上、思想上的关心。1981 年发生了一件事，有一个学生在试卷上写有政治性错误的话。如何处置？我们没有采取简单轻率的方式，而是对这个学生做全面的分析，认为他本质不坏，犯错误是年轻幼稚、听信谣言所致，因此应着眼于疏导教育，耐心帮助，而不是给处分。这位同学深受感动，认识了错误，改正了错误，积极上进，后来加入了共青团。1981 年底，一位同学接到家中发来的电报，说母亲患破伤风在医院急救，因缺抗破伤风的药而生命垂危。这位同学在同学们的帮助下买到针剂，却无法及时送回家乡。我知道后，立即派一辆小汽车，连夜把药送到这位同学远在 500 公里以外的家乡医院，使他生命垂危的母亲得救了。

范：这件事在《云南日报》《春城晚报》上均有报道。尊敬的马老，这些动人事迹让晚辈们深深感到您人格的魅力。20 世纪 80 年代中期，您退休以后，终于摆脱繁忙的政务，得以专心治学，8 项科研成果获得国家级、省部级奖励。90 高龄以后，仍然关注国家和学术界的大事，继续进行民族文化方面的研究，并且笔耕不辍。我想起您年轻时题赠一位辛亥老人的诗：“龙沙曾阅汉旌旗，万里归来雪满髭。垂老不忘天下事，伏波矍铄剑南诗。”这正是您晚年情怀的写照。这次访谈开始时我曾提到，季羡林先生称颂您“道德文章并重”“云南学界领袖群伦”，这的确是最公允、妥帖的评价。最后，对您接受采访深表谢忱。

［载于《中国民族研究年鉴（2002 年）》，民族出版社 2003 年版］

（范祖锜，云南省社会科学院编审、原副院长）

马曜先生访问记

杨　镜

2005 年 6 月 24 日，下午 2 时 30 分，我在昆明拜访了白族著名诗人、大理诗社名誉社长马曜先生。

马曜，1911 年生，字幼初，白族，云南洱源人。1931 年入上海光华大学经济系，同年加入共产党。1934—1939 年任中学教员，从事地下革命工作。1940 年西南联大中学教师进修班毕业。曾 4 年运盐支援滇西抗日战争。创办《新云南》周刊。1947—1950 任年云南大学讲师、副教授。1951—1966 年从事边疆民族工作和中缅勘界工作。1972—1979 年任云南大学历史系教授，并担任云南大学《思想战线》主编。1979—1985 年任云南民族学院院长、名誉院长。先后任“民族问题五种丛书”云南省编委常务副主任、国家民委学术委员、中国民族学会副会长、中国西南民族研究学会会长、《中国历史大辞典》云南省编委会副主编及主编，省老年大学副校长、省诗词学会名誉会长、大理诗社名誉社长等多个团体的学术顾问。1948 年出版《茈湖精舍诗初集》。1992 年出版《茈湖精舍诗注》（蔡川右注）。诗宗杜甫，上下长吉、义山与昌黎、涪翁之间。古风刻峭幽深，尤类昌谷；律诗沉绵密丽，多似攀南。诗善避实就虚，虚实并举，在不即不离中微指隐击，在奇险幽峭中蕴藏无限风光，在沉博奥衍中引人入胜。主编《云南各族古代史略》、《云南简史》、《西双版纳份地制与西周井田制比较研究》（与缪鸾和合作）、《马曜学术论著自选集》等著作共约 400 万字。组织编写 16 本民族简史。先后获国家、部级、省级奖励 9 项，其中国家级奖 3 项。

马老家大门未关紧，我在大门口喊了两声“马老，马老。”未有回声。我推门进去，一位老奶奶迎接，问我“从哪里来？”我说“从大理来。”说明来意后，老奶奶说“您去马老宿舍吧。”进去后，我看到马老睡在床上，脸朝向墙，问我：“您从哪里来？叫什么名字？”我说：“我是大理州地方志办公室原主任杨镜。”他问：“哪个镜？”我说："照镜子的'镜'字"。马老说："好，你在客厅等一下，我再睡片刻。"

我在客厅把我编著的史集《大理百年要事录》（上、下卷）、诗集《地球上的天堂——大理》几本书摆在桌子上，写上"雅正""惠存"等留言，第三本还未写完，就听到马老的声音："杨镜同志，您进来吧！"我进去马老的睡房。这时，马老正面睡着。我说："马老您就睡着吧，我坐5分钟就走。"马老看着我说："您把我拉坐起来。"我把马老拉扶坐在床上后，只听马老喊"小萍，小萍"几声（这个名字我不知是否听真实），外面老奶奶说"她出去玩了"。马老说："叫她给您泡杯茶，她又不在了。"我说："不必了。"马老又对我说："您把外面的靠椅拿进来。"我把靠椅抬进来后，他又叫我把他从床上扶到靠椅上坐好。马老穿着十分清秀、干净的睡衣睡裤，身子直直地坐正在靠椅上说："您坐在我旁边，好说话。"这时我才看清楚马老脸红丝白，眉清目秀。我把3本书摆在马老床前的桌子上，并说："我退休后编写了几本书送给马老。"马老说："您把书拿给我。"我把书送到马老怀里，马老很认真地看了两本书的封面后说："您很不简单，退休后还出了几本书。"马老又问："我这里您来过几次？"我说："来过三四次了，我在编写《大理州人物志》时，来请您审过稿，您提出了很好的修改意见。我出版《苍洱赤子情》之前，来请您写该书的序，书出版后来送给您书。最后一次来是送给您《大理诗词》第十三、十四期。"马老说："我今年已经95岁，记忆力不行了，记不清楚了。但您的名字我记得清楚，您一提起来，我就有印象。我给您《苍洱赤子情》写过序也记得实在。最近几年，大理州的文化工作活动情况，我不了解，您给我说一下。"我说："这两三年中，大理召开了几个文化会议，一个是2002年10月在下关召开了南诏大理历史文化国际学术讨论会，有来自海内外的161位专家学者参加。另一个是2004年'三月街'期间在大理召开由云南省文史馆和中共大理州委、州人民政府及剑川县委、县政府在下关联合举办的赵藩学术研究会，四川省也派人来参加。再一个是2005年5月在大理国际会议中心召开'第十届（大理）国际诗人笔会'，有13个国家（派人）参加，笔会围绕'当前诗歌的困境与出路'，纵论诗歌理论。"马老又问："大理诗社的几位老熟人情况如何？"我说："大理诗社的老社长杨永新已于2000年5月过世了。"马老说："这个人很好，人很难得。"我说："副社长周祜也于2000年11月去世了。"马老说："周祜是我的学生。"我说："副社长杜乙简还健在。"马老说："很好，这些人我都熟悉，您回大理后，代我向杜乙简老人问好。"稍停，马老又问："现在大理州领导人是谁？"我说："现在的州委书记是顾伯平同志，州长是赵立雄同志。”马老对赵立雄州长有印象，还请我代他向州委书记、州长问好。我问：“马老，您最近是否还参加一些什么活动?”马老说：“近来较长一段时间身体不好，一样活动也不参加了。前久，政府单位通知我，给我一套公寓，我很感谢上级对我的关心，但我谢绝了，不想搬家了。我喜欢住在我这一套老房里。因为我是民族学院的人，上上下下对我熟悉的人很多，学院领导很关心我，师生不断来我这里问寒问暖。还是住这里好，搬出去不习惯。”我说：“马老，我转告您一个消息，前几年我参与编了一本书，书名叫《中国民族百科全书·白族卷》，有三位为主撰稿编著这一卷（杨聪：中央民族大学副教授；李绍尼：中央民族大学副教授；杨镜：大理白族自治州地方志办公室副研究员）；根据编委入书规格要求，我写了四个人的简历推荐编入《中国民族百科全书·白族卷》，这四位是马曜、尹俊、李汉柏、杨健强。但书还未收到。”马老说：“谢谢您。”我说：“《大理州志》已出版齐了，共9卷。您是我们大理白族自治州地方志编纂委员会请的44名审稿人员之一，特别是七名专家学者之一，《大理州志》出版了要送给您一套，不知您收到没有?”马老说：“没有收到。”我说：“马老，您放心。我回去问一下，如果没有送，我请州志办给您送一套。”（我回大理后，去问了州志办，只送了《大理州志》卷一、卷二，其他几卷未送。我对州志办主任赵秀元，副主任杨光复、那鹏说，要尽快送给马曜同志完整的一套《大理州志》，越快越好，要叫马老尽早看到此书。）谈话该结束了，我说：“马老，我要走了。”马老说：“您再坐一下。”马老又讲了解放前他在洱源乔后的一些情况。这时，我又说该走了。马老一再挽留，时间已到下午3时30分，已谈话一个小时了。我站起来说：“马老，您多保重，祝您早日恢复健康，我该走了。”马老说：“您在我家吃了晚饭再走。”我说：“不吃了。”马老说：“下一次您来找我，要早上来，因为上午我起床休息，下午要睡觉。”马老紧紧地握住了我的手，片刻才松开……

白族著名诗人晓雪曾这样评价马老，他说：“马曜同志是我最崇敬的白族革命前辈和当代文化精英，是著名教育家和才华横溢、独具风格、影响深远的白族优秀诗人。像他这样集老革命、大学者、名教授和优秀诗人于一身的，至少在我们白族，堪称首屈一指、绝无仅有。无疑是我们白族知识分子以及全体白族人民的光荣和骄傲。”

（载于《大理诗词》第18期，2005年12月出版）

（杨镜，大理州地方志编纂委员会办公室原主任）

季羡林来信

马曜同志：

来示及赐寄书籍，均已收到，谢谢！

此书系赠西德梵文学者 Pror. Di. ganert 者，他是著名的梵文学者，以其余力，从事纳西文字之研究，收获颇丰，在国际上广有名声。

蒙李惠铨同志慨赠此书，另写一函，致谢，今附上，请转交。

你如需要北方方面的什么书籍，请随时赐知。

北大南亚所拟派人来昆明了解云南梵文或巴利文贝叶经的情况，西藏方面的贝叶经，经过长期努力，我们都已有显微胶卷，闻云南方面贝叶经（可能小乘的多）极为丰富，这也是我们国家宝贵财富，不能等闲视之。你在云南学界领袖群伦，情况了解必多，务望能加以指导和协助，具体情况，以后再谈。

即请

教安

季羡林

1988.9.9

（季羡林，北京大学教授、原副校长）

季羡林来信

马曜同志：

刚才收到大著《西双版纳份地制与西周井田制比较研究》，我立即读了徐中舒先生的《序》和你的《后记》，我觉得这确实是一部十分重要的书，一部十分及时的书，一部杰作。多少年来，中国史学界就嚷着要利用今天（指解放后初期的一段时间）还停留在比较原始阶段的少数民族的资料，去解决中国历史上争论不休迄无结论的社会历史分期问题。但是像样的著作还没有见到，不意到了九十年代竟能读到你们的著作，我个人确实是大开眼界。我相信，在中国史学界也会引起广泛的注意。我向你们祝贺！

有一件小事要麻烦你一下：贵院学报今年第二期有张波、赛宁的一篇论“永昌道”的论文，在北京买不到。可否请你费心代买一本赐下，书费和邮费及时寄上。

专此敬祝

撰安

季羡林

1990. 6. 14

季羡林来信

幼初先生：

蒙赐尊著《芘湖精舍诗注》，既惊且喜；惊者：羡林识先生久，只知先生为学者，今知竟为诗人；喜者：先生不仅为诗人，而是造诣精湛深入化境之诗人。迩者为旧诗者颇不乏人，羡林不能诗，对旧诗略有知解。以余观之，并世诗人，求其像旧诗者，已如凤毛麟角，工拙更难言矣。读先生诗实有鹤立鸡群之感，岂能不惊且喜哉！

谨向先生致贺并致谢！

即祝

撰安

季羡林

1992.10.18

10月13日大札收到，遵嘱所题书名，已于10月7日奉上。

又及

任继愈来信

马曜同志：

久疏音问，忽捧来书，滇南地灵人杰，每出逸才、高士。捧读诗卷，令人眼开目明。环诵再三，如睹故人，奇山秀水，有如故地重游。

特函致谢，并祝

健康长寿！

任继愈

1993.4.16

拙著一册，日内奉呈，请正

（任继愈，北京大学教授、国家图书馆原馆长）

丁伟志来信

马曜先生：

前些日子我到甘肃出了一趟差，回来就看到惠赐的大作，十分感谢。我对西双版纳历史与现状是很无知的，虽仰慕已久，始终没有机会访问，但我深信研究我国少数民族历史与现状，对研究我国历史裨益极大。我当尽早地拜读先生和缪先生的大作。记得1980年春，曾到昆明拜访过先生，也曾到缪先生家中探访过已处病中的缪先生。一晃已是十年，所幸先生仍康健如昔，著述不辍。但愿先生有更多佳作问世，以惠世人，以启后学。

专此，即祝

夏祺

丁伟志

1990.7.10

（丁伟志，中国社会科学院研究员、原副院长）

金冲及来信

马老：

那次参加中国史学界代表会西南组后一别，又是几年了。但先生的长者风范一直深深地留在我的记忆中。

最近承赐赠大著《西双版纳份地制与西周井田制比较研究》，十分高兴。把民族学资料同古代文献进行比较研究的重要性，大家都承认。但真要做起来，要在这两方面都有深厚的功底才能做好，这又谈何容易？因此，深入扎实的研究成果确还不多。先生从事这项工作，自然是理想的人选了。而且以先生的高龄，能完成这样的巨著，实在令人高兴。对这个问题我虽所知很浅，但也很有兴趣，对大著一定认真拜读，必可受益不少。

顺颂

撰安

金冲及

1990. 7. 9

（金冲及，北京大学、复旦大学教授，中共中央文献研究室原副主任，中国史学会原会长）

令狐安来信

马老：

老年大学十周年大会上匆匆一见，未及交谈，身体还壮健吧？

所编书已收到，多谢。您的工作很有意义。您的诗作很有功底，我闲时常读上几首。

祝好。

令狐安

1995. 6. 30

（令狐安，中共云南省委原书记、云南省政协原主席）

林甘泉来信

马曜先生：

惠赠大作《西双版纳份地制与西周井田制比较研究》，十分感谢，当仔细拜读，汲取教益。

您是老学者，又是老同志，熊德基同志在世时，曾多次向我提到您，对您十分推崇。几年前拜读您的《傣族封建领主制与周秦社会的比较研究》，也深受启发。在周秦社会性质问题上，我与先生有不同的认识，但我从先生的论著中，仍获得许多教益，有助于我对这个问题的考虑。

谨祝您身体健康，为我国历史学的繁荣作出更多的贡献。

专此，即颂

著祺

林甘泉上

1990. 5. 20

（林甘泉，中国社会科学院历史研究所研究员、原所长）

秋浦来信

马曜同志：

手示、诗集已先后收到，捧读之余，又闻捎来春茶，深情厚意，实在说不出的感激。

兄工于诗词，功力深厚，这是很值得我学习的。我幼年时秉承父教，对此也曾有过涉猎，惟多乏善可陈。抗日战争时期，我还写过一首《除夕书怀》以自勉："孤灯只影寒窑中，除夕心情迥不同。辽远征途应奋勉，莫教父老笑江东。"书成之后，深觉此类诗句于时代精神多有不合，自此之后，就掷笔不再写了。拉杂地提起这些往事，徒供茶余饭后的谈笑资料而已。

兄年事已高，务望多保重身体，动静劳逸均须注意适度。俗话说，留得青山在，不怕没柴烧，这话是很合乎辩证法的。

匆草，不尽所言。遥祝

合家安康！

秋浦

1993. 5. 23

（秋浦，中国民族学学会原会长）

秋浦来信

马曜同志：

五一来信，在积压了近4个月之后，才转到我的手里，以致迟复，深以为歉。

得知你以85岁高龄，在经过一场大病之后，居然被评为云南省的健康老人，这事说来容易，实不简单。我为你体格如此健壮而高兴。我想你之所以能做到这样，除了可能有一套行之有效的健身之道值得人们借鉴而外，也和你平时具有开阔胸襟不无关系。你自幼生长在苍山洱海之间，得天地山川灵气之启迪，受白族人民乳汁的哺育，又加上各族之间文化交融的薰陶，潜移默化，才铸就了你的性格。林则徐有联云："海纳百川，有容乃大；壁立千仞，无欲则刚。"诚哉斯言也。

古人常把道德文章联在一起。你在诗词和学术领域多有建树，其影响远远超出云南范围，这是人所共知的。我更看重的是道德，是你的为人。你是我所结识的值得信赖的朋友之一。在人的一生中，朋友看似很多，而能始终如一者，实际上是屈指可数的。

王勃诗："海内存知己，天涯若比邻。"这话总不无道理，但毕竟关山阻隔，纸短情长，词难达意。已有多年不见，这信权当作一次难得的晤谈吧。

匆草，顺颂

俪安！

弟　秋浦

1996年8月29日

杨希枚来信

马曜同志：

您好！承赐寄大著《西双版纳份地制与西周井田制比较研究》一书，感激无似。

在大著中，您以西双版纳傣族的份地制度即民族学田野调查所得的材料，与西周的井田制做了比较分析，也就是说，用前者存在的实际制度对周代的井田制提出具体的解释。正如徐中老说的，“对于研究先秦史……对解决中国古史分期问题起到极为有益的作用”。民族学资料，就美国来说，也就是文化人类学，对于现代古史学，特别是先秦古史研究，几乎是必须参考的一门学科，所以从方法论上讲，我是十分赞同您的。

不过，我还未能全读您的大著，歉不能向您请教具体问题，容后再向您请益。专此，

即请

研安

杨希枚

1990.5.28

（杨希枚，中国社会科学院历史研究所研究员）

杨向奎来信

马先生：

接到大著《西双版纳份地制与西周井田制比较研究》一书，非常高兴，谢谢。

这部大著不仅对于近代西双版纳社会性质作了分析，对于中国古代史的研究更有大助，西周封建论由此可成定论。

几年未见，昆明老友近况都不知晓，甚盼大家身体健康，生活愉快。

此上，谨致

敬礼

杨向奎

1990. 5. 16

（杨向奎，中国社会科学院历史研究所研究员）

王玉哲来信

马曜我兄左右：

5月27日手书及大著《西双版纳份地制与西周井田制比较研究》一书早已收到，理应马上作复。由于近数月来心情忙乱，于是一拖再拖，一直拖到今天才写这封信，心中委实感到抱歉和内疚。主要是因我爱人从春节后即因高血压病逐渐感觉身体不适和腿脚有些沉重、疼痛。后来居然发展到动作缓慢、生活几不能自理。到医院作CT检查，才发现是脑梗塞。于是正式进住医院，输液治疗。病情逐渐减轻。在医院住了两个月。由于治疗及时，所以，现已恢复到以前健康的地步，也无留下后遗症，这不禁使我高念“阿弥陀佛”！家中有病人自然感到忙乱，而且近日京、津已入伏天，每日闷热，气温高达36~37度，心情益觉烦杂不安。再加上由于去年动乱的事件，而京、津两地是重灾区，党内整顿，党员进行重新登记学习运动，每周三个单元，使我更忙上加忙。当然，这都成了推迟作复的客观原因。但是，主要的还是内因——懒，起作用，这就请您原谅了。

书归正传。您和缪鸾和先生在这部书之前所写的有关西双版纳的调查和与西周井田制互相印证的论文（有的是您寄赠的）我都曾拜读过，觉得这一工程是恩格斯《家庭、私有制和国家的起源》一书的继续。你们用中国少数民族史印证井田制，我很同意，这确是解决中国古史问题的一把钥匙。缪君可惜壮年早逝，在学术的征途上希望我兄继续沿着此路走下去，古史分期问题的解决为期不会很远，似可拭目而待也。

大著《西双版纳份地制与西周井田制比较研究》这部三四十万言体大思精的皇皇巨著，泛读一遍也不易，但我为了吸取营养，决意要细细精读，随时作出笔记，读后一定要写篇书评给以介绍。

吾兄的道德文章一直是我所敬佩的，过去我也曾与傅兹嘉谈过，不幸兹嘉过早逝世，令人悲悼。第念同辈老友不断次第凋零。我虽然身体尚好，还未退休，只带两名博士研究生（今年又招1名），但毕竟已度过七十七周岁，正走下坡路。心中渐渐出现“美人迟暮之感”。

近日暑气逼人，幸善自珍重。此颂

近祺!

弟　王玉哲　上

1990年7月23日

（王玉哲，南开大学教授）

陈翰笙来信

马曜同志惠鉴：

在收到本年六月二十二日大札前，即承祁庆富教授将大作《西双版纳份地制与西周井田制比较研究》一书亲自送到舍下。因我视力极差，只得让人在一周内将尊著读给我听。尊著内容充足，至为钦佩。我意如能将周代的土地制度详加说明，则读者更易理解了。现已将尊著交陈洪进同志阅读，并将同他联名在历史杂志上介绍尊著，顺以附闻。

并祝

安康

陈翰笙　谨启

1990. 6. 27

（陈翰笙，中国社会科学院世界历史研究所名誉所长）

孟宪范来信

马曜先生大鉴：

得您惠赐给我的诗集，随即翻阅，真不知您还是位才华横溢的诗人！五言、七言、律诗、绝句、七古……样样行。诗风奇崛，善用典，善写情，真使我刮目相看。有“丘何为者厄陈蔡”的郁愤，有“天地襟怀浇洗尽”的博大，有“一树怀春意”的怅惘，更有“待着意时成眇幻，悄无言处解深情”之缱绻，还有“春江水涨看鳞生”之清丽。予生也晚，且不懂诗，但吟诵您的诗作，不但觉余香满口，且可想象先生壮年之意气风发、胸中块垒、百转柔肠！转而看当今文人在商海中浮沉，在名利场中角逐，真有隔世之感！有人说，工业社会乃纯文学的死亡时代，不知是耶，非耶！

仔细想想，您真是值得欣慰的！为人、为学、为诗，均为人所称道，世上能达此佳境者，有几人呢？

我几次去昆明，均未曾拜访您，原因是虽很尊敬您的道德文章，却并无直接的理由去打扰您，明年可能有机会去昆明，届时希望能够拜访您！真是“生不愿封万户侯，但愿一识韩荆州！”

就此祝

近好！

晚　（孟）宪范

1993 年 6 月 3 日

（孟宪范，《中国社会科学》杂志编审）

谢剑来信

马老：

您真的是“五十年不变”，五十年来，您热心学术，忠于理想，始终坚持不懈，为我们后辈创造条件，领导我们迈向求真的科学事业。临行在即，深愧无以为赠，敬祝

松柏常青

晚 谢剑 敬上

1995年10月28日

（谢剑，香港中文大学人类学系教授）

长谷川清来信*

尊敬的马曜先生：

值此马曜先生学术创作活动50周年纪念活动之际，能荣幸地参与撰文纪念，我感到非常激动。我对先生迄今为止在学术上所取得的丰硕成果、以诗词创作为代表的多方面的成就，以及培养、指导后学的实践活动表示敬意和祝贺。

我曾在研究上直接受到马曜先生的指导。那是1986年开始到第二年之间的时间里，我作为日本学术振兴会的海外特别研究员，在云南民族学院留学期间。当然，在此之前我已久仰马曜先生的高名。为此，在这次留学期间，我经常前往先生在莲花池畔北院的住宅拜访，聆听先生有关云南少数民族调查研究的指导和勉励的话语。当时，对外国人来说，还没有像今天一样的较为自由地进行云南少数民族调查研究的机会。针对我着急不安的心情，先生耐心地勉励我不要放弃研究活动以待情况好转。

现在回想起来，当时马曜先生用充满慈爱亲切而沉稳的语调来激励我的话语，透着某种刚毅坚忍的意蕴，也许这来自于先生从50年代就开始在云南少数民族的民族工作和调查研究中，以这样的态度对众多的同僚和年轻学生加以勉励，要大家抱定目标和希望，不要迷失自己的方向和道路。

我的专业方向是泰（傣）系民族研究。我认为，马曜先生在投入精力，组织指挥的云南少数民族的调查研究中，就云南的泰（傣）系民族，特别是有关西双版纳的综合性社会历史调查及其成果，所给予学术界和研究者的影响之大及其革新性，至今仍然具有无可替代的地位。这些成果促进了对以东南亚为中心的泰（傣）系民族研究状况的反思，并带来了比较研究的新的可能性。也就是说，马曜先生针对当

---

* 原文为日文，马铁译。

时几乎甚不明朗的西双版纳泰（傣）系民族的社会和文化的实态，通过庞大的民族志资料的收集，对其做了出色的阐明和实证性研究，使其变成相当重要的研究领域。而这一方法，正类似于所谓文化人类学的“实地调查”手法。

其结果带来了什么样的新的状况呢？对以东南亚大陆部为专业的研究者来说，当然就引发了与云南的泰（傣）系民族的比较研究，并且屡屡在国际学术会议上成为讨论的对象。

我认为，马曜先生作为社会科学理论家的功底与诗人的创造性相衍而生的一个杰出成果，是与缪鸾和先生共著的《西双版纳份地制与西周井田制比较研究》。这一著作，在中国史研究中也占有相当特殊的地位。也就是说，对于理解中华世界的形成和政治社会秩序来说非常重要的西周时代的社会制度，马曜先生则以中华世界周边部族的事例，并且是民族情况完全不同的云南的泰（傣）系民族的事例做对比，基于自己的调查研究进行了理论论述，当时这可以说是一种全新角度的挑战性尝试。要说关于这种比较研究的学术性意义，在中国的学术界已获得了完全适当的评价，而令我感动之处，乃是马曜先生不断开拓新的研究领域及所做的理论性尝试，酷爱清新的风气与学问，以及作为理想追求的革新性与独创性。

云南的少数民族研究正进入一个新的时代。不用说以云南少数民族作为研究对象，并不能简单地局限于中国国家的周边部的问题意识，还需要国际性视野的学术交流和研究合作，才能上升到极为具有吸引力的研究领域。当这样的时代到来之际，马曜先生所起的指导性作用和所带来的众多学术性见解及成果，当给我们以诸多启示。比方说泰（傣）系民族的研究，还有着堆积如山的许多未开拓的研究课题，越来越需要不同国籍和民族的各国研究者克服众多的困难，采取相互协力的姿态。

最后，我衷心希望马曜先生今后不断地多多鼓励后学，不断给我们以勇气。

长谷川清

1996年9月8日

（长谷川清，日本岐阜教育大学副教授）

君岛久子来信*

马曜先生：

收到您的《五十周年纪念论文集》，非常感谢。拜见到先生的赫然业绩，我感到由衷的敬服。

回想起来，先生1979年任院长时，我作为国立民族学博物馆代表团的一员访问了云南民族学院，荣幸地目睹了有名的云南三杰之一的马曜院长的尊容。在此之前，您主编的《云南各族古代史略》，在我们日本的研究者中间获得了很高的评价，此时我得以亲见著者，感到非常快乐。

那时在云南民族学院的正门拍摄的、色彩鲜丽的漂亮的少数民族学生们的照片，至今我仍在大学的讲课中用幻灯放给日本的学生们看。另外，在讲演开始时不用说首先也是要先放映这些幻灯片的，大约有数千人的日本朋友们都看过的，到现在已经有17年了。

1981年，先生创建中国西南民族研究学会，并担任会长，还在1986年秋，作为学会组团访问日本的团长来到了日本。那时给我留下的印象迄今也刻在脑海里。在国立民族学博物馆召开的中国西南民族学术讨论会上，先生突然改变了讲演的题目，这突如其来的变更，使得作为司会的我感有点措手不及。因为预备作发言的各位先生都是以在中国准备好的题目进行的，而马曜先生则认为，已经完成的东西没有发表的必要，各位可以看稿子，自己昨晚又有了新的思考，想做一个新的题目。对此，我真是佩服，也有同感，新的题目是《孔子的民族学思想》，诗人的气质跃然而出。

游览京都的时候，在返回驻地之前，我打算带诸位瞻仰周恩来总理的纪念碑，

---

* 原文为日文，刘刚译。

但有人因为疲劳而加以反对。而最年长的马曜先生却率先登上诗碑的高台，其他的中国先生也高兴地跟了上来，大家环立纪念碑照了相。我想如果是樱花盛开的时候，这儿的景色更为美丽，照片打算以后有机会给马曜先生寄去——我回忆着马曜先生。不管怎样，云南的有名的革命志士马曜先生能来日本并来这里参拜，周总理的在天之灵也一定会非常高兴吧。傍晚返回了大阪，当大家来到千里中央食堂时，这儿既有日本式的餐桌，也有洋式坐椅的餐位。其他先生都选择了坐椅时，只有马曜先生采用了日本式的坐姿。这非常令人欣喜，我与先生坐着一边交谈，一边想起了在遥远的云南所做的傣族调查，我们在西双版纳的竹楼里坐着不用筷子而用手抓米饭吃的回忆，和马先生长年的傣族调查的宝贵经验和业绩，像走马灯似的在脑海里翻腾。马先生真是杰出的实地调查家！现在也在日本式的餐位前坦然入座，亲自体验日本人的生活，实在令人佩服。

后来，我于1990年秋到第二年春天又访问了中国，其间我也总是将马曜先生主编的《云南简史》当作座右铭一样放在挎包里旅行。在承蒙先生招待访问云南民族学院时，在欢迎会上，我也是带着这本书的。当时所得到的墨宝至今也装饰着我的研究室，与马曜先生慈祥面容的照片一起给我安慰和激励。从心里祈愿先生您永远年轻、康健。

君岛久子

1996年5月

（君岛久子，日本岐阜大学教授）

《西双版纳份地制与西周井田制比较研究》序言

徐中舒

过去不少历史学家在研究中国古代历史时，着眼于文献史料的钻研，这当然是完全必要的和应该如此的；但是，如果忽视了考古学上的出土资料，包括甲骨卜辞和铜器铭文，忽视了人类社会历史的“活化石”——民族学资料，往往导致或多或少的局限性，难于对有关社会历史问题进行深入的全面的分析与综合，同时对于古代文献上的费解之处也难以作出合乎历史实际的解释。

《西双版纳份地制与西周井田制比较研究》一书中，马曜、缪鸾和二同志除在1963年《学术研究》（云南）发表的《从西双版纳看西周》一文外，增加了“云南傣族史略”“民主改革前西双版纳傣族土地制度和政治组织”“从西双版纳看西周井田制的几个问题”“从西双版纳和西周看井田制的三个历史前提”等，共五部分。一方面系统地利用民族学资料研究先秦历史，另一方面对于中国古代历史奴隶制和封建制分期问题中的西周封建说进行了全面的论证。内容上包括土地王有、村社制度、地租形态、阶级等级关系等各个方面，方法上另辟蹊径，并向读者提供西双版纳社会历史的基本资料。本书的研究和写作方法，我们认为值得大力提倡。

许多历史现象说明，在人类社会历史的演进过程中，在一些民族社会当中，出现了许多带有共性的事物，历史学家从而能够在其中找出各式各样的规律，能在一些浅演或后进的民族社会里面找到人们经历过的社会历史影子。这个道理，马克思和恩格斯都给予了十分认真的重视。马克思晚年重病在身，在忙于他的巨著《资本论》的写作时，还认真阅读了民族学的先驱者摩尔根的《古代社会》，并作了十分详细的摘要。1888年恩格斯在《共产党宣言》英文版一个注中说：“在一八四七年，社会的史前状态，全部成文史以前的社会组织，几乎还完全没有人知道，……最后，摩尔根发现了氏族的真正本质及其对部落的关系，这一卓绝发现，把这种原始共产主义社会的内部组织的典型形式揭示出来了。”民族学所提供的资料，不仅能对原始社会史有重大参考价值，对于奴隶制社会和封建制社会的研究，也同样具有重大价值。恩格斯早在1884年2月16日寄给考茨基的信中就写道：“摩尔根在他自己的研究领域内独立地重新发现了马克思的唯物主义历史观……他根据野蛮人的，尤其是美洲印第安人的氏族组织，第一次充分地阐明了罗马人和希腊人氏族，从而为上古史奠定了牢固的基础。”（《马克思恩格斯选集》第四卷，第443页）民族学的调查资料起着巨大的历史参考作用，所以，恩格斯又说：“摩尔根的伟大功绩”是他找到了一把“钥匙”，用这把“钥匙解开了古代希腊、罗马和德意志历史上那些极为重要至今尚未解决的哑谜”（同上书第2页）。中国古代历史上的许多哑谜，仍然需要利用民族学的调查资料去进行破解。马曜、缪鸾和二同志根据他们多年在云南从事民族调查的丰富成果，从西双版纳傣族社会分析对比研究西周社会历史，正是和马克思、恩格斯的论证相一致，因而本书的论证阐述，能够较为合乎历史实际，能够提供饶有兴味的事例，使读者有亲切感。

马曜同志30年代在上海就学时，曾参加地下革命活动，接触了“中国社会史论战”的历史背景；40年代以后，在云南大学历史系任教，又留意于商周社会性质问题的讨论。建国后长期从事民族调查研究工作，曾周历云南3200公里国境上的少数民族聚居地区，积累了相当数量的民族学调查资料。并曾率领调查组，深入西双版纳数百个村寨进行历时8个月的社会调查，写成十余万字的总结报告，汇集300万字的调查资料。

正是在上述的基础之上，马曜、缪鸾和二同志发现了西双版纳的封建领主制社会，无论是在土地所有制的形式上、农村基层组织上、剥削方式上以及社会各阶级的关系和结构上，均具有自己的特点；它既不同于秦汉以后中原地区的封建地主经济形态，又不同于欧洲中世纪的农奴制度，而是类似西周至春秋时期的建立在农村公社基础之上的封建井田制。

我们认为，从总体上看，马曜、缪鸾和二同志在本书中的基本论点，是能够成立的。至于那些把西周社会性质当作奴隶制社会看待的论点，从夏、商、周、秦、汉各代的发展历程考虑，确有许多扞格难通之处；相反，用西双版纳傣族社会的封建领主制去类比，大概近似，颇为顺理成章。

在西双版纳傣族自治州（现辖景洪、勐海、勐腊三县）里，以傣族为主体，其他还有哈尼、布朗、基诺、瑶、汉等族，傣族住平坝，其他少数民族住山区，汉族多数住城镇。根据马曜等同志的调查资料，结合傣族史籍《泐史》记载，傣历542年（公元1180年），傣族首领叭真在今景洪县境内建立“勐泐国”，统治西双版纳地区，号称“召片领”（大片土地的主人），臣属于当时云南地方政权“大理国”。公元1292年，元朝在该地设立“彻里（车里）军民总管府”；公元1382年，明朝在该地改置“车里军民宣慰使”，封八世“召片领”刀坎（召坎）为宣慰使，清朝因之。公元1570年，宣慰使刀（召）应勐将所属各勐（大部落）划分为十二个版纳，傣族称为“西双版纳”，“版纳”意为“千田”，“西双版纳”直译为十二千田或一万二千田，即十二个负担单位（“千田”为一个负担单位）。

傣族最高领主“召片领”，即明朝受封为“车里宣慰使”的傣族大土司，是整个西双版纳土地的最高所有者和三十六个勐（一个勐为一个土司区）的共主，政治上的统治权与经济上的土地所有权合为一体。主权者“召片领”而外，不存在私有土地的地主，直接生产者——农民只有土地使用权和占有权，不允许自由买卖土地。农民猎获野兽，必须把倒向地面的一半兽身献给领主；捕鱼时，也必须把最大的一尾进贡。按照傣族说法：“澜召领召”（直译意为：水和土都是“召”的）。“召”的本意是主子、官家（或译“王”），专指“召片领”，泛指“召片领”下属各勐的土司——“召勐”。

“召片领”把宗室亲信派到各地去作“召勐”，可以世代承袭，亦可随时更换，夺回土地。“召勐”又把自己领地以内的土地及其土地上的农奴分封给属下“波郎”（意为属官，“波”是“父”，“郎”是穿牛鼻的绳子，即牧民官），按照封建等级的高低决定领有土地的多寡，实际上是决定俸禄的多寡。“波郎”的封地不能世袭，居官才能食禄。对于被“召片领”征服的山区少数民族，仍以各自原有的土地封给他们的头人，征收一定的贡赋（土特产品）。

“召片领”和“召勐”的世袭的领地分成“领主直属土地”和“农民份地”两大部分；前者由各级领主直接领有和经营，征派农奴代耕；后者为农民占有和使用的份地。

领主直属土地有三类：

一是大领主直接领有的“私庄田”（“宣慰田”和由“召勐”控制的“土司田”）；

二是“召片领”和“召勐”封给其属官作为俸禄的“波郎田”；

三是村寨头人占有的“头人田”以及代领主督耕的“陇达”（直译为“下面的

眼睛”）占用的“陇达田”。

农民份地也分为三类：

一类是“傣勐”（本地人）等级农民占用的“寨田”或“寨公田”；

二类是“滚很召”（领主家奴，分出建寨）等级农民占用的“支差田”；

三类是“召庄”（贵族疏远支裔）等级农民占有的“私田”。

西双版纳的宝塔式封建领主制是建立在农村公社基础之上的；村社土地“集体所有，私人占有”和定期分配土地。封建领主攘夺了村社土地后，利用村社定期分配土地的传统习俗，以份地形式把土地的绝大部分分给农民耕种，实质上是把封建地租强加于农民，先是采用劳役地租，然后改变成为实物代役租。村社之间有着严格的界限，凡不脱离村社的人，都可以分得一份土地。分田一般在每年春耕备耕之前。

傣族村社内部有一整套组织体系和保证自足自给的分工。群众至今仍称呼农村公社头人为“寨父”“寨母”，他们被封建领主口封“叭”（音 pia）、“蚱”、“鲩”等封建头衔（小寨没有“叭”），成为封建领主基层政权的当权头人。他们有管理村社土地、为领主征收各种劳役贡赋、管理宗教事务、管理婚姻及调解争端等职责。下面设有分管巡逻警卫的“昆悍”，有向下传达、向上反映的“陶格”，有通讯联系的“波板”，掌管文书的“昆欠”，管理水利的“板门”，祀奉社神的“波摩”（即“毕母”“呗髦”“笔摩”或“白马”），管理佛寺的“波占”，管男青年的“乃髦”，管女青年的“乃少”，还有歌手“章哈”、医生“摩雅”，等等。“傣勐”是劳役地租的主要承担者，领主的“私庄田”大都分散在他们所住的村社里，由他们无偿代耕；他们自称“波海米纳”（田之父、地之母），仍然保留着体现农村公社“自由农民”的称呼，仍然沿用村社分配土地的成规，分配和使用村社范围以内的土地，但是，已经不是为了自己使用而分配，而是主要为了分担封建地租而分配。“滚很召”有室有家，进行个体生产，但仍然要定期回到所属的领主家里担负家内的和专业的劳役，称为“甘乃很召”（召的家内劳役负担），多数是非生产性的家务劳动，留存到解放前还有一百多种，每个村寨担负一至几种劳役。“召庄”各自分给一块土地，建立村寨，自耕自食，担负警卫和侍从领主的任务，各户要轮流值宿；勐海一带的“召庄”还被免除封建负担，他们的土地被称为“私田”，可以自由买卖。

“召片领”及各勐“召勐”的封建政权组织，是由他们的大小家臣（议事庭长、叭诰、波郎等）组织的议事庭。议事庭通过大小波郎层层统治着各个“火西”（相当于乡)、村寨和山区少数民族。封建领主贵族及其大小家臣同各个“火西”、村寨的“叭”“蚱”“鲵”各级当权头人，组成封建领主集团。

上述一系列傣族社会的基本情况，和西周社会比较，颇为类似，当然不可能全部等同，但就是大体上的一致，也就足以说明二者的封建领主制社会性质了。

应当看到，希腊罗马类型的奴隶制，中国古代是没有的。

最早的奴隶在原始社会末期就已经出现了，那是家内奴隶，算作家庭内的一个成员。进入阶级社会，有些奴隶被指定一块土地，分给他们耕种，向奴隶主交纳一些贡物和负担某些徭役，中国古代不存在把大量奴隶养在家里经营大农场或手工工场。

夏代是我国阶级社会的开端，是最早出现的奴隶制社会。夏人已是一夫一妻制的父系家庭（贵族可以多妻）。夏代广大的农村公社，是奴隶制君主专制帝国的社会基础。大奴隶主只有一个，其余所有臣民都要作为他的奴隶，为他服役。契丹蒙古和满族未进入黄河流域以前就是这样的奴隶制社会。“夏后氏五十而贡”，夏人征服村社后，规定他们交纳贡品或按需要指定服各种徭役，所以“薛之皇祖奚仲居薛以为夏车正”（《左传·定公元年》）。匈奴人“置僮仆都尉”，因领有西域，“赋税诸国，取富给焉”（《汉书·西域传》），大约就是夏代贡纳制度的遗俗。

商人虽已进入奴隶社会，但他们的氏族组织较为完整。周武王说：“维天建殷，其登名民三百六十夫，不显亦不宾灭，以至今。”（《史记·周本纪》）三百六十夫就是三百六十个氏族的氏族长（名民），他们大概分属三个大部族，每个部族应有十二个胞族，每个胞族应有十个氏族，这是商族的基本力量。武王克商之后并没有解决殷商王朝的这一支强大的武力，因此，武王曾经睡不安枕，忧心忡忡。在周公东征后，摧毁了这一组织，将它分割统治，见于记载的如分鲁国“殷民六族”，卫国“殷民七族”（《左传·定公四年》），从而巩固了西周王朝的政权。

武丁时期，殷商国力有了大的发展，需要加强和完善国家机构，于是把本部族和所征服的地区划分为侯、甸、男、卫四服；服就是服役，这是古代奴隶制社会的固有名称。《尚书·酒诰》记殷代官制：“越在外服，侯甸男卫邦伯”，这是一种指定服役制，它与辽代政治经济有许多类似之处。《辽史·营卫志》记：“居有宫卫，谓之斡鲁朵；出有行营，谓之捺钵；分镇边圉，谓之部族；有事则以攻战为务，闲暇则以畋渔为生”。侯服即辽代的部族，是防守边疆的；甸即田，指田猎，相当于辽代的行营；卫服即辽代的宫卫，警卫王室的禁卫军；男服与辽代南面官职务官相似，南面官所统治的人民担任各种力役，包括耕种田地贡纳粮食，即所谓“治田入谷”。

夏商二代的奴隶制都属于马克思所说的古代东方亚细亚生产方式类型，在专制君主政体之下统治着广大的农村公社，奴隶主不改变当地人民原有的社会职能和生活方式，只要求贡纳一定数量的生产品并担负各种徭役。

周初大分封，周王以授土授民的方式改变了殷代侯、甸、男、卫的四服制，殷代侯、田、男三服都成了周代的诸侯，所以《矢令方尊》有“诸侯：侯、田、男”之说。卫服原为殷王禁卫军，殷人溃败后，周以八自驻其地称为“殷八自”，以镇抚东方诸侯。康叔为周司寇，统率殷八自，为王官，六世皆称伯，伯即方伯，乃一方之长。至卫顷侯乃厚赂周夷王，夷王命以为侯。周初政治经济的封建制改变了殷代的生产关系。

殷代侯、甸、男、卫的土地人民不出自殷王的授与，因此他们所征服的土地人民都属于各部族所私有；辽代的事例可以说明殷商的奴隶社会，辽代皇帝所征服的土地人民隶属于“宫卫”（辽代有十二“宫卫”），土地是皇室的私产，人民是皇室的奴隶；各部族所征服的土地人民则设头下军州，土地是部族的私产，人民是部族的奴隶。辽代虽距殷代在二千年以上，而他们的奴隶制就是这样相似。

周灭殷后，攘夺了殷代侯、田、男、卫四服的土地人民，周王认为这些土地人民皆应为他自己所有，从而就以王的名义把这些土地人民分别赏赐他的军事扈从（他的亲属子弟也包括在军事扈从之中），周王要册封他们，就必须采用授土授民的分封典制了。“土地占有的等级制以及与之相联系的武装扈从制度使贵族握有了支配农奴的权力。”（《马克思恩格斯全集》第三卷，第23页）这就是封建社会的君臣等级制，也可称为领主制或农奴制。

西周封建等级制是人有十等：“王臣公，公臣大夫，大夫臣士，士臣皂，皂臣舆，舆臣隶，隶臣僚，僚臣仆，仆臣台”（《左传·昭公七年》）。王、公、大夫、士都属于统治阶级，都是贵族，他们都是各个等级的君主，都有自己的臣民。西周时代，贵族既是他们自己臣民的君主，他们的子弟就称为君子。

周初于封建诸侯之外，同时还设立诸监。《仲几父簋》铭文说：“仲几父使几使于诸侯诸监。”这是西周时代诸侯和诸监并存的记载，江西余干还发现了《应监甗》，铭文六字：“应监作宝隮彝。”“应监”即周王派往应国的监国者。周初并不止于“三监”。诸监的设置，乃西周普遍的定制。云南西双版纳傣族地区，历史上也有类似于诸侯诸监的制度，最高领主“召片领”分封其子弟亲贵到各勐去作“召勐”，“召勐”相当于诸侯；又另派其家臣为各勐的“波郎”，就用他们监视“召勐”，并征收其贡赋，这种“波郎”相当于诸监。这些历史现象在实质上都是封建领主制的内含事物。

西周封建等级制下的剥削方式，是由徭役劳动向实物代役租转化。当时原有“公田”和“私田”之分，《小雅·大田》：“雨我公田，遂及我私。”又《周颂·噫嘻》：“骏发尔私，终三十里；亦服尔耕，十千为耦。”一个三十里的村社共同体中的农民，既要耕种自己的私田，还要比耦耕种十个千亩的公田。唐代樊绰《蛮书》记南诏的田制：“每一佃人，疆畛连延，或三十里。”这就是农村公社通行的田制。村社成员从自己的住地到私田或公田上进行耕种，都不能超过三十里，因为三十里恰好是一天可以来回的路程。因此藉田与份地间最好的安排是千夫环绕十个子亩而居，每个农民由自己的住地到公田上进行耕种，最多也不过三十里。古代人民生活在农村公社共同体中，地广人稀，公有制因素并未被私有制彻底瓦解，当然没有买卖土地的可能；实物代役租出现以后，随着生产力的发展提高，村社逐渐解体，于是就出现了大量的自耕农，从而在人民之间才有土地买卖出现。封建地主制及其政权的建立，当然不是一朝一夕之事，应该全面的考察政治经济上出现的一系列变化。自从实物代役租出现以后，统治阶级掌握了大量谷物作为各级官吏的俸禄，因此，就能逐渐铲除封建君臣等级制中许多中间等级，这就为秦汉以来定于一尊的君主专制政体奠定了它的经济基础。

上面，对于西周社会性质粗线条地勾画一个大概的轮廓；它和西双版纳的对比分析，本书作者做了大量的研究和探索工作，我就不多说了。我相信本书的问世，肯定将对运用民族学资料研究先秦历史起到很好的推动和促进的作用，对于解决中国古史分期问题起到极为有益的作用。

（作于1984年10月，载于《西双版纳份地制与西周井田制比较研究》，云南人民出版社1989年版）

（徐中舒，四川大学教授、中国先秦史学会原会长）

评《西双版纳份地制与西周井田制比较研究》

宋蜀华

近读马曜、缪鸾和二同志大作《西双版纳份地制与西周井田制比较研究》一书，获益匪浅。这是继《从西双版纳看西周》专论之后，就同一主题使用民族学资料和史籍文献进行更加全面而深入的比较研究之作。全书洋洋数十万言，结构严谨，内容丰富，论断精辟，颇具说服力，堪称成功之作。马曜同志在鸾和同志逝世后，在《从西双版纳看西周》专论基础上，增补篇章，阐发新意，以成本书。其量远倍于旧作，以合著署名，“以纪念亡友缪鸾和”，古贤之交，见于今日！

1957 年我开始接触有关傣族社会历史资料，特别是有关西双版纳傣族领主经济以及从西双版纳西北经孟连、耿马弧形而上至德宏傣族地区封建土地制度递变的资料，感到这些资料实为民族社会历史研究之宝藏。这些宝藏为作者等多位同志所开发，其作用除可用于现实社会改革之参考依据外，还有助于解决历史上之疑难问题，意义十分重大。西周社会距今 3000 年，由于史料不足，对西周社会性质之认识，见仁见智，聚讼纷纭。西双版纳傣族社会属封建领主制性质，为民主改革前之社会现实，这被作者深入的调查研究所证实，且经受了从这个实际出发所进行的民主改革的胜利检验，并已为学术界所公认。西周社会距今邈远，但其村社结构、土地制度、阶级关系、产品分配等方面，颇似民主改革前之西双版纳傣族社会，对二者进行科学的比较研究，实令人耳目一新。马曜、缪鸾和同志首先对此进行了系统的科学研究，本书即为此项研究的珍贵成果。

人为有机体，寒则思衣，饥则思食，古今中外，概莫能外。人的演化有规律可循。人类社会为人群所组成，人类社会的演化也同样有规律可循。历史的规律性表现在处于同一社会发展阶段的不同民族，虽相距几千年，相隔千万里，其社会面貌或社会经济制度，往往具有共同性和出现重复性，亦即处于相同发展阶段的民族，具有相同或基本相同的社会制度。故摩尔根对美洲印第安人之实地调查研究，解开了古代希腊、罗马和日耳曼历史上那些极为重要而尚未解决的问题，受到马克思、恩格斯的高度重视和肯定。本书作者在一定程度上正如摩尔根所做的那样，试图用西双版纳社会经济制度这把钥匙去解开西周社会性质之谜，其贡献是不言而喻的。同时也是一个科学地使用以今证古方法而获得成果的范例。本书还有如下几个特点：

第一，本书将民族学研究和历史研究密切结合起来，上下求索，这在我国民族研究中十分必要。近代西方民族学兴起之初，在很大程度上只是对殖民地或附属国的土著民族如美洲印第安人、澳大利亚土著族、太平洋岛屿民族等进行实地调查研究，对其生产、生活、社会制度、文化习俗以及宗教信仰，进行叙述、分析和比较，却不重视历史研究。自然有些土著族因其社会发展落后，除民间创作包括历史传说外，无文字历史可言。西方民族学注重对某一民族社会文化进行平面的调查研究和剖析，庶几已形成传统，甚至成为和历史学之间的分野。我国作为一个多民族国家，与上述情况迥异。各民族在神州大地上，各有悠久之历史，而且彼此早已建立起政治、经济和文化联系。即使某些后进的兄弟民族没有本民族文字，也可从汉族或邻近有文字的民族中找到有关史料。因而我国民族学者往往又研究民族史，二者结合比较紧密，这是一个良好的传统。

其实，研究一个民族的社会经济结构，如果只做横的剖析或只与其他民族进行比较研究，而不结合进行必要的历史探索，则这样的知识是不完全的。这样研究的结果，只能说明某一民族在某一历史时期中社会经济结构的具体情况和特点，或者和所比较的民族之间的异同。但何以形成这样的特点，形成这些特点的具体途径如何？离开具体的历史探索是无法得到答案的。

本书作者早已注意此点，故特辟专章概述傣族历史，而且在第二章论述民主改革前西双版纳傣族土地制度和政治组织时，除深入进行平面剖析外，并从历史发展角度探讨其成因，来说明农民份地与领主直属土地如何形成，部落联盟如何向政权组织过渡等问题。从而增强了论述内容的说服力，并给读者以更全面的知识。

第二，史与论密切结合、论从史出的科学态度，是本书另一特点。例如作者紧扣傣族社会“集体所有、私人占有”的东方农村公社的特点，来论述傣族奴隶制的发展。作者指出：“根据马克思关于农村公社的‘次生形态包括建立在奴隶制和农奴制上的一系列社会’和‘农奴制多半是由徭役劳动产生’的论点，亚细亚所有制最后阶段的农村公社，可以超越奴隶制直接过渡到农奴制。罗马尼亚、斯拉夫公社就是这样。早周由公刘时代的农村公社经过原始彻法进入西周领主制封建社会，也具有这样的特征。在西双版纳，家庭奴隶制也未得到充分发展。村社农民‘傣勐’，在作为家庭奴隶的‘滚很召’人数较多和未释放时，可能一度被置于奴隶般的地位，然后迅速过渡到农奴制。凡是农村公社盛行的地方，除非那里出现了商品生产的有力冲击，奴隶制是不会得到长足发展的。”（该书第320～321页）

作者的上述论断是有道理的，它说明西双版纳傣族奴隶制发展不高，即进入农奴制。而且是否经过发展不高的奴隶社会（奴隶制不等于奴隶社会），还要看“傣勐”是否曾被置于奴隶般的地位，而其前提则又取决于“滚很召”的人数较多，而且未被释放。另外则是村社盛行的地方，奴隶制不会得到长足发展，除非出现商品生产的有力冲击。但这种农业和手工业密切结合的自给自足的村社，其内部很难发展商品生产，除非外族商品交换的冲击。这些历史条件都制约了傣族奴隶制的发展。由于奴隶制的发展受到限制，村社却又普遍存在着，随着社会生产力的提高，大量村社成员的农奴化就成为必然的发展趋势。

第三，认定一个民族社会，用民主改革前西双版纳傣族社会和西周社会进行全面比较，这是科学而合理的方法。只有掌握全局，从全局着眼，进行比较，才能得出科学的或客观的结论。如果杂引一些类似的材料，未必能说明问题。例如景颇族中也曾存在过“集体所有、私人占有”的农村公社，但景颇族的生产活动、土地制度、劳动者的身份、地位以及社会产品分配等方面都和西双版纳傣族社会有所不同，它反映的是社会发展阶段的差别，仅仅抽出农村公社来类比，自然就不恰当了。如果将二者进行全面比较，则必然会得出景颇族社会与西双版纳的傣族社会性质不同的结论，如与西周比较，也会得出类似结论。

本书不足之处，是对奴隶制的论述尚可商榷。作者在指出并评述“建国前西双版纳为东方的普遍奴隶制”和“西双版纳超越奴隶制发展阶段”这两种看法后，明确指出“西双版纳的确经过一段奴隶制的时间”。但作者在具体论述西双版纳傣族奴隶制时，如果我的理解不错的话，似乎存在着前后不一致的地方。作者一方面以勐安为例，指出那里的村社农民反映着“普遍奴隶”的遗留，亦即在封建化以前曾经历过具有古代东方特点的奴隶社会阶段。另一方面，如前所述，作者又列举罗马尼亚、斯拉夫以及早周时代的村社为例，说明此种村社可以跨越奴隶制直接过渡到封建社会。而且指出西双版纳家庭奴隶制并未得到充分发展，而“傣勐”则仅仅是“可能一度被置于奴隶般的地位，然后迅速过渡到农奴制”。前者肯定奴隶制阶段的存在，后者则持不肯定态度，仅仅认为是一种可能。读后不免产生迷惑感。因而这一个历史上的重大问题，有待进一步阐明。这个问题至今仍然是学术界具有争议而尚待解决的问题。

总之，细读本书，有助于对西周史料的进一步了解，从而也就有助于对西周封建井田制认识的进一步深化。对此，我深有体会。

民主改革前，傣族的社会发展是不平衡的，从西双版纳经孟连、耿马至德宏遮放等地，再往东折向云南内地，各傣族地区呈现出从封建领主制到地主制的递变轨迹；从西周到战国时期，也呈现出从封建领主制到地主制的发展过程。作者曾利用西双版纳以外其他傣族地区的调查资料，对比西周至战国田制的变化，并有所论证。这将是另一部有意义的专著，是本书的姊妹篇。我诚挚祝愿此书能早日与读者见面！

（载于《民族研究》，1991年第2期）

（宋蜀华，中央民族大学教授、中国民族学学会原会长）

马公创建西南民族研究学会的学术活动

周锡银

马曜教授是一位望重士林、蜚声中外的学者，是民族教育、科学战线的优秀领导者，也是我最敬爱的师长之一。他辛劳一生，勤奋调研，诲人不倦，提携后学，整理文稿，编纂书籍，乐此不疲；他生活简朴，待人和善、慈爱、宽厚，对人民怀有难得的炽热感情。可以毫不夸张地说，马公完全做到了克尽天职，无私奉献！

20 世纪 80 年代初，马公已届高龄，退居二线。但他仍然壮心不已，除继续指导研究生，笔耕不止外，还于 1981 年创建了中国西南（川、滇、黔、桂、藏）民族研究学会，当选为学会首任会长，1986 年起改任名誉会长。学会在他的领导和关怀下，15 年来，无论在繁荣民族研究各个学科，组织交流科研成果，或是开展田野考察以及促进经济发展、民族团结和社会进步等方面，都取得了显著的成效，成为我国较活跃、务实的著名学术团体之一，从而引起了海内外学术界的广泛注意。

一、亲自领导召开的重要学术会议

在马公亲自主持下，1981 年 11 月在云南省昆明市召开了西南民族研究学会成立大会暨首届学术讨论会，出席会议的学者 100 余人。大会除通过学会章程，选举产生学会领导机构，拟订学术工作规划外，壮、苗、回、藏、彝、白、傣、汉各民族学者还进行了学术交流。马公在会上作题为《中国西南民族研究的回顾与展望》的主题报告，受到热烈欢迎，为以后的学术活动指明了方向。

1983 年 7 月，学会在西藏自治区首府拉萨市召开了第一次“全国藏族学术讨论会”。马公以古稀之年，亲赴高原名城主持了这次重要的学术会议。来自全国 12 个省（区）的 82 个高等院校、科研单位，包括藏、汉、蒙古、回等 14 个民族的代表 130 余人出席了会议。大会收到论文 110 篇，内容涉及藏族历史、经济、语言、人口、哲学、宗教、文学艺术以及自然科学的某些领域，其中重要的有《达赖喇嘛传》的作者牙含章和王辅仁等人的论文。马公在会上作题为《开辟藏族研究的新局面》的主旨报告。

1985 年 8 月，学会在四川省凉山彝族自治州首府西昌市召开了“全国首届彝族学术讨论会”，马公又亲临主持。会议收到论文近 40 篇，内容新颖、丰富，立论严谨，重要的有《彝族研究的回顾与展望》（李绍明）、《武定凤氏本末笺证叙录》（何耀华）、《论生产优势、分区规划与布局问题——凉山彝族自治州经济发展研究》（冉光荣）、《研究彝文古籍，发扬彝族文化》（马学良）等。在这次会上，马公为提携后学，坚辞会长一职，于是大家一致选举他为西南民族研究学会名誉会长。

此后，循惯例学会每两年都要召开一次大型学术会议。1987 年在贵州省贵阳市召开了“中国苗族瑶族学术讨论会”，1989 年在广西壮族自治区南宁市召开了“壮侗语诸民族学术讨论会”，1991 年在云南省大理白族自治州首府大理市召开了“促进山区民族经济开发与社会进步学术讨论会”，1993 年在拉萨市召开了“第二次全国藏族学术讨论会”，1995 年在西昌市召开了“彝族暨彝族地区现代化建设学术讨论会”（此时马公已 84 岁高龄）。这些学术活动，马公大都前往出席、指导并作演讲。

二、亲自倡导在西南开展多学科的民族综合考察

20 世纪六七十年代，西南民族地区的社会经济考察几乎中断。改革开放以后，民族地区出现了许多新情况和新问题，因此，西南民族研究学会一经成立，马公即于 1982 年与费孝通、尹达、夏鼐、牙含章等著名学者联合签名给中国社会科学院胡乔木院长写信，倡导开展西南民族地区的综合考察。随即，亲自指导四川、贵州、云南先后开展了此项工作，这里着重介绍以下两项大型民族综合考察：

1. “六江流域”民族综合考察

“六江流域”是指川、藏、滇边境横断山脉的岷江、大渡河、雅砻江、金沙江、澜沧江和怒江 6 条由北向南流的大江及其主要支流分布的地带。其地域包括藏东高山峡谷区、川西高原、滇西北横断山高山峡谷区和滇西高原区。六江的上游居住着藏缅语族的藏、彝、白、纳西、傈僳、普米、独龙、怒、羌、景颇等 10 多个民族；其下游则有壮侗语族的傣族和孟高棉语族的佤、布朗、德昂等族及苗瑶语族的苗族和瑶族。这个区域自古以来就是藏缅语族诸民族南下和壮侗、孟高棉语诸民族北上的交通走廊和众多民族交汇之处（学术界称之为民族走廊），亦即我国古代羌、氐、戎、越、滇、僰、叟、爨、僚、濮等民族活动之地。在这里，民族、民俗内容之丰

富，特点之浓厚，世所罕见，对于研究我国西南乃至中南半岛各民族的起源、迁徙，历史上的民族关系以及各民族的社会、经济、语言文学、宗教、文化、体质等诸多方面，都具有重大的科学价值。

鉴于六江考察范围大、困难多，学会于1982年开始首先选择在雅砻江下游作试点，然后又进行了上游考察。考察队由学会正副秘书长任队长，参加的单位有四川省民族研究所、四川大学历史系和经济系、西南民族学院民族研究所、西南师范大学历史系、中国社科院民族研究所、北京大学经济系以及甘孜、攀枝花、凉山等州市的专业人员。考察领域包括民族经济、民族学、民族历史、语言文字、考古以及体质人类等学科。考察队先后收集到100余万字的第一手材料，最后编印成《雅砻江上游考察报告》和《雅砻江下游考察报告》两本集子，共60余万字。主要内容包括：《甘孜州民族经济增长模型问题》《明正土司考察记》《木雅语研究》《炉霍的打刻石器》《冕宁县联合乡藏族的宗教传说及天文历法》《盐边县岩门乡傈僳族调查》《凉山州彝族（诺火）、米易县傈僳族ABO1Rn—HP、MN、P血型系统和A、B、H物质的分布》《昭觉县彝族（诺火）的体质调查》等。

2. 贵州省“六山六水”民族综合考察

“六山六水”系指分布在贵州省境内的乌蒙、月亮、麻山等6座山区域和乌江、清水江等6条江河流域。境内分布着苗、布依、侗、土家、彝、仡佬、水、瑶等10多个少数民族1000余万人，是进行民族综合考察的理想地带。考察队由学会副会长等主持。参加单位有贵州省民族研究所，贵州省社科院历史所、经济所、哲学所，贵州民族学院，贵州省博物馆以及有关州、县。

从1983年起，10多年来，每年都有考察队深入瑶山、苗寨、侗乡，搜集了大量有关苗、瑶、水、布依、侗各民族的涉及多学科的文字、图片、音像资料。在调查研究的基础上，每年都要整理出30~50份共80万字左右的调查报告，编印成册，定名为《月亮山区域民族调查》《麻山调查》或《贵州民族调查》（之三、之十二）。以《月亮山调查》和《麻山调查》两册为例，其内容包括：《望谟县麻山地区社会经济综合报告》《从江县孔明乡苗族社会经济调查》《瑶山人口问题》《白裤瑶的婚姻家庭》《惠水县麻山地区贫困状况分析及对策的调查报告》《瑶山的民族教育》《望谟县民间医药调查》《月亮山瑶语考察纪实》《榕江县计划乡苗族的家庭、社会组织、习惯法及原始宗教调查》等。

贵州省的民族综合考察受到政界、学术界的关注和好评。《人民日报》指出：

民族调查“对发展这些地区的民族经济，管理自然保护区，发展民族风情旅游，抢救和保护民族文化遗产，提高民族教育水平等，都提出了许多富有创见的建议。……麻山的贫困状况调查，已引起省委、省政府的极大重视，并决定把这一地区作为扶贫开发的重点，尽快改变麻山各族群众缺吃少穿的状况”。这批调查报告已多次获贵州省社会科学优秀成果奖。

三、积极开拓对外学术交流

西南民族研究学会创建伊始，马公即提出要积极开展对外学术交流，要“请进来，走出去”。他访美期间向外宣传介绍学会，通过自己辅导的研究生横山广子与日本学界联系，使学会对外交流活动频繁起来。

1985 年，日本国立民族学博物馆馆长梅棹忠夫教授率团出席在西昌召开的“全国首届彝族学术讨论会”，团员中包括日本著名学者佐佐木高明、大林太良、伊藤清司等多人。应邀出席会议的还有香港中文大学人类学系主任乔健教授等。此后，每次学术讨论会都邀请了日本、泰国、美国、苏联以及香港地区的专家出席，以提高学术水平，增进友谊。

外宾在出席会议期间，马公和学会都要组织他们深入到当地民族聚居地区考察参观。日本朋友在西藏期间，兴致勃勃地参观了布达拉宫、大昭寺、罗布林卡和扎什伦布寺，饱览了神奇、壮丽的高原景色，无不非常兴奋，盛赞藏族文化的博大精深。

1991 年，学会在云南省大理市召开“促进山区民族经济开发与社会进步学术会议”之前，组织以美国国际山地开发协会主席艾弗斯教授为首的，包括美、苏、加、法、秘鲁、印度、西班牙和尼泊尔等国的山地开发专家，用了 7 天时间考察了四川省攀枝花市和云南省丽江地区的纳西、彝、傈僳等村寨。外国朋友对少数民族的聪明才智和吃苦精神极为赞赏，印象之深，终生难忘。艾弗斯团长感动地说：“小凉山美丽，人民热情友好，虽然处于贫困，但充满了信心和希望。这里资源丰富，灌溉方便，可为世界山地开发提供经验。”

在“请进来”的同时，西南民族研究学会在近 10 年来，也派出了多批民族学、历史学、语言学、经济学的专家赴日本、美国、泰国、韩国、俄罗斯等国家以及香港地区参加学术交流活动。

1987 年，马曜会长亲率西南民族研究学会访问团访问日本，受到以日本国立民族学博物馆馆长梅棹忠夫教授为首的民族学界的热情接待。代表团先后访问了日本民族学博物馆、东京大学、东京外国语大学、日本国立历史民俗博物馆、东洋文库，举行了多次学术讲演或专题讨论（内容包括中国西南民族研究的现状与展望、白族历史、藏语文、彝族经济社会、侗族的文化教育以及日本的民俗、宗教等）。马公在学术会上作《孔子的民族学思想》演讲，颇受关注。

在马公的积极努力和带动下，10 年来，西南民族研究学会已先后派出云南、贵州、四川、广西、西藏五省区的 30 多位学者赴国外进行了学术交流或学术考察，极大地促进了民族研究事业的发展和国际间的友好情谊。

1996 年 4 月 26 日

（周锡银，四川省民族研究所原所长、四川省民族研究学会原会长）

马曜先生对20世纪云南学术的重大贡献

陈友康

马曜先生字幼初，洱源人，白族，1911年生。1931年秋入上海光华大学经济系，师事钱基博先生，以诗才为钱氏所重。1939年到西南联大进修文史一年，受业于陈寅恪、罗庸、刘文典、魏建功、陈梦家诸先生。1947年被聘为云南大学文史系讲师，兼昆明师范学院中文系讲师，1949年升任副教授。1950年，参与组建云南省民族事务委员会，任副秘书长。1951年，参与创办云南民族学院，任副教育长。1972年，任云南大学历史系副教授，创办云南大学《思想战线》刊物，任主编，1978年确定为教授。1979年调任云南民族学院院长，并任国家民委委员。1980年任国家民委学术委员会委员。同年中国民族学会成立，当选副会长。1981年创办西南民族学会，任会长。创办《民族学报》，任主编。1983年任《云南民族学院学报》主编，7月改任名誉院长。1987年任云南省社会科学联合会顾问、云南省社科院咨询委员会委员，中国历史学会主席团成员。1988年受聘为《云南省志》副总纂。1996年受聘任"四库全书存目丛书"编纂委员会学术顾问。主要著作有《云南各族古代史略》（主编，1977）、《云南简史》（主编，1983、1991）、《白族简史》（通纂，1988）、《西双版纳份地制与西周井田制比较研究》（与缪鸾和合著，1989）、《马曜学术论著自选集》（1997）、《云南民族工作四十年》（主编，1994）、《茈湖精舍诗初集》（"国立云南大学文艺丛书"，1948）等。受聘为《中国历史大辞典》云南省编委会主编。

马曜先生是20世纪云南杰出的历史学家、民族学家、教育家、诗人和社会活动家，是众望所归的学界领袖，享有国际声誉的学者。他是社会责任感极强的学者。青年时代热情投身抗日救亡运动和民主运动，在斗争中成为社会知名人士。1945年当选云南省参议会议员，在"一二·一"运动和"卢汉起义"中发挥了重要作用。

建国以后，他以学者身份成为国家政治机构中的成员，或亲自进行政治运作，或多次就民族政策、民族教育、民族文化等问题建言献策，被党政部门采纳，产生良好的社会效果。他是与20世纪云南社会发展关系最为密切、贡献最为显著的学者之一。作为教育家，他的主要贡献是参与创办云南民族学院，并在恢复高考制度后出任院长，励精图治，在短期内把云南民族学院建设为一所有特色、有影响的正规大学。他因此成为国内有影响的教育家，被收入《中国现代教育家传》（湖南教育出版社，1988）。1983年，他担任云南民族教育考察团团长，率团访问美国康奈尔大学、弗吉尼亚大学、贝勒大学、加利福尼亚大学等高校。作为学者，他的贡献在于学术研究和学术领导。他天资聪颖，知识渊博，功力深厚，成就卓著，为国内学界所崇仰。他创办了《思想战线》《民族学报》《云南民族学院学报》三份重要学术刊物；担任全国和云南一些重要学术团体的负责人；引导和扶掖青年学人，凡此种种，都有效地促进了20世纪云南学术事业的发展。他心地宽厚，为人诚恳谦逊；爱惜才俊，乐于成人之美。古代论人，有“德言功三不朽”之说，此三不朽，马曜先生皆足以当之。1995年10月，中国西南民族研究学会、四川省民族事务委员会、凉山州政府借“彝族及彝族地区现代化建设学术研讨会”之机，召开“马曜先生从事学术活动五十周年纪念座谈会”；其后，云南民族学院编辑《马曜先生从事创作学术活动五十周年纪念文集》（云南教育出版社，1996），收入许多书评和名家信函，对他的道德风范和学术成就给予崇高评价。

《西双版纳份地制与西周井田制比较研究》是马曜先生的学术代表作。这部著作的杰出之处，在于方法的创新和观点的突破。它采用的是用现代民族学资料证古史的方法。这种方法被认为是王国维“二重证据法”的发展，学界称为“三重证据法”。在历史研究中，比较方法虽然早已被史学家广泛地使用，但大多数人只着眼于中外比较，或进行中国古史的横向比较，该书却独辟蹊径，把几千年前曾经存在而现在早已消亡的西周井田制与现代西双版纳封建领主统治下的份地制进行科学比较，进而从一个全新的角度对我国历史上的一些重大问题给出了自己的答案。这种方法虽说不是作者的独创，但论功夫之巨大、材料之完备、理论之系统，该书不啻为集大成之作。采用以现代民族学资料证古史的研究方法，使这部书创获甚多。井田制问题、中国奴隶社会和封建社会的分期问题一直是史学界争议很大的问题。本书对这两个重大问题提出了自己的解决意见。井田制是见之于先秦文献的一种土地制度。它是否在现实社会中真正存在，史学界并无定论。有人认为它只是孟子理想化的制度，实际上并不存在。该书用西双版纳份地制的事实材料和先秦文献描述的井田制进行比较，认为二者有许多相同或相似之点，从而得出井田制确实存在于西周的结论。这也就为西周封建论提供了强有力的事实依据。显而易见，这种解决问题的方法比仅从有限的文献资料出发而各执己见地争论要有效得多。它破解了井田制问题和中国古史分期两个难解之谜，认为此书使西周封建论“可为定论”。本书在解决上述两个重大问题的同时，还对郭沫若、李亚农等权威史学家的某些观点进行辩证，提出新的看法。由于马曜、缪鸾和先生卓有成效的工作和独特方法预示的学术前景，他们的工作受到范文澜、徐中舒、白寿彝、杨向奎、匡亚明、赵光贤等史学名家的关注和好评，该书出版后更是赢得史学界的普遍满堂喝彩，被认为是“对我国古史和民族史研究的重大贡献”。现在，它已经成为20世纪中国代表性史学著作之一，被载入《20世纪中国学术要籍大辞典》。1991年获《光明日报》社主持的第五届中国图书奖二等奖。还要指出的是，这部著作是马曜、缪鸾和五六十年代学术思想的深化和完善。1963年，他们的著名论文《从西双版纳看西周》在《学术研究》（云南）上一发表，就引起学术界热烈反响。70年代末期开始，马曜对原有成果进行加工整理，写成这部34万字的专著。新著在论文基础上，增补篇章，阐发新意，数量远倍于旧作，质量更有显著提高。而马曜以一人老迈之力完成的著作却以两人署名，“以纪念亡友缪鸾和”，彰显了马曜先生笃于友谊的赤诚情怀和崇高的学术品格。

云南地方史经过马曜先生的努力而趋于系统化并赋予其现代形态。70年代末，他主编了《云南各族古代史略》。这其实是一部云南古代通史。虽然因受时代局限而在史学观念上存在缺陷，如以阶级斗争为主线来叙述历史，过度强调农民战争对历史发展的作用等，但它在云南地方史研究中的开创之功仍不可没。一是它是第一部现代意义上的云南古代通史；二是在体例设计、史料搜集和史实考订方面用功极深，至今不乏闪光之处。在体例上，本书以云南历史上从远古到鸦片战争前的重大事件为题，类似“纪事本末体”，每事一题，共28题，云南史事，条理清楚，重点突出地得到说明；又附录《云南历史年表》《云南历代建置表》《云南少数民族简表》《本书参考资料》《云南古代史书目简介》《云南重要碑刻录文》等，极便使用。日本著名人类学家白鸟芳郎在日本东南亚史学会关东部会月会上加以介绍和评论。（长谷川清、栗原悟著《近年中国西南地区少数民族研究动向》，原载日本《东南亚历史与文化》1983年12期；冯宁翻译后收入《马曜先生从事创作学术活动五十周年纪念文集》)《云南简史》是在前书基础上写成的，简明翔实；史学思想则与时俱进，扬弃了偏颇的观念，叙述和评论史事更为公允和稳妥，学术性与通俗性结合，在国内地方史著作中属于上乘之作。1984年，该书获中国历史学会、中国出版工作者协会评选的全国爱国主义优秀通俗历史读物奖。这是建国后云南社会科学著作第一次获得全国性奖励。(据李惠铨作《〈云南简史〉获全国爱国主义优秀通俗历史读物奖》,《云南社科动态》总44期，1984年；收入《马曜先生从事创作学术活动五十周年纪念文集》)这两部书的主要作者还有汪宁生、王宏道、王叔武、黄惠焜、易问耕等先生。易问耕亦供职于云南民族学院历史系，长于书画，1988年病逝。

马曜先生与方国瑜、江应樑先生并称“云南民族学三杰”。在民族学领域，他的贡献也是卓著的。首先，他组织领导并直接参与了多次民族调查，在掌握边疆民族地区实际的基础上，向决策部门提供了一些切实可行的建议并被采纳，直接影响了云南民族政策的制定和云南各民族的历史发展。其中最著名的是“直接过渡”理论及实践。1953年，马曜带领省委边疆工作委员会调查组到潞西县遮放地区，调查研究景颇族以及与景颇族类似的民族地区采取何种方式向社会主义过渡的问题。他们历时两个月系统考察了41个景颇族村寨的社会经济状况，然后结合1952年省委民族工作队二大队在陇川、瑞丽所获调查资料进行分析研究，提出“直接过渡”理论。马曜撰写了《从遮放西山区的情况看景颇族地区的生产问题》和《关于遮放西山地区团结生产的初步意见》两份报告，提出，这类地区土地占有不集中，阶级分化不明显，阻碍生产力发展的主要不是阶级剥削，而是生产水平滞后、社会分工和交换不发达以及民族械斗、杀牲祭鬼等陋习；所以，景颇族以及类似景颇族的还处于原始社会末期的少数民族地区，可以不必重分土地和划分阶级，即不把土地改革作为一个专门阶段来进行，而是本着“团结、生产、进步”的方针，通过互助合作发展经济和文化，消除原始落后因素，完成某些环节的民主改革，直接向社会主义过渡。这一思路得到当时云南省政府副主席郭影秋、省委边委副书记王连芳的支持，并上报中央，得到刘少奇、邓小平、李维汉的肯定。然后就在全省范围内景颇、傈僳、独龙、怒、德昂、布朗、佤、基诺8个民族和部分拉祜、哈尼、瑶族中推行，取得良好效果。实行这一政策的地区被称为“直接过渡区”。实践证明，这一理论是非常成功的。它找到了民族地区社会经济发展滞后的症结，提出了实事求是的解决措施，减少了政权更迭中民族地区的社会震荡，从而使各有关民族平稳地向现代社会迈进，确实不愧为“卓有见识的建议”“云南民族工作具有重大意义的创举”和“成功范例”。（陈琪作《艰苦奉献的精神　求实的科学态度——记马曜同志从事民族工作二三事》，载于《马曜先生从事创作和学术研究五十周年纪念文集》）在西双版纳，他起草了《关于和平民主改革的报告》并被采纳。其次，他主持领导“民族问题五种丛书”云南编辑委员会的工作，出版民族简史16种，民族社会历史调查资料丛刊74种，共2475万字，完成一项历史性的文化工程。1978年，国家民委召集16个省区市民族部门开会，决定编辑、修订、出版“中国少数民族”“中国少数民族简史丛书”“中国少数民族语言简志丛书”“中国少数民族自治地方概况丛书”“中国少数民族社会历史调查资料丛刊”，简称“民族问题五种丛书”。1979年4月，云南省革命委员会批准成立云南省编委会，张子斋任主任，马曜为常务副主任。简史丛书和资料丛刊编纂过程中，马曜先生事必躬亲，一丝不苟，为这一民族研究里程碑的建立起了关键作用。他主编的《云南民族工作40年》全面描述了建国后40年里云南民族的历程，总结了民族工作的成功经验和失败教训。该书的撰写者都是云南民族工作的参与者和见证人，态度认真，因而写得严谨扎实，是同类著作中最有分量的一部。1996年获国家民委政策研究优秀成果奖。上述工作表明，中国民族学会评价马曜“对我国民族学研究的恢复和发展作出了重要贡献”（《中国民族学会致中国西南民族学会暨马曜教授从事学术活动五十周年纪念会函》，载于《马曜先生从事创作和学术活动五十周年纪念文集》），他是受之无愧的。

《马曜学术论著自选集》收入其代表性论文、序跋及骈散文等64篇，分为中国古史分期研究、民族史研究、云南民族源流研究、云南民族文化研究、民族学民族调查研究、云南民族问题与民族工作研究、骈文与散文7部分。各类文章都能显示作者的才学识，有见解，有心性，有规范。“庄蹻王滇”是云南历史中的大事件。1975年，马曜先生在《思想战线》上发表《庄蹻起义与开滇的历史功绩》一文，引起国内学术界的重视和讨论。这篇论文的基本观点是，《史记》称庄蹻为“将军”是错误的，楚只有一个庄蹻，其身份是奴隶；庄蹻入滇的路线是取道沅水，而非如司马迁所说溯长江到巴（今重庆），下夜郎再到滇池。楚有一庄蹻还是两庄蹻问题，学界争议很大。后来，马曜又发表《从〈史记〉本证论庄蹻非“楚庄王苗裔”和“楚国将军”》（1992）、《楚国只有一个庄蹻——与杨宽先生商榷》（1992）、《处于“防御”“自保”的楚国能远征吗——与方国瑜先生商榷之一》（1975）、《从庄蹻王滇到汉武帝设置益州郡》等论文，进一步讨论这一问题并使自己的观点完善、发展和丰富。诸葛亮平定南中是云南历史的又一重要问题，马曜发表《诸葛亮安定南中和团结少数民族的历史功绩》（《思想战线》1975年第3期；《历史研究》转载）、《诸葛亮南征路线考》（1993）加以讨论，认为诸葛亮南征路线是从会无（今四川会东）渡金沙江到堂狼县（今昭通巧家、曲靖会泽），与方国瑜之说有所不同［方国瑜先生1954年编写《云南民族史讲义》时认为诸葛从堂狼追击孟获入滇，1980年发表《诸葛亮南征路线考说》则改变前说，认为系从青蛉、弄栋（今云南大姚、姚安）入滇］。成都武侯祠致函马曜先生，请教这一问题的是非。自选集所收研究现实民族问题的论文很多发挥过直接社会作用。如其中《建国以来云南民族工作规律初探》一文对建国35年中云南民族工作的成功和失误作了理论总结，将其规律归纳为正确处理民族工作中“稳”和“进”的关系、对敌斗争中敌我矛盾和阶级矛盾的关系、民主改革前团结上层和发动群众的关系、民主改革中共性和个性的关系、社会改革中发展生产和改变生产关系的关系、民族问题和阶级问题的关系、发展经济和发展教育的关系、民族区域自制中党的领导和少数民族当家作主的关系等8对关系，观点精辟，总结全面。这部自选集集中了马曜先生平生学术精华，也将成为20世纪云南学术史上代表一个学术高度的纪念碑。

马曜先生是著名白族诗人。他出身于书香之家。父东初（1884—1946年），前清秀才，仕至县令，工于诗，有《抱霞轩集》。马曜幼承庭训，14岁能诗。负笈上海光华大学时从钱基博问学，诗才亦大进。30年代养疴庐山，与同光体大家陈三立交游，“无上法从散原授［王灿题诗］”，诗名隐隐起于江表。1948年，马曜在云大任教时，将历年所为诗编成《此湖精舍诗初集》，列入“云南大学文艺丛书”出版，收诗158题261首，熊庆来先生题签，罗庸、王灿、钱基博、徐嘉瑞、刘文典、阎毅诸先生序之。云南民族学院中文系主任蔡川右先生为之注，1992年以《此湖精舍诗注》为名由云南教育出版社重新印行。为序诸家，多为一代硕学而兼诗坛翘楚，对马曜其人其诗均赞不绝口。罗庸先生谓：“今观其诗，刻峭幽深，尤近昌谷；沈绵密丽，多类樊南。功力之深，同辈中所未有也。”钱基博先生云：“因才抒藻，不乏遒响。屈指滇西诗人，必归马君。”其中自然不免作序的礼貌，但马曜的为人与为诗，思想与才情，确实有令人由衷钦服者。他的诗，陶写性情，忧世伤时，模山范水，皆极精纯。季羡林先生称其为“鹤立鸡群”“造诣精湛深入化境之诗人”，（《季羡林致马曜函》，载于《马曜先生从事创作和学术研究五十周年纪念文集》）洵非虚誉。马曜先生又有《游此碧湖赋》，将瑰丽之景致与心中之情愫、一己之遭遇与时代之忧患铸为四六，情思深厚，体物浏亮，文字典雅，堪称现代滇人赋体绝作。诗赋创作最见才性和创造力，聪明机巧无所用其技。马曜在诗赋创作上的成就，足证他确实是现代滇人中罕见的才俊之士。

（载于《云南教育》，2001 年第 25 期）

（陈友康，云南省人大常委会委员，民进云南省委副主委，云南省社会主义学院教授、副院长）

心系民族文化血脉

——马曜先生与白族语言文字

王　锋

马曜先生是著名的白族革命家、教育家、社会活动家、学者和诗人。他的丰功伟绩，必将随着中国民族事业的繁荣昌盛而更显伟大，白族人民也因为有这样一位杰出的同胞而增添了无限荣光。

作为一位有着卓越思想和宽广眼界的学界领袖，马曜先生的学术旨趣是深远而博大的。在民族历史、民族文化、民族关系、民族政策、民族学等领域，马曜先生都筚路蓝缕，砥砺前行，作出了开拓性贡献，其学科开创和拓展之功早已得到学界公认，并产生了深远的社会影响。

但鲜为人知的是，在社会关注度不高的白族语言文字方面，马曜先生也有卓越贡献。他既是新中国白族语言文字工作的见证者，又有深入而系统的学术研究和思考，他的很多观点是富有远见卓识的。由于白族有着悠久的双语、双文化传统，白族历代知识分子往往重视汉语、汉文化，漠视甚至歧视本民族的语言和文化，对白族语言文字大多采取不闻不问的态度，因此，马曜先生对白族语言文字的指导和思考是极其可贵的。语言对于民族文化发展的基础性意义现已成为世界共识，马曜先生关于白族语言文字的一系列重要观点，对新时期的白族文化发展具有积极的指导意义，对我个人的学术研究至今仍有重要启迪。

白族有自己的民族语言——白语。众所周知，语言是民族的重要标志和特征，是一个民族社会交际、传承文化、认知世界的最重要的符号系统。当前，语言是一个民族最重要的文化资源、信息资源的认识已经深入人心。除了以上共有的价值和属性之外，白语还是白族民族认同的重要标记，白族民间通常用“说白（语）”“说汉（语）”区分白族和汉族。因此，白族语言既是白族文化发展的血脉，又是白族实现民族认同的纽带和重要标志，白语在白族社会、历史和文化发展中的基础性地位是值得白族社会各界特别是知识阶层充分认识的。白族有自己的民族文字——古白文和新白文（即拼音白文）。古白文又叫僰文，是在汉字基础上发展而成的，它形成于南诏中后期，已经有一千多年之历史。虽然没有发展成规范的民族文字，但古白文至今仍在白族民间流传使用，对白族文化的传承和发展起了重要的作用。新白文（拼音白文）是在新中国成立后，在党和政府关心下，于 1958 年创制的一种科学、规范、简明的拼音文字，也是云南省正式认定的 22 种规范民族文字之一。拼音白文的创制和推行是白族文化发展的一个重大契机。

作为新中国成立以来白族文化发展的重要领军人物，马曜先生对白族语言文字特别是拼音白文的认识经历了一个不断深化和发展的过程，这一过程，集中体现了马曜先生的远见卓识以及光明磊落的高尚情操。

新中国成立以后，党和国家对没有通用传统文字的少数民族予以政策关怀，派出专家学者为各民族创制文字。在 1956 年大理白族自治州成立大会上，费孝通先生代表中央政府致辞，他指出："以白族来说，广大群众至今还没有和自己语言相适应的文字。……解放以来，白族语言虽开始有了研究，白族的历史文物虽开始有了注意，但是和社会经济的发展，和白族文化需要是很不相称的。"1958 年，白族拼音文字创制成功，并提交全国少数民族语言文字科学讨论会通过。但由于特定的历史条件，加上白族有悠久的汉语文教育传统，民族内部特别是大理州对民族文字的认识不完全统一，导致拼音白文的推广遇到极大的困难。马曜先生对此有深刻的认识和反省。早在 1991 年，他就说："关于创制白族文字的问题，建国初期我们白族干部、知识分子有争论，意见不统一，我作为白族的老一点的知识分子也曾发表过个人意见。现在看来，我 20 世纪 50 年代的认识是不够的，可以说，对创制白文的重要意义认识不足吧！"在 1993 年召开的云南省白族语言文字科学讨论会上，他说："当时讨论白文时，白族的部分知识分子（包括我在内）认为白族使用汉文已一千多年了，像现在大理市太和村的南诏碑的文章依然漂亮，而且白族的进士、举人、翰林多得很呢。解放前，周钟岳、赵藩、赵星海、张伯简，等等，知识分子很多，都认为白族不需要学白文了，当时我是从这个动机出发的。……所以当时，一部分白族知识分子，他们有点文化，就不了解实际情况，就认为其他民族是需要文字的，白族不需要了，这可能是一个原因，一条教训。"在这里，马曜先生深刻剖析了包括自己在内的白族知识分子在特定历史阶段对于民族语言文字认识的局限性，并进行了自我批评，这丝毫无损于马曜先生的学问人品，反而彰显了其人格精神的伟大。

基于对民族语言文字认识的深化，马曜先生对古白文（即方块白文）和拼音白文的价值和作用也进行了深刻的分析。在《论白文的夭折对白族文化的影响》一文中，马曜先生对古白文的历史发展进行了准确的描述，精辟地指出明代白文碑刻在白文的面貌上已经发生了较大的变化，已经不是大理国时期白文的原貌了。众所周知，由于明代以来汉族移民的加速融入以及汉文化的快速传播，明代的白语吸收了大量的汉语成分，因此，尽管大理国以来白文的制字规律仍然一脉相承，但因为白语自身的发展变化，白文的面貌也发生了改变。由于南诏、大理国以来都没有对古白文进行规范和推广，古白文一直以来都只作为“土俗字”在白族民间流传使用，未能发展成为全民族通用的文字，这是白族文化发展的重大损失。在谈到拼音白文的作用时，他指出：“目前白文起了三个作用：一是扫盲，通过白语文这个‘拐棍’使白族更好地学习汉语，甚至是英语；二是记录，抢救白族人民宝贵的文化遗产；三是现在农村里很多不懂汉语的人，掌握白文后，可以书写一些自己所需要的东西。当然白族要向更高（层次）发展，那是以后的事。但是白文这三个最起码的作用是不能抹煞的，是非常重要的，所以我觉得应该先解决这三个问题，千里之行，始于足下。”马曜先生基于他对民族文化的深厚学养和深沉挚爱，对古白文和拼音白文形式和作用的认识是十分中肯的。

对于语言文字工作而言，基础方言和标准音的选定意义深远。如果基础方言和标准音选择正确，则民族语言文字工作就会事半功倍；反之，则不仅语言文字工作困难重重，甚至会造成民族内部的不团结乃至隔阂。1982年版《白族文字方案》把剑川白语确定为基础方言，把剑川金华话确定为标准音。对此，马曜先生以一个民族赤子的胸怀表示支持，期待“在剑川总结白文工作经验，以便将来在整个大理州推广”。但另一方面，他又基于实事求是的学术态度以及对白族地区语言情况的丰富认知，认为“虽然白语的方言没有彝语那么复杂，但还是有一定差别的”，“如果把以剑川方言为基础方言、以金华镇语音为标准音点而设计的白文方案，拿到大理去推广，困难就大了”。他主张“为了让白文在更大范围内用于双语教学、开展农村扫盲，搜集、记录和整理民间宝贵的白族文学作品，用于弘扬民族文化，就应该在全州推广使用在全州都行得通的白语”。因此，马曜先生提出了宝贵的工作建议。他说：“为了在全州范围内顺利推行白文，我建议，在剑川推行白汉双语教学和白文扫盲的基础上，可以选择南部方言区洱源县的右所为标准音点。因为右所是大理州的一个比较大的市场，来赶右所街的有大理人、剑川人、鹤庆人，也有从云龙方向来的人，各方面的白族都汇集在右所做买卖，各地的白语在右所汇集、交流。右所白族话，不论是大理喜洲白族，还是云龙、鹤庆等县的白族，都基本上能听懂。所以以右所话为标准音点是有基础的，右所白语有条件可以在全州推广。”马曜先生提出把洱源白语作为白语标准音的建议，不是因为他自己是洱源人，而是因为洱源白语在全州范围内有更高的通解度。这个意见是非常重要的，也是符合客观实际的。按照方言学的理论，可以知道一个语言的不同方言往往在地理上构成一个链条或连续体，称为“方言链”。位于方言链中心区域的方言更容易被周围的方言所了解，而方言链两端的方言相互理解的程度则最低。白语的剑川话和大理话，正好处于方言链的两端，因此差异相对较大，通话也存在一些困难，而位于中心区域的洱源白语，则最容易被其他各县的白族群众听懂，而洱源白族群众也普遍能听懂其他各县的白语。世界少数民族语文研究院（SIL）和云南省民语委联合进行的“白语方言通解度研究”课题，通过科学、客观的录音测试和分析，表明洱源话在白语各方言中具有较高的通解度，这一研究成果充分证明了马曜先生的观点和建议是正确的。

1993 年在昆明召开的白族语言文字问题科学讨论会，在吸取尹俊主任、马曜先生等领导、专家指示、建议的基础上，同时又总结了白语文工作的实践经验，最终确定了剑川方言、大理方言并列为基础方言，剑川金华镇话、大理喜洲话并列为标准音的白族文字方案。这是一个客观认识白语方言差异，同时又有利于促进民族内部团结的方案，但它和马曜先生提出的在整个大理州推广使用一个全州统一标准音的设想相比，还有一定距离。但令人感动的是，作为白族的学界领袖，马曜先生服从工作大局，不把自己的意见凌驾于其他学者专家之上，而是为新方案的成功修订而衷心喜悦。他说：“现在这个方案，我认为是好的。……它的第一个优点是正确对待了民族的方言。第二点，是充分肯定了 1982 年方案，是经过实践证明可行的。第三个优点是考虑到了南部方言，考虑到了大理是白族政治、经济和文化中心，而且人数最多，现在一个方案拼二种方言（中部、南部）。总之，此方案照顾了方言特点，又肯定了剑川试行效果，还用一套方案拼两种方言，是比较全面的，我表示赞成。”马曜先生以民族大义为重、以民族整体利益为重的赤子情怀，超越了朴素的地域、家乡和母语情感，在白族语言文字事业中发挥了重要的模范引领作用。

白族语言文字事业的先驱徐琳、赵衍荪等老一辈学人，与马曜先生保持着密切的情谊。在很长时间内，白族语言文字工作没有得到白族社会各界的充分认知和关注，面临极大困难和阻力，在一些特定的历史阶段还受到排挤、打击，以及来自于本民族内部的非议和责难，甚至被扣上“开历史倒车”的帽子。在那些困难的年代，马曜先生给予徐琳、赵衍荪等先生以最大的支持，使得白语文事业顶住了重重压力并迎来新的发展。

作为从事民族语言文字工作的后辈，我个人没有太多的机缘向马曜先生请教。但是最重要的也是唯一的一次拜访坚定了我投身民族语言文字事业的信心。1993年，我在中央民族大学攻读硕士学位。在导师张公瑾教授的支持下，我初步考虑对白族的汉字型古白文进行研究。张公瑾教授和马曜先生有着长期的交往。1995 年暑假我回云南调研之际，张公瑾教授写了推荐信，让我去云南民族学院拜访马曜先生，请他予以指导。在莲花池畔云南民族学院宿舍区的家里，马曜先生接待了我。知道我是一个来自大理的白族研究生，正计划写白族语言文字的论文，他十分高兴，给我讲解了他对白族古文字的认识，特别是古白文在白族文化发展中的作用，大概讲了一节课的时间，让我基本明确了古白文调研的思路和目标。后来我的调研很成功，硕士论文《白族汉字型古文字的历史发展和文化属性》不仅顺利完成，还为我今后的汉字圈民族文字研究开启了一扇学术之门。

回想 1995 年那次拜访，一位享誉海内外的学界领袖、名誉校长，在家里接待一个未出茅庐的小研究生，并细致认真地进行指导，实在是无比珍贵的学术机缘。事实上这也是我此生唯一一次和马曜先生见面。只是当时自己过于年轻，毛头毛脑，并没有觉得机会之珍贵、机缘之难得，只是觉得这位老校长宛如一位老家大理的白族老者，朴素优雅、和蔼可亲，说着和我一样带白族口音的汉话，把白族语言文化娓娓道来，令人如沐春风，以至于竟然没有想起请马曜先生写几个鼓励的字，抑或是拍一张合影照片。现在马曜先生离开我们已经十多年了，但他对白族语言文字的厚爱和期许，以及对青年一代白语文学生的关心和鼓励，却一直长留心底，让我深感温暖。虽然没有留下一张照片，但马曜先生的形象却清晰地印在我的脑海；虽然没有留下先生的片言只字，但他关于民族语言文字的教诲却铭刻于心，永远激励着我们继续前进。

永远怀念马曜先生。如先生所愿，白族语言文字事业正在迎来一个新的时代。

2018 年 9 月

（王锋，中国社会科学院民族学与人类学研究所研究员）

略谈马曜教授对大理白族文化的贡献

张锡禄

2006年春节刚刚过去，我接到了云南民族大学来的电话，称马曜先生已经于2月6日上午去世。我心中十分难过。之后，我发手机短信把这一不幸的消息转告给了相关的朋友们。在悲痛中我大略回想了马老对南诏大理史及白族文化的贡献，写下此文以寄托哀思。

一、揭示了滇文化与大理白族文化的渊源关系

近50多年来，云南考古学方面有一项引起国内国外注意的发现，这就是古滇国的青铜文化的考古和发掘。以晋宁石寨山、江川李家山为代表的古墓群发掘出几千件器物，其中有黄金质地的“滇王之印”，证明了这是古滇国文化的遗存。考古学家做了大量的、精细的工作，使人们能够清楚看见这批稀世之珍宝。但我们不仅要知其然，而且要知其所以然。关于古滇文化的起源、形成、发展和影响，国内外的专家学者们有种种不同的观点。1995年马曜教授根据历史记载和民族学的考察揭示了滇文化与大理白族文化的渊源关系。

他在新著《论大理文化》一文中指出：滇文化的源头在大理洱海地区，具体说在剑川海门口。这是有科学依据的，因为剑川海门口是我省早期的青铜文化遗址，经放射性碳素测定该遗址距今已有3100多年的历史。它的发现把云南青铜文化的历史向前推到了殷周之际，它标志着洱海地区由原始社会开始跨进了阶级社会的大门。

马曜更为明白地指出：“我们把距今4000年的白羊村新石器文化和距今3100年的海门口文化初期的居民，称之为‘洱滨人’，他们创造了云南最早的新石器文化和青铜文化，是最先生长于洱海地区的白族先民。”这里马老在学术界第一次提出了白族先民为三四千年前的“洱滨人”的概念。应该说这是马老在晚年对大理白族的起源问题历经40多年的进一步思考后得出的新的结论。大家知道，在45年前，

即1956年，在关于“云南白族的起源和形成”的大讨论中，马曜教授发表过《试论白族源出汉代洱海区的昆明人》的论文。其中有“彝族开拓了滇池区的古代文化，白族则创造和发展了洱海区文化”的提法。

现在马曜认为：楚雄万家坝和祥云大波那青铜文化是滇文化的发展，而晋宁石寨山青铜文化是滇文化的成熟与衰落，延绵一千年之久，主要分布于以滇池、洱海为中心的云南内地腹心平坝地区。换言之，古滇国文化区域不仅包括滇池区域还包括洱海区域。这对于我们研究大理白族文化的人有很大的教育和启迪，因为长期以来，我们的眼光很狭窄，两眼只盯住洱海地区不放，不像马老站得高，看得远，高瞻远瞩，有大史学家的风范。

二、研究南诏大理文化的新视角

马曜教授在他从事学术活动的几十年生涯中，撰写过很多有关南诏大理历史与白族文化的论文，我们读他的著作，有一个强烈的感受，这就是他的视角常常是很新的。

早在20世纪50年代，在大家从文献、文物考古、语言文字诸方面对白族的起源、形成展开热烈讨论的时候，为纪念大理白族自治州成立，他写了一篇《白族对祖国文化的贡献》的论文，从古代洱海区社会经济发展和白族的正式形成，从南诏大理国时期白族农业、手工业的发展以及城市的修筑，从白族在文学、音乐、绘画、雕刻方面的成就，从白族善于吸收和融合其他民族的文化而创造出自己的民族文化，从沟通了东南亚、南亚各国与祖国的文化交流和友好关系等方面来阐述自己的观点，既参加了讨论，又站在更高的角度上回答了讨论题。这篇文章我常读常新。我是立志终生研究南诏大理史与白族文化的人，白族对祖国文化有哪些贡献？今后白族对祖国文化还要作些什么贡献？这将是我毕生研究的重大课题。

到90年代，马老关于南诏大理文化的研究的一些视角仍然是很新的。如在新作《论大理文化》中他站在时代的前沿提出并回答了“大理文明的文化生态环境”的问题。大家知道所谓“文化生态环境”是当前我国学术界一个崭新的课题，时年已80多的马老不仅注意到而且作了研究，有了新的视点。他讨论大理文化时总是把它放在全省、全国乃至东南亚的大背景下来考虑、来探索。所以得出大理文明的东渐与滇文化的形成是有必然的联系的结论。从不同文化相互影响的角度，他指出在汉晋时期，“汉文化东来，爨文化西移”，汉爨两种文化给大理文化以极大的影响。在论及唐代南诏时期的白蛮文化时，他注意到初期的“白子国”问题和近年来一些有关的新资料，如藏于台湾故宫博物院的《大理国张胜温画卷》和日本国有邻博物馆的《南诏中兴二年图传》和《文字卷》，并运用这些文物对他研究过的一些问题找出了更新更全面的解释。他的新作《白族异源同流说》就是这方面的代表作，表现出了一位不断完善自己，不断推陈出新的学问大家的风范，为我们树立了一个榜样。这是值得我们后辈永远学习的。

三、关心白族历史文化的研究

马老身在昆明，却时常心系着家乡白族历史文化的研究工作。远的不说，1974年，他任云南大学的理论刊物《思想战线》的主编，在创刊初期，曾带着编辑部一些同志到大理州开座谈会，我就是在会上认识马老的。他在会上会下鼓励我们进行白族历史文化的研究。

国家民族事务委会员组织编写“民族问题五种丛书”的任务下达后，马老成为全云南省的负责人之一。在统筹全面工作的同时，马老为《白族简史》和《白族社会历史调查》的工作真是操碎了心。从组织人员到书稿定稿到印刷出版，他经常给我们写信，打电话。可以说，没有他和其他同仁的努力，任务是完不成的。

后来，昆明一些文化界人士发起编“大理丛书”，也得到马老大力支持。该套丛书编辑过程中，困难重重，在每一个关键时刻，只要找到马老，他总是有求必应。

由于马老是云南教育界乃至国内外知名的德高望重的老领导、教育家、专家学者，大家都喜欢向他求教。他对好学上进的年轻人总是给予支持和鼓励。我们在研究中有难题，只要问到他，他总是耐心细致地给予解答。年青人研究论著要出版，请马老指教，马老只要有时间，他一定会认认真真地审读。有些要请写序，只要有条件，马老总是乐而为之。我粗略统计了一下，近20多年来，他为年青学子的著作写的序就有10多篇。10多年后，这些人成了得力的人才。

就这样，马老培养、支持、推荐了一大批大理的青年学子登上了学术论坛，为国家为家乡培养了一批批人才，马老的事业青春常在，马老的精神长存！

2006年4月

（张锡禄，大理大学教授）

"直接过渡"的方针政策（摘录）

王连芳

对处于原始社会向阶级社会过渡过程中的景颇、佤、傈僳、布朗、基诺、怒、独龙和分布在边疆的苗、瑶、拉祜等民族约60万人口的地区，中共云南省委根据中央的精神，经过调查研究，肯定这类民族地区的主要矛盾不是阶级问题，而是民族的贫困、落后的问题，决定这类地区不必再把土地改革当作一个运动来进行，而是团结一切劳动人民，团结和改造一切与群众有联系的公众领袖人物，在国家的大力帮助下，通过生产和多步骤的改革，直接向社会主义过渡。

中共云南省委的这个决定是经过多年探索而确定的。根据这类地区的特殊情况，1952年，省委即提出"团结、生产、进步"的方针。1953年6月，省委派省委边疆工作委员会研究室主任马曜到潞西县（今德宏芒市）遮放景颇族聚居的山区调查研究，他结合省第一民族工作队二大队在瑞丽、陇川景颇族地区的实践，首先提出景颇族地区土地占有不集中，土地基本保持村社公有私耕制度，私有观念不强，山官的剥削还未达到阻碍生产力发展的程度，阻碍景颇族生产力发展的主要不是阶级剥削，而是生产水平滞后，以及社会分工和交换不发达，陈规陋习等原始落后因素。同年9月，正在保山地区调查研究的省人民政府副主席郭影秋、省委边疆工作委员会副书记王连芳听了马曜的汇报，同意这一意见。……因而，省委讨论后，决定这类阶级分化不明显的民族地区不必再把土地改革作为一个专门阶段进行，而是通过互助合作，发展经济文化，取消某些剥削制度，逐步向社会主义过渡。

省委确定的这个方针需要得到中央的批准。1954年上半年，王连芳同志受省委指派，向中央汇报了"和平协商土地改革的方案"和"直接过渡"的意见。刘少奇、邓小平同意云南省委的意见。李维汉同志据此还特别指出，要处理好"一步走和千百步走"的关系，只有一步一步地进行许多艰苦的工作，才能使直接向社会主义过渡获得预期的成功。

1954 年 6 月，中共云南省委《关于边疆民族地区有区别、有计划地开展过渡时期总路线宣传的指示》中即明确指示："在阶级分化不明显的落后民族中（如傈僳、景颇族等），可通过适当形式公开说明不进行内部的土地改革。"

（载于王连芳主编《云南民族工作的实践和理论探讨》，云南人民出版社 1995 年版，第 213－214 页）

（王连芳，云南省人大常务委员会原副主任）

马曜同志与中缅勘界工作

张　馥

中缅边界在1900年前后，曾经由清朝政府与当时统治缅甸的英国政府划定过。但是在北段的傈僳族地区和南段的佤族地区，由于当地的少数民族同胞不愿划归英缅政府管辖，甚至进行过武装反抗。当时，全国一些大城市人民还进行了示威抗议声援，清朝政府不敢贸然决定，遂形成了中缅北段未定界和南段未定界的悬案。抗日战争期间，国民党政府急需修通滇缅公路求得外援，曾与英国政府进行过边界谈判，把勐卯三角地以每年2000卢比的租金永远租给英缅政府。在南段未定界佤族地区，拟划一条“一九四一年线”，把曾经武装抗击英军入侵的班老等部落划在境外，后因日军侵占缅甸，这条界线未最后划定。

新中国成立后，我国政府坚持和平共处五项原则，与周边邻国友好相处。20世纪50年代末，为了打破国际反动势力的包围和封锁，使中缅边界成为一条和平友好的边界，中缅勘界工作摆上了日程。经过认真的准备，中缅双方于1961年正式联合进行勘察定界工作，本着友好协商、互谅互让的精神，签订了中缅边界条约及议定书，把北段未定界的片马、古浪、岗房地区和南段未定界的班老部落等地划还中国，并对某些不合理的地段进行了局部调整，对长达2300多公里的中缅边界全面勘察定界，树立了永久性界桩。

整个中缅勘界工作是在中央直接领导及周恩来总理亲自主持下进行的。中方边界谈判代表团团长是外交部亚洲司司长、前中国驻缅大使姚仲明同志。为了完成复杂而艰巨的勘界任务，1960年省委成立了由省委书记处书记、副省长刘明辉同志任组长，昆明军区副司令员鲁瑞林同志任副组长的中缅边界问题领导小组，下设办公室，由中方代表团成员、云南省军区副司令员丁荣昌同志兼任主任，马曜同志任常务副主任，主持日常工作，负责具体组织贯彻落实中央的有关方针，执行中缅双方代表团达成的协议，保证完成勘察定界工作的各项任务。

勘界工作政策性很强，责任重大，战线很长，包罗万象。涉及界务的谈判和具体划定、天文点测定和地图绘制、电台通讯、后勤保障、警卫部队等许多问题。在2000多公里的中缅边界线上，双方有4个勘察队和数十个勘察组同时作业。每个勘察队组要配备各种专业人员以及翻译和医生，要配置管理各种设备、车辆以及民工、马匹。联合勘察工作总的原则是双方勘察人员各自上界，到指定地点会合后分段作业。但由于政治的和地理的原因，有的地段是缅方人员通过我境上界，个别地段也有我方人员通过缅境上界。这就增加了许多特殊的组织工作和接待工作。如缅方人员通过我境上界，我方负责物资供应，对方提出了许多特殊要求；我方人员通过缅境上界，由于不习惯缅方供应的军用罐头食品，出现了营养不良性水肿和夜盲症。这些问题都要及时认真加以解决。马曜同志凭借着对党的事业高度负责的精神，丰富的学识、经验和领导才能，以及对边疆民族情况的熟悉和深入了解，把办公室工作组织得有条不紊，从而保证了勘界工作的顺利进行和如期圆满完成。

面对复杂而艰巨的勘界工作任务，马曜同志始终坚持了党的从实际出发、实事求是的优良传统，使许多复杂的特殊问题顺利得到解决。如勘界时正处在我国经济困难时期，工作人员的粮食定量是每人每月25斤，还要节约支援灾情严重的兄弟省。而勘界人员每天跋涉于崇山峻岭之中，风餐露宿，栉风沐雨，工作任务十分繁重，生活条件异常艰苦。根据这个实际，报请省委特别批准，做到每个勘察队员每天保证供应一斤半粮食、二两肉、一两油，供不上鲜肉，腌腊肉也要保证，从而使勘察队员保持了充沛的体力和旺盛的斗志，坚持完成任务。又如，根据双方达成的协议，联合勘察后就在边界线上树立数百个永久性的水泥界桩，有大中小三种规格。在五华山做出样品后，每个界桩小的重达上百公斤，大的则重数百公斤。要把这样的界桩搬运到人迹罕至的边疆山巅沟壑勘界点上，没有公路，马不能驮，人不能背，极端困难。经过研究，决定按照设计规格，做成木模，勘察组只需带模板和水泥到现场浇灌制作，从而解决了这个难题。再如，勘察北段未定界北端的萨拉山口界桩点，海拔在4500米以上，从贡山县城出发，要走24天，沿途都是悬崖峭壁。每人如果背运50斤食品，扣除自己来回食用掉48斤，只能在目的地留下两斤；要保证勘察队人员及警卫部队的食物及物资供应差不多要动员贡山全县一半以上的劳动力当民工参加背运。有的领导同志提出能否买牛羊，一路走一路宰杀食用，以减少物资运量。经向在怒江工作的同志了解，沿怒江上游行走，连人都要手脚并用攀岩爬壁，牲口根本不能行走。最后是报请中央批准，由总参谋部选调最有经验的驾驶员实行飞机空投。即使这样，在贡山四区也只找到一块不到500平方米的斜坡地作为空投场，每天上午9时至11时，在雾气尚未弥漫时，飞机从保山起飞，循怒江北上，在源头开阔处空投。飞机在山腰间飞行，由于受风向及飞机惯性的影响，空投物资有60%坠落在深山峡谷之中，回收率只达40%。但总是想尽一切办法，克服种种困难，千方百计保证了勘界任务的完成。

马曜同志作为一位老党员、老同志，作风简朴，谦虚谨慎，对工作极端负责，一丝不苟，对同志十分尊重，平易近人，诲人不倦。当时我在办公室下属的秘书组，在马曜同志直接领导下工作。平时处理日常工作和来往文电，原则确定后，他总是放手让我们积极大胆工作。遇到重要文件的起草，他又总是亲自动手逐字逐句修改审定。记得联合上界勘察工作进行过半时，双方代表团达成协议，委托中方起草一个联合向两国总理报告勘界工作的文件。一天晚饭后，马曜同志叫我带着草稿到五华山光复楼办公室一道修改。从七点钟开始，逐段逐句，字斟句酌，认真修改，精雕细刻，既如实反映双方联合勘察工作的实际，又使文章的用词造句准确、明晰、生动、简练。稿子改完后，马曜同志抬头问我："今天星期几?"我回答："星期六。"他说："应该放你的假了，赶快回家吧。"一看手表，已是深夜三点钟。可见马曜同志对工作多么认真，简直到了废寝忘食的地步。马曜同志比我年长20余岁，既是长辈，又是上级；既是良师，又是益友。我在他领导下工作，既是工作，又是学习，与他相处十分融洽。与马曜同志在省委中缅边界问题领导小组办公室一年多的共事中，受益匪浅，终生难忘。时间已经过去了35年，我深深怀念着那一段深厚的同志情谊。

1996年5月4日

（张馥，中国共产主义青年团云南省委原书记）

马老与“民族问题五种丛书”

朱德普

1978 年 12 月至 1979 年 1 月，国家民族事务委员会召集全国 16 个省（自治区、直辖市）民族部门开会，决定编辑、修订、出版“民族问题五种丛书”。从 1979 至 1992 年历时 14 年，共出版《中国少数民族》、“中国少数民族简史丛书”“中国少数民族语言简志丛书”“中国少数民族自治地方概况丛书”“中国少数民族社会历史调查资料丛刊”计 403 册，总字数 7929. 5 万字。“民族问题五种丛书”的问世，系统地介绍了中国少数民族的历史和现状，是我国民族工作中一项极其重要的文化基本建设，是民族研究工作的一个里程碑。云南在出版的“民族问题五种丛书”中占了很大比重，由省民族问题五种丛书编委会组织、编辑的“民族简史”16 本，“资料丛刊”74 本，合计 90 本，总字数达 2475 万字，另由省民委“概况丛书”编委会领导编写、出版的“自治地方概况”35 本不计在内，就接近全国五种丛书总字数的三分之一。马曜教授具体领导完成了出版这套大型综合丛书的工程。

1979 年 4 月，经云南省革委会批准，组成了由张子斋兼任主任，共 38 名委员的“民族问题五种丛书”云南省编委会，副主任有王连芳、吴玉才、侯方岳、马曜（常务）、董子健。编委会办公室挂靠在马老担任院长的云南民族学院（今云南民族大学）。马老亲自主持组织了彝、白、哈尼、傣、纳西、佤、景颇、傈僳、布朗、拉祜、德昂、阿昌、普米、怒、基诺、独龙共 16 个民族“简史”的编写组，并一一作出具体规划。在编写、审订书稿过程中，马老始终坚持把书稿质量放在第一位，力求达到政治性与科学性统一、观点与材料统一。凡属于政治性、政策性以及涉外等问题，都一再强调要按党的政策统一认识，要求作者和有关人员送请有关部门审阅。在学术观点遇有分歧的问题时，马老反对搞“一言堂”，每本书稿都要请有关方面专家和领导审阅，每本简史都尽可能要取得本民族干部的同意，慎重处理。在编写《白族简史》进程中，由于有关白族族源等问题争议较多，马老于 1986 年 11 月在大理市主持召开了《白族简史》审稿座谈会，听取了各方面的意见，一致同意以“白皮书”为基础进行修改，对有争议的白族族源等问题，取得了要尊重编写人意见的共识。1987 年 10 月，又在昆明市召开了第二次审稿座谈会，充分听取了白族学者张旭、杨永新、李一夫等同志的意见，经过 4 天充分讨论，达成下述共识：现在出版的《白族简史》，既是 1963 年内部刊印的《白族简史简志合编》（即“白皮书”）的继续，又是它的发展，它把白族古代史放在和祖国历史不可分割的云南全省历史发展总体中加以考察，是一个进步。对编写《彝族简史》《拉祜族简史》《傈僳族简史》《独龙族简史》《怒族简史》《佤族简史》《普米族简史》《基诺族简史》等书的作者，马老亲自批给经费，商请作者去这些民族聚居区补充、核实资料，或召开审稿座谈会。有的作者虽远在京广等地，也一再敦请他们来昆明修改书稿。1981 年《德昂族简史》的作者到德昂族主要聚居区征求书稿意见时，不仅吸收大量资料丰富了书稿内容，并且听取和转报了德昂族干部和群众不喜欢沿用“崩龙”这个含有侮辱和歧视性的旧称，希望用自称“德昂”的意见；后来，经国家民委报请国务院批准于 1985 年 9 月正式更名为“德昂”。1985 年初，为了《佤族简史》尽快出版，马老在审稿过程中，还亲身前往佤族聚居的西盟、沧源和耿马等县，征求和听取了佤族干部和当地领导对书稿的意见。

与此同时，对 20 世纪 50 年代从中央到地方各级党政机关多次组织力量在我省少数民族地区进行社会调查积累的近一亿字的原始资料，马老亲自规划，调集与组织人员先后编辑出版了各民族社会历史调查资料达 74 种。张养吾先生在《“民族问题五种丛书”编辑、出版工作的总结报告》中曾经指出：“通过编辑、出版‘五种丛书’培养和造就了大批民族科研人才，壮大了民族科研队伍。”对此，笔者感受尤为深刻。省“五种丛书”办公室成立之初，正是我多年受难落实政策之际，由于 50 年代我参加过西双版纳傣族社会调查并整理过若干原始资料，所以马老多次设法向有关部门商调，要我参加“调查资料丛刊”的编辑工作。1981 年又派出专人前往西双版纳借调我上昆明。后来，为使我安心工作，马老为我亲自奔走调回昆明的手续，终于使我不仅重新回到年轻时曾经工作过的云南民族学院，而且在马老的谆谆教诲下，促成年届半百的我鼓起勇气撞进科研之门。

我有幸在“五种丛书”办公室工作多年，深感马老在工作生活中没有丝毫架子，具有待人宽容、平易可亲的长者美德。工作中偶有失误，马老总是首先承担责任为下属解忧。遇到他人有困难，马老每每乐于相助。在 10 多年的编写、出版“民族问题五种丛书”过程中，人际之间曾有过好多次抵牾，甚至酿成纠纷。马老总是本着坚持真理、顾全大局、维护团结的愿望，说服教育大家以和为贵，以事业为重。所有这些，给我留下深刻印象。马老之德业实为人之师表！

1996 年 6 月

（朱德普，云南省民族研究所副研究员）

马曜与《云南民族工作四十年》

刘介农

在古往今来的人生舞台上，有些人在不同的岗位上辛勤劳动，努力工作，通过自己的社会实践，对社会进步和人民福利有所贡献，就不是虚度一生；有些人潜心于学术研究，著书立说，通过自己的学术活动，对某些领域的知识开拓和文化传承有所裨益，同样是很有价值的。由于一个人的时间、精力和环境条件都有其客观限制，要在以上两个方面都有较大成就是很困难的，就多数人而言，往往是二者不可得兼。而马曜同志勇于实践，善于研究，勤于笔耕，能把岗位本职工作与学术研究结合起来，在两个方面都有贡献，有成果，是很难能可贵的。

我在边疆民族地区的实际工作中，与马曜同志有些亲身接触，在他主编《云南民族工作四十年》这套书时，也曾局部参与。所以本文的记述有两层意思：一是想说说他长期从事云南民族工作的实践与贡献；二是想讲一讲他主编《云南民族工作四十年》的目的和态度。由于马曜同志的年龄、资历、造诣都属于自己的师长一辈，我与他的接触只是一些片断，所以本文记述之事不是他社会实践和学术活动的全部，只是我所知所见的一鳞半爪。先说他在云南民族工作中的实践与贡献。建国初期，马曜同志是中共云南省委民族工作五人小组的成员。1950 年 12 月，他参与筹建云南省民族事务委员会，任副秘书长，开始组织对少数民族的调查研究。1951 年，参与筹建云南民族学院（今云南民族大学），任副教育长。1952 年，任中共云南省委第一民族工作队副总队长、保山边疆地区民族工作队大队长，带领大批民族工作队员到国境前沿的潞西（今德宏芒市）、陇川一带，布置工作基点。在境内外匪特袭扰、社会情况极为复杂的情况下，由点到面地开辟民族工作。1953 年，任中共云南省委边疆工作委员会研究室主任、边疆处处长，继续深入边疆民族地区调查研究，并长期成为省委边委文件的主要起草人。当时的调查研究是为上级领导机关制定边疆民族地区的特殊政策服务的。正如毛泽东同志强调的那样，调查是“十月怀胎”，解决问题是“一朝分娩”，调查就是解决问题。无论是20世纪50年代在民族地区进行多种形式的民主改革，或是60年代在边疆民族地区调整所有制，都是在深入调查研究的基础上形成一系列的特殊政策而取得成功的。在这个长过程中，马曜同志亲自参与的调查研究，是卓有成效和有独特贡献的。

就我当时工作所在的保山地区（今保山市）和德宏州而言，马曜同志做的两件事特别值得重视和肯定：一是争取民族宗教上层人士司拉山回国；二是首先提出对社会形态还处于原始公社末期的景颇族及其类似地区实行向社会主义直接过渡的建议。

1952年7月10日，陇川县副县长、景颇族宗教领袖司拉山因听说“政府干部不准传教”而外出缅甸，对景颇族地区震动很大。当时，中共陇川工委遵照中共中央、西南局和省委“对司拉山采取坚决争取回来的方针”，由当时省民族工作队第二大队队长马曜同志住拱山（司拉山教区总部），具体负责争取司拉山的工作。他们通过景颇族上层人士写信传话，着重说明党的宗教信仰自由政策不变；搞不搞“三自”革新运动由本民族教徒自行决定；对政府干部不准传教问题不作硬性规定。同时在教徒中也配合做一些工作。到7月底，终于把司拉山争取回来，对景颇族地区的稳定起了很好的作用。（司拉山后来曾任省政协副主席）

1953年8月，作为中共云南省委边疆工作委员会研究室主任的马曜同志又受省委派遣，率领一个工作组到潞西县遮放区西山景颇族聚居区调查考察，主要研究景颇族和类似的边疆少数民族地区如何向社会主义过渡的问题。此次调研历时40天，共调查了40个寨子的社会、经济状况和一大批农户的生产生活状况，掌握了大量的第一手材料。在调研过程中，马曜同志将在当时当地了解的情况和省民族工作队第二大队1952年在陇川、瑞丽景颇族地区的群众工作实践结合起来，给保山地委写了《从遮放西山区的情况看景颇、崩龙（德昂）等族地区的生产问题》的报告，反映景颇族内部土地占有不集中，阶级分化不明显，基本上保持村社土地公有私耕制度，并第一次提出阻碍景颇族生产力发展的主要不是阶级剥削，而是社会发展和生产水平滞后，社会分工和交换不发达，以及平均主义观念严重、杀牲祭鬼等陈规陋习形成的原始落后因素。当时的保山地委书记郑刚同意报告中所提意见，并在正在召开的干部会上宣读了这个报告。调查结束时，潞西县工委在西山弄丙寨召开扩大会议，通过了工作组为潞西县工委起草的《关于遮放西山景颇族地区团结生产的初步意见》。同年9月中旬，马曜到保山向郑刚和当时来保山视察的云南省政府副主席郭影秋与边委副书记王连芳汇报，正式提出景颇族地区土改内容不多，针对土地占有不集中和阶级分化不明显的实际情况，可以不必重分土地和划分阶级，而是大力发展经济与文化，通过互助合作，消灭原始落后因素，并完成某些环节的民主改革任务，直接向社会主义过渡。郭、王、郑都同意这个意见。回到昆明后又向中共云南省委作了专题汇报，省委主要领导一致表示同意，并上报中共中央批准。从此，在云南边疆分布于怒江、德宏、西双版纳、思茅（今普洱市）、临沧、红河等地州23个县的山区的景颇、独龙、傈僳、怒、佤、德昂、布朗、基诺8个民族和部分拉祜、苗、瑶等民族以及克木人、芒人等当时共有60多万人口的地区，实行不划阶级，不把土改作为一个专门阶段来进行，而是本着团结、生产、进步的方针，结合互助合作运动，发展经济文化，直接向社会主义过渡。在当时的分类指导中，这类地区被称为直接过渡地区，简称“直过区”。后来的实践证明，在这类地区实行“直接过渡”政策及相应的具体措施，其成果是多方面的。在政治上，取消了其他民族的封建领主对这些地区的间接统治，实现了民族平等，而且通过培养当地民族干部，在农村基层建立了党的组织和人民政权，取代了原来的山官头人制度；在土地所有制方面，经过社会主义改造，建立起集体所有制和后来实行的家庭联产承包制，为发挥集体经济的优越性和家庭经营的积极性开创了广阔的前景；在经济上，依靠民族团结的政策和互助合作的力量，使这些山区的群众下坝开发了大批水田，发展了粮食生产，并使经济作物、经济林木和大小牲畜都有较大增长，交通运输和商品流通状况也逐步有所改善；在文化方面，不仅在一片空白的基础上逐步发展了小学和中学教育，而且还举办过大批半工半读性质的工读学校，培训了农村青年，传播了科学文化知识，并改善了卫生医疗条件。随着经济文化的发展，在这些地区还禁种了大烟，革除了“拉事（械斗）”、打“琵琶鬼”、杀牲祭鬼、砍人头祭谷子等严重危害人民生命财产的陈规陋习。大多数人民群众的物质文化生活都有不同程度的改善。这些情况说明，马曜同志1953年的西山调查及其提出的建议，对边疆民族地区是有重要作用的。当然，他的调查研究是长时期和多方面的。在西双版纳，他也参加过和平协商土改地区的调研、试点和总结，并写过一些学术论著。直到任云南民族学院院长期间和离休以后，他仍然孜孜不倦地从不同角度进行民族问题的研究和实践。可以说，几十年来，他是在实践中研究，在研究中实践的。这是他的社会实践和学术研究的一大特点。

下面再谈谈《云南民族工作四十年》这部书的编写工作。人所共知，云南有复杂的民族问题和艰苦的民族工作，分散在各种史籍和档案中的有关资料浩如烟海。建国以来长期从事这方面工作的一些老领导和老民族工作者有个良好的愿望，就是想在有生之年，把这些资料梳理出来，集结成书，为后来的研究者提供一些方便和借鉴。年届八十的马曜同志又受省委民族工作部和省民族事务委员会的委托，承担起主编的重任。他组织了一个7人编写组，于1989年10月提出编写提纲，同时查阅档案，搜集资料，于1990年初开始编写，到1993年12月付印，翌年6月出版，历时近5年。此书的内容包涵了云南各少数民族的地理环境及其历史社会和政治、经济、文化特点，建国以来民族工作的历程、各项民族政策以及民族地区的经济建设和文化建设；还有云南民族工作大事记、云南历代政区沿革、民主改革前云南25个少数民族的社会经济形态、云南少数民族历史人物简介等重要附录和若干有价值的附表。全书102.2万字，内容丰富，不仅记述和总结了云南民族工作的重要历程及其经验教训，而且还介绍了许多有关云南民族问题的比较翔实的资料。在研究云南民族问题和民族工作方面，这是一部很难得的工具书。

无独有偶。在马曜同志主编的《云南民族工作四十年》出版后两年，王连芳同志主编的《云南民族工作的实践和理论探讨》也出版了。前者纵横交错地展开了大量的宝贵资料，后者分专题做了比较集中的分析和概括。两书互为补充，相得益彰。这是老一辈民族工作者的一片心血，相信对后来的研究者是大有裨益的。

在编写《云南民族工作四十年》的过程中，作为编写组的成员之一，我与马曜同志又有许多亲身接触。对他在编写中的态度和品格，也有几点深刻的印象：一是严肃认真。他虽然熟悉云南的民族问题和民族工作，却很谦虚谨慎，聘请了几位云南民族工作的老领导当顾问。每完成一章都复写数份，分送各位顾问和省委、省政府及有关部门的负责同志审阅，并根据他们的意见进行修改。后来又将书稿带到北京，请中共中央统战部的顾问江平同志和黄铸同志审阅。二是实事求是。对建国40年来云南民族工作的发展过程和经验的记述，是本着历史唯物主义的观点，以邓小平建设有中国特色社会主义的理论为指导，以中国共产党十一届六中全会《关于建国以来党的若干历史问题的决议》为依据，充分运用档案中的可靠材料和民族工作的实践来说明真相的，既如实地反映巨大的成就和成功的经验，也反映发生过的失误和纠正失误后的新发展。这种讲真理、讲真话的精神，也体现了党的实事求是的思想路线。三是亲自动手。这不仅表现在他撰写的部分是自己动手，还表现在对别人分工撰写的部分也要仔细审阅和动手修改。作为八十高龄的老同志，能这样孜孜不倦地亲自“爬格子”，笔耕不辍，实在可钦可敬。四是平等待人，作风民主。编写组的同志既有分工，又有合作，对全书各编、章的内容要点都共同讨论，集思广益，还互相交换、传看和修改文稿。马曜同志在主持讨论和协作的过程中，能耐心倾听不同意见，也善于做协调一致的工作，确有长者风范。

现在，马曜同志已有85岁高龄，最近又成功地做了一次摘除肾结石的大手术。我去看他时，见他精神健旺，思想清晰，还给我看了一些文稿，我也很高兴，谨以此文祝他健康长寿。

1996年8月30日

（刘介农，《云南民族工作四十年》编写组成员）

读《茈湖精舍诗初集》

张文勋

山水钟灵秀，茈湖多志士；
马君字幼初，天资本聪慧。
弱冠富诗才，家学启睿智；
风雨荡人生，诗坛成大器。
师法众前贤，妙解筌蹄义；
唐宋宜方驾，卓尔自树立。
昌谷恨多骨，离形得神似；
玉谿虽肉满，意象堪纵恣。
去短用其长，二美得兼备；
上可嗣唐音，风雅亦可企。
殷殷济世情，拳拳游子意；
嘤鸣求友声，流水高山谊。
幽愤发五中，世情固难避；
块垒自难平，炎凉满胸臆[①]。
宛转运神思，激昂抒愤恚；
时闻天籁鸣，大块常咽气。
大地何突兀，苍天亦有泪[②]；
填胸割乖龙，硕鼠当自毙[③]。
诗风存古朴，文字雅而丽；
比兴兼象征，但求言外意。
羚羊挂角时，恍惚忘情志；

窅窅入玄黄，浑涵无涯涘。
时或入庄禅，天人已无际；
妙觉吾丧我[4]，此身何所事？
出世固已难，入世谭何易；
与世多龃龉，凿枘牵物累。
长歌复短咏，至情胸中泄；
盈盈一返影，杳杳千秋意[5]。
游乎寂寞野，天机忽已逝[6]；
大道无穷已，复归于太极。

注：

①马老诗《仲秋偕任之城南道上晚眺》："永日事长吟，炎凉满胸臆。"

②马老诗《偶成》："大地不平山突兀，苍天有泪雨滂沱。"

③马老诗《丁亥除夕抒怀》有"万灶烟寒噤硕鼠""填胸看割乖龙耳"之句。

④马老诗《指云寺》之二："禅房一觉吾丧我，解借人间是此身。"

⑤马老诗《夕照》句。

⑥马老《凤樵诗词》序云："今已六情滞舛，而与世多龃龉，甘游乎寂寞之道，求其天机启而律吕自借，安可得乎！"

附记：每读幼初师诗，常吟诵再三，余味无穷。其诗典雅含蓄，意象鲜明，象外之象、景外之景，令人玩味不尽。此刘彦和所谓"余味曲包"者也。其写景诗如此，指斥时事者亦然，俱宛转讽喻，入木三分而不露痕迹，耐人寻味。至于其体悟人生，妙解庄禅之作，亦意在言外，理在趣中。凡此种种，皆非叫嚣怒张、一览无余者可比。常欲撰文以阐其义，总觉说理枯燥，有乖原诗之韵味，乃吟五言数十韵以抒读后之感受，虽稍嫌冗长，然比之说理论文似更能表达读诗之审美意趣云。

二〇〇一年十月九日

才华出众、功底深厚的诗人

——读马曜《茈湖精舍诗注》

晓　雪

马曜同志是我最崇敬的白族革命前辈和当代文化精英。

他1931年加入中国共产党，为党和人民的伟大事业艰苦奋斗了65年，是名副其实、德高望重、贡献卓著的革命老前辈。特别难能可贵的是，他同时还是学识渊博、成果丰硕、饮誉海内外的民族学家，是为人师表、诲人不倦、桃李满天下的著名教育家和才华横溢、独具风格、影响深远的白族优秀诗人。像他这样集老革命、大学者、名教授和优秀诗人于一身的，至少在我们白族，堪称首屈一指、绝无仅有。

马曜同志更令人崇敬的还在于他的高风亮节、高尚人品。在半个多世纪革命斗争的风风雨雨中，在各种意想不到的严峻考验面前，他总是表现出对党对人民负责的耿耿丹心、铮铮铁骨和无私无畏的崇高精神。“人生贵有胸中竹，经得艰难考验时。”叶剑英同志这两句诗，正好可以用来概括马曜同志一生的革命经历。

而诗如其人，诗是灵魂的歌吟。读了《茈湖精舍诗注》，我感到诗人的品德、情怀和精神，他一生的理想、追求和人格，都早已充分体现在他青少年时代写的这些精美诗篇之中。

孤芳曾记隐空林，屈宋当年意气深。
自爱幽香温晓梦，谁怜雪岭卧春心？
光风一接身前影，流水长过月下琴。
脉脉素馨成独媚，灵标玉鱿竦苍岑。

这首题目叫《盆兰》的诗，通过赞美幽兰的高洁，抒发作者对人生的理想与追求，希望自己成为像屈原那样热爱祖国、忠于人民、不随流俗、品格高尚的人。这正是1927年马曜年仅16岁时写的诗。如果不加介绍，谁能想到这样一首气势不凡、情重思深、格律严谨的七律，竟出自一位16岁少年的手笔!

《批湖精舍诗注》就是从这一首诗开始，收入诗人1927年到1948年，即16岁到37岁，这21年间所写的261首诗。这部诗集，曾列入“云南大学文艺丛书”，在1948年出版过。当时的云南大学校长、著名数学家熊庆来教授亲笔为之题笺，著名学者、教授罗庸、王灿、钱基博、徐嘉瑞、刘文典、阎毅等热情为之作序，王灿、白之瀚、马骢、王学富、周均、张天如、王颂陶等人为之题诗。这些序言和题诗对诗集给予高度评价。有的说：“漫云余事作诗人，诗到清新性自真。后起如君斯可畏，湛然襟抱见经纶。”（马骢）有的说：“诗成珠玉落锦茵，掷地铿然金石声。”（周均）有的说：“谁谓词坛渐式微，批湖翘首荡魂飞。”（张天如）罗庸先生甚至指出：马曜的诗词，“工力之深，同辈中所未有也”。现在，我们重读1992年云南教育出版社重新出版的《批湖精舍诗注》，这些近半个世纪前的评价，仍然是颇为精到、恰如其分的。

三四十年代的中国诗坛上，写旧体诗词的青年诗人马曜所表现出来的出众才华和深厚功力，确实是令人叹服的。他“初宗昌谷，恨其骨多；既师玉溪，恶其肉满……乃读少陵、涪翁”。他对五绝、七绝、五律、七律、古风、排律、词赋等各种样式，都能运用自如，得心应手。他努力“转益多师”，善于博采众长，而终于逐渐形成自己多样统一的风格。我们从他的作品中，可以看到李白的豪放与飘逸，杜甫的沉郁与严谨，王维的恬淡与清新，白居易的晓畅而单纯，李商隐的沈绵而绮丽，李贺的瑰美而幽深，但又不完全像某一个诗人。他有自己的追求，自己的创造，他学古人是为了表现当今的时代，抒发自己的情怀。马曜就是马曜，他不同于古今的任何一个别的诗人，他有自己的思想感情和意志愿望，他有自己的生活体验和人生感悟，他有自己的民族气质和审美情趣，他有自己的艺术个性和独特风格。因此我认为，诗人作品的艺术生命力，主要还不在于他“工力之深”，不在于他对诗词格律的精通和形式技巧的探求，而在于充溢在他全部作品中的灵气和才情，在于渗透和体现在作品中的诗人特有的感受、感悟、感触和感想，在于他通过诗歌意境和形象的创造所表现出来的，对时代生活和民族情绪的深刻把握与概括，以及他对自己的精神灵魂、个性气质的深入开掘与坦露：

大地不平山突兀，苍天有泪雨滂沱。
欲将积愫浇江海，转觉波涛自此多。

——《偶成》

骤雨奔雷撼九州，枕边来与尽情流。
天公纵有无穷泪，难洗人间万古愁。

——《听雨》

何当叱咤风云去，唤取娲皇来补天。

——《听雨》

这样大气磅礴、豪放劲健而又深沉耐读、有巨大概括力和强烈感染力的诗，“行神如空，行气如虹”，好比“天风浪浪，海山苍苍，真力弥满，万象在旁”。如诗人没有忧国忧民的“第一等襟抱”，没有崇高的理想、深切的感受和豪壮的情怀，光讲究诗词格律和形式技巧，是绝对写不出来的。

马曜同志的诗词，题材广泛，形式多样，情调丰富，气韵生动。既有“具备万物，横绝太空”“积健为雄”的政治抒情诗，也有流动飘逸、清新明丽、“妙造自然”的风景风物诗；既有“不著一字，尽得风流”的含蓄，也有“犹矿出金，如铅出银”的洗练；既有“大风卷水，林木为摧”的悲慨，也有“如月之曙，如气之秋”的清奇。诗人那篇写于五十多年前、长达4000字的《游此碧湖赋》更是一篇想象丰富、比喻新美、绮丽多姿、情味深长，令人一唱三叹，爱不释手的传世佳作。这是我所读到的现当代诗人所写的长赋中最美、最精彩的一篇，试引几句：

“暑退凉生，袅袅江湖风起；水长天远，寥寥汀渚烟羃。”

“容江流于九派，纳宇宙于一壶。”

“当年书剑无成，丧吾林泉故我；此日清狂得纵，还我云水真吾。”

“情脉脉以无言，思飘飘而谁系？照片苇之低回，荡一桨之摇曳。菰芦杳渺，写空江如梦之时；云树扶疏，恍上古无怀之世……引吭高歌，登临小憩。远树萦洄，群峰睥睨，抚漏日之冬青，弄垂空之薜荔。倒映悬岩影曲，螺黛弯弯；遥看远水纹生，鱼鳞细细。”

“任他极浦云连，难填廓落之闲愁似海；对此明湖月涌，谁运淋漓之大笔如杠？”

其实，“淋漓之大笔”早已握在诗人自己手中了。他“借问青莲高咏，其可再乎?”“试询苏子酣歌，尚能游否?”他已“运淋漓之大笔”写下了咏吟故乡此碧湖的千古绝唱。

1948年以后，由于革命工作的需要和以主要精力去从事教育与学术研究方面的工作，马曜同志基本上没有再写诗。但仅仅这么一部《此湖精舍诗注》，已足以奠定诗人在中国各民族现当代诗歌史上不可动摇的地位。

著名的教育家、民族学家马曜，老革命、大学者、名教授和优秀诗人马曜，无疑是我们白族知识分子以及全体白族人民的光荣和骄傲。

1996年6月9日昆明

（载于《大理文化》，1996年第5期）

（晓雪，云南省作家协会原主席）

笔阵凌云风雨惊

——说马曜诗

陈友康

马曜先生是德高望重的耆宿，生前从官方到民间都尊称他“马老”。我 1985 年大学毕业分配到云南民族学院（今云南民族大学）工作的时候，他已离休，但继续担任名誉院长。每天晚饭后都看见他穿着整洁的中山装、手握两个钢球在北院散步，总有几个老教授老干部同他边走边聊。令人惊异的是，离开行政岗位后，他并没有“休”，而是集中精力于研究和总结，埋头撰稿，连续出版了几种分量很重的学术著作，在耄耋之年创造学术研究的又一个高峰。这种精神和业绩，举国之内盖不多见。

作为无名小辈，我自然没有接近他的机缘。但我敬佩他的人品和学术成就，读了他的《西双版纳份地制和西周井田制比较研究》之后，对其“三重证据法”和严谨学风深为折服，写了一篇书评，发表在 1990 年《云南社科通讯》（今《学术探索》）上。马老看到后，在他主编的《云南各族古代史略》扉页上写上“陈友康同志惠存，马曜，1991 年 3 月”，请杨荣昌老师转交我。当时他已 80 多岁，视力不佳，手也颤抖，看到颤颤巍巍的字，我大为激动，备受鼓舞。1996 年，云南教育出版社出版《马曜先生从事创作学术活动五十周年纪念文集》，把我那篇文章收进去。2001 年 10 月，云南民族学院纪念建校五十周年，“马曜先生学术生涯座谈会”是校庆活动之一。26 日，座谈会召开，国内外 100 多位专家学者莅会，高朋满座，对马老的学术研究、社会实践、教书育人、诗词创作等方面取得的成就进行热烈讨论并达成共识。我因那篇文章而躬与其盛。2003 年，云南最有影响的民间文化奖——王中文化奖授予马老，我亦参加颁奖仪式。马老已 92 岁高龄，坐轮椅出席，精神矍铄，发表简短的演讲，反复表示这个奖授予他，他感到“受之有愧，却之不恭”，可见他的谦逊之风。20 世纪 90 年代，我主持云南省教育厅科研项目“云南现代学术史”并出版《20世纪云南人文科学学术史稿》，对马老浓墨重彩评述，并改成文章《马曜先生对20世纪云南学术的重大贡献》发表在2001年《云南教育（高等教育版）》上。2006年，云南民族大学新校区建成，学校进行校园文化建设，对校园主要建筑和道路命名，我受命任专家组组长，提议把学生会堂命名为“普曜堂”，有两方面含义，一是纪念学校创始人之一、老校长马曜先生，二是寓意民族大学的学生群星闪耀。这一建议被采纳。我对阐扬马老的人品学术做了一些工作，与他有神交，但由于性格孤僻，一直没去拜见他老人家，也就失去了听他耳提面命的机会。如今想来，不免有终身抱憾之感。

马曜先生是民国时期就成名的诗人。1948年，他出版《茈湖精舍诗初集》，熊庆来先生题笺，罗庸、王灿、钱基博、徐嘉瑞、刘文典、阎毅诸先生序，王灿、白之瀚、马骢、王学富、周均、张天如、王颂陶诸先生题诗，均对其诗歌成就予以高度评价。周均先生的胞弟周坊教授在民大中文系任教，我经常到他们家看电视，谈学术，谈云南学界往事，周坊先生也曾谈到马老的诗。当时中文系主任蔡川右教授为马老诗作注，出版后赠我一本，并指导我和罗家湘（现郑州大学文学院副院长）笺注王灿先生诗。我在现代诗词研究方面下了些功夫（论文结集为《现代诗词的价值与命运》，即将由华中师范大学出版社印行）*，对马老的诗虽然十分景仰，但除了在《20世纪云南人文科学学术史稿》中有一段宏观评述外，还未进行专门讨论。借纪念马老逝世十周年的机会，撰作此文，略陈己见，并作为一瓣心香，奉献于马老灵前。

一、马曜诗的师承：无上法从散原授

古人论诗，特重师承。严沧浪云“入门须正，立志须高”，就是讲学诗的师承和取径问题。马曜诗渊源有自，入门正，取径高。他的师承，一是家学，二是师授。他诞育于清德雅望之家，受业于名宿大儒之门，志芳行洁，情深才妙，于是成为古典诗词的行家里手。

马曜作诗，最先受父亲马东初影响。马东初是晚清秀才，官至县令，素以诗名，有《抱霞轩集》。徐嘉瑞《茈湖精舍诗初集序》中说：“东初工诗，辛亥壬子之交，与鹤庆蒋心月及余住碧鸡台下，相与唱酬无虚日。”可见他的诗歌热情和造诣。马曜自序说：“忆昔受化于先君，十四岁学为诗。先君见而弗信，更命题，立就一首，

* 该书已于2016年由华中师范大学出版社出版。——编者注

则大喜。浸渍濡染，遂成痼癖。”他在庐山养病时，以写诗遣病去愁，写好后即邮寄父亲。马东初将其珍藏，累然成帙，去世时遗嘱儿子将诗稿出版。罗庸序说：“洱源马君幼初，少承家学，殚心篇什，苦思力索二十余年。”徐嘉瑞序还说：“幼初既承庭训，又常从钱子泉（基博）先生问学。子泉先生尝与余称其天资颖异，则信夫幼初之诗，渊源有所自也。”并感叹“东初有子矣！”就是说马东初有了继承其诗学的后代。良好的家庭文化和诗词创作背景，使马曜从小受到熏陶并进行了有意地训练，从而得以有效地继承传统文学的精神和写作方式。

王灿题诗说，马曜作诗“无上法从散原授”，又在序中谓：“尝居庐山，从义宁陈散原先生游。散原先生者，海内诗家正宗。凡言诗者，罔不推服。”散原是陈三立的号。陈三立是晚清同光体巨擘，民国时期旧体诗坛领袖。其诗内容博大，风格雄健。梁启超《饮冰室诗话》说：“其诗不用新异之语，而境界自与时流异。浓深俊微，吾谓于唐宋人集中，罕见伦比。”陈衍《石遗室诗话续编》说：“五十年来，陈散原称雄海内。”1932 年，上海“一・二八”事变后，日军占领闸北，散原先生隐居庐山。当时马曜从上海光华大学毕业后任教江西，因得肺病到庐山静养，于是有缘与散原先生交集。他拜谒陈散原，从他那里得到诗歌教诲。“无上法”是佛家语，即最高法门。这里是说马曜得到当时中国最杰出诗人的指教，获得作诗的正宗法门，“亲炙日久，企向自正”。故其诗与散原诗“颇有逼肖处”。

马曜学诗，也得益于王灿先生。王灿序说：“幼初时时过从，以诗相质，并以余为能绳愆纠谬，属厘定其集。”王灿（1881—1949）字惕山，清末曾留学日本，入东京明治大学习政法。他是云南近现代政坛特别是法政界的重要人物，亲身参与了许多重大历史事件，同时又是著名的学者和诗人，著有《知希堂诗钞》。陈衍称他为“滇中近代崛起不可多得之诗人”，在近代滇南诗坛与赵藩、陈荣昌鼎足而三。他高才博学，阅历丰富，交游宽广，付诸吟咏，便形成了沉郁顿挫而又横恣矫健的风格，深得当时一些诗坛大家推重。马曜与王灿是世交，王灿给他作诗的引导和指点。

这么好的学诗机缘，是不容易碰到的。家学传统与师承又互相作用，使马曜的气质和创作都保有古典韵味。他又上探杜甫、李贺、李商隐、黄庭坚诸大家堂奥，在继承前人的基础上，以聪慧天资和深厚学养将各家优长冶于一炉，然后独出机杼，成自家面目，如其自谓“从千古心思才力中化出”者。所以他的诗品味正，格调高，在现代旧体诗词中鹤立鸡群。

二、马曜诗的时代性：国破城春争眼底

马曜是才子，文采风流，但绝非只知吟风弄月的文人，他有强烈的责任感和使命感，是立志改造世界的实践者和革命者。他“历劫生当大乱时”（王灿题诗），身处内忧外患的时代，义无反顾地投身拯救国家民族的行列，于1931年加入中国共产党。在光华大学读书时，积极“从事社会运动”，参加抗日救亡工作。他一生致力于民族独立、国家富强和人民幸福的崇高事业。因此，以诗反映时代，表达忧国忧民之情及社会理想是其诗的重要内容。他的地下党战友王颂陶题词“国破城春争眼底，漫拈针线事弥缝”正指出了这一点。上句说“国破山河在，城春草木深”的凄凉景象和社会现实大量表现在他的诗中，下句说他要用诗笔和行动挽救国家之危难。

马曜感时伤世的诗写得较为隐晦，蔡川右先生称为“不即不离，微指隐击”，他的政治诗不是空口叫嚣，而是有形象，有典故，有意境，艺术性强，耐人寻味。1936年在庐山所作《听雨》七首，本是描写自然界大雨滂沱景象，但其中流露出浓郁的家国之思，其二、四、五云：

卷地来鏖百万兵，摧崖折树撼檐楹。
寒衾一夜难成寐，卧听中原鼎沸声。

一夜雨倾万斛泉，排虺喧扰梦难圆。
何当叱咤风云去，唤取娲皇来补天。

骤雨奔雷撼九州，枕边来与尽情流。
天公纵有无穷泪，难洗人间万古愁。

这组诗的构思方式近似于陆游《十一月四日风雨大作》：“僵卧孤村不自哀，尚思为国戍轮台。夜阑卧听风吹雨，铁马冰河入梦来。”1936年是中国历史上的多事之秋，日本加紧侵华，国民党派系斗争激烈，蒋介石固执“攘外必先安内”主张，消极抗日，局势复杂而危险，从而让诗人有“万古愁”。从雨声想到中原鼎沸声，暗示了当时的现实；“唤取娲皇来补天”，则寄寓了拯救危局的热望。

马曜诗中有些反映重大历史事件的作品。《伯庵先生际感事诗，次韵奉答》写国民党撕毁《双十协定》，发动内战；《丁亥除夕书怀》写1948年蒋介石就任总统，

人民贫困，必将奋起反抗以求解放，都属于这种类型。1946 年所作《十二月一日书怀》是反映重庆谈判和“一二·一”运动的：

商陆销香欲破寒，百年念聚已心殚。
玉衡脉脉悬更尽，橥影摇摇压岁阑。
左右逢源湍可决，东西高会雾愁看。
八春喋血河山在，医国终须换骨丹。

第三联上句诗人自注“陪都国共商谈合作事”，下句自注“重庆政治协商会，伦敦联合国大会同时举行，二地皆多雾”，交代了作诗的背景。国民党云南当局制造“一二·一”惨案，粉碎了国人希望抗战结束后，全国同心同德，积聚力量，发愤图强的愿望。“聚”当指生聚教训，《左传·哀公元年》“越十年生聚，而十年教训”，指军民团结一心，从逆境中奋起图强，以洗刷耻辱。国民党的行为让诗人和国人已经看不到这样的前景，所以心灰意冷，对国共和谈、重庆政治协商会议乃至联合国大会都不抱希望。而要拯救中国，必须脱胎换骨，就是推翻国民党统治，建立新的社会制度。

三、马曜诗的情感：语出肺肝自亲切

诗是情感的艺术，“第一还须有至情”（白之瀚题诗）。诗缘情，首先要有真诚、纯正、深厚、自然的感情，方为佳作。马曜为人诚恳，其诗无论写自然风光还是民生疾苦，抑或亲情友情师生情，往往出自肺腑，感情真挚，所以亲切可爱，如白之瀚题诗所说“语出肺肝自亲切”。

《画眉》写出盎然春意和画眉的灵动可爱，风格清新，读来格外亲切：

屋角斜飞小画眉，殷勤来与报春知。
低头掉尾向人叫，未及一声投别枝。

画眉是一种可爱的小鸟，古诗中吟咏极多，其中最脍炙人口的是欧阳修的《画眉鸟》：“百啭千声随意移，山花红紫树高低。始知锁向金笼听，不及林间自在啼。”欧公诗把林中自由的画眉与金笼中养尊处优而不自由的画眉进行对比，揭示自由之可贵，有鲜明的宋诗特点：长于言理。马曜诗则纯系白描，把眼中所见之景直接呈示出来，不加任何评论。观察细致，语言生动，描写传神，意味隽永，真是“天籁之音”。马骢题词说：“醰醰隽永写新诗，妙手拈来偶得之。不主故常出天籁，个中甘苦见于辞。”《画眉》状难写之景如在目前，含不尽之意见于言外，“探前人未及之境”，典型体现了妙手偶得、清新自然、常中出奇的特点，完全可以与欧公诗并垂诗史。这是唐诗的高境，着重呈示，以兴象取胜。清人翁方纲《石洲诗话》曰：“盛唐诸公之妙，自在气体醇厚，兴象超远。”马曜此诗正有此妙。有此一诗，马幼初即可不朽于吟坛。

马曜诗中有很多赠答唱酬之作，赠答或唱酬的对象，有前辈长者如李根源（雪生）、王灿、郭沫若、马骢（伯庵）、徐嘉瑞（梦麟）、董泽（雨苍）、刘淑清，也有平辈知交如阎毅（任之）、李一平、杨青田、唐用九（子敬）、周均（志平）、于乃仁、于乃义、王志符等，还有晚辈学生如云南大学学生，诗都写得情真意切。《余既戏赠任之二十八韵，任之来书称佳妙。往昔匡山聚首，殆成梦寐，欲为长篇志之，卒卒未果，而其事至堪追念也。今春来游海上，成一百四十六韵寄任之，以志吾辈离合之陈迹云耳》《丙戌夏，一平将去庐山，余归洱源，追忆昔游，枨触今昔，述为百韵柬一平》《赠周志平》都是集中皇皇大篇，因为真情灌注，肝胆相照，所以读来不觉窒闷累赘。

郭沫若 1928 年旅居日本，研究甲骨文和中国古史，“七七事变”后回国参加抗日，途中步鲁迅《惯于长夜过春时》原韵作《归国杂吟》，表达以身许国之情：“又当投笔请缨时，别妇抛雏断藕丝。去国十年余泪血，登舟三日见旌旗。欣将残骨埋诸夏，又吐精诚赋此诗。四万万人齐蹈奋，同心同德一戎衣。”此诗在当时产生极大影响，成为郭氏旧体诗的代表作。马曜当时在香港治病，去看望郭沫若，与之唱和，作《香岛奉和郭沫若先生》，郭沫若将其发表于广州《救亡日报》。这是马曜诗中的名篇：

北征投笔想当时，杳杳星空鬓有丝。
异国深悲埋甲骨，十年文阵偃牙旗。
幽燕竟束城狐尾，江汉寻歌战士诗。
犹忆出门惊顾处，娇儿酣卧未牵衣。

前三联重在称美郭沫若的战士情怀和文坛地位，最动人的是尾联，手法妙，有

“至情”。一般人写父母和子女离别，多是说儿女牵住父母的衣裤不让走，此诗则采用转进一层写法，设想郭在儿女酣睡的时候离开，那么当他们醒来看不到父亲时，其伤心之状可以想见，离别之痛更深一层。这亦是马曜诗“不主故常”“语出肺腑”之处。马曜作诗步武黄庭坚，山谷写诗倡导夺胎换骨、点铁成金之说，追求以故为新，变俗为雅，即援用前人之语而另立新意。这是点铁成金的成功例子。

《蟠龙山扫墓》二首写其回乡为马东初扫墓，抒写对父亲的思念，一往情深。结句“行役疏定省，有儿竟徒然”，说自己因为长期在外，不能按时省视、孝敬父亲，有儿子等于没有，充满愧疚和自责，更是至性至情语。

四、马曜诗的思理：意非剿袭故峥嵘

缘情固然是诗之特质和基本功能，然而还不足以概况诗之全部功能，诗还有言志说理之一端。把对自然、社会、人生之理的感悟书写出来，也能臻于诗之上乘境界，有益世道人心。这正是宋诗的取向。不管言志、缘情、说理，要在真诚独至。马曜诗关于国家命运的思考、人生哲学的感悟、自然之道的阐发，多有精微独到处，“意非剿袭故峥嵘”（白之瀚题诗）。

马曜诗“无上法从散原授”，必然打上同光体的烙印。同光体诗风取向是崇尚宋诗，“不墨守盛唐”。陈散原学韩愈黄庭坚，直承江西派，格律峭拔，诗风瘦硬。宋诗的特点是富于哲理或智性之美。缪钺《论宋诗》说：“唐诗以韵胜，故浑雅，而贵蕴藉空灵。宋诗以意胜，故精能，而贵深折透辟。唐诗之美在情辞，故丰腴。宋诗之美在气骨，故瘦劲。”钱钟书《谈艺录》说：“唐诗多以丰神情韵擅长，宋诗多以筋骨思理见胜”。马曜诗在内容上有哲理性的沉思，富于智性之美；艺术上力避肤廓平滑，瘦硬生新，“盘空硬语气轩轩，纸上生棱字可扪”（白之瀚题词）；“嶙峋瘦硬欲通神，昌谷（李贺）涪翁（黄庭坚）乱其真”（周均题词）。

诗穷而后工，痛苦出诗人。马曜遭遇的困境之一是青年时得肺病，当时肺病是险症，他自述“忆我前冬病肺危，美医谓与天国迩” （《余既戏赠任之二十八韵……》），连美国医生都认为他距离死亡很近了。具有灵心锐感的人在生病的时候，一方面对生命之无常感受更深，另一方面静养时有时间进行思考，所以“生命的沉思”就得到强化。肺病给了马曜很大的精神压力，独自养病异乡，“孤窗共影亲”（《冬夜不眠》），也别有一份寂寞，写诗是排遣寂寞之一途（自序云“遣病去愁，莫此若焉”），所以他在病中写的诗很多，而且多表现人生感慨。其好友阎毅序说：“幼初一病几殆，处生死幻灭之际，不能无怀，有怀而谁与发之？不获已，而一寓诸五七言，以抒其结闷，轮囷盘错，非偶然也。”既然病情已经到了危殆的程度，那么可能还有通过诗延续生命的期望，因此他“呕心摘艳”（周均题词），在诗歌创作上力求戛戛独造。这是观察马曜诗一个很重要的视角。

他1936年在庐山、南昌养病期间，诗作汩汩而出，达到他一生中的创作高潮。其中有置身自然、观察自然所获印象的描写，也有“生命的沉思”。《次韵任之岁尽无米，用〈巢经巢诗钞〉寒夜百感交集，拈坡公语‘不缘耕樵得，饱食殊少味’为韵，成诗十首》就是一组说理诗，结合先贤的思想和时局，表达自己的感悟，颇多见道语，也颇多沉痛语。如第一首“万物生自天，天胡为玩物”恐怕就有对天给他生命，又要让他生病予以惩罚的困惑与不满。但一旦写出来，就超越了个人的命运，而表达出人类共有的无奈和悲慨。

但马曜是强健而豁达的人，他能从悲慨中超越出来。《斗室》：“斗室卧居居，小窗兴眄眄。悠然会心斋，闲情自舒卷。”“卧居居”出自《庄子·盗跖》：“神农之世，卧则居居。”居居意为安详。“兴眄眄”出自《淮南子·览冥训》：“卧居居，兴眄眄。”眄眄，古人注：“视无智巧貌也。”就是一种超然物外、无所挂心的状态。“心斋”是庄子的概念，指排除一切思虑欲望、保持心境清净纯一。参透人生底蕴，以泰然态度对待人生的困苦，那么即使盘桓病室之中，也能“闲情自舒卷”，获得心灵的安详、自由与快乐。

追索生命的意义、态度和方式，是马曜诗的一个思考重点。五言古诗《书怀》感叹时光如水，生命易逝，是一首富于理趣的诗：

岁月遽如此，生涯成浩叹。园鸟弄新声，稍知节物换。
诗书沃天性，山川静展玩。斗室坐如如，天机纷汗漫。
心弦响妙音，颤杳随风散。萦绕逗清虚，袅袅牵丝断。
蓦地觉人间，入眼琴书乱。世人矜一得，作法自缠拌。
言语政非吹，大海讵有岸？猎智交纷纭，碌碌亘宵旰。
食席未饱暖，生事已过半。何如一放心，披襟临岁晏。

此诗也有生病的背景。谢灵运久病初起，看到园中生机勃勃的景象，写出《登池上楼》中的名句：“池塘生春草，园柳变鸣禽。”“园鸟弄新声，稍知节物换”即脱胎于此。说诗书养性，静观自然；在斗室之中而心胸洒落，故能感悟自然及心灵之生机无限；最后强调人生之真谛在“求放心”，都是宋儒倡导的理念和境界。“山川静展玩”很容易让人联想到程伊川《秋日偶成》“万物静观皆自得，四时佳兴与人同”。“心弦响妙音，颤杳随风散。萦绕逗清虚，袅袅牵丝断”，采用通感修辞，化无形为有形，写法别致。这正是他效法李贺，诗歌奇峭脱俗之处。

诗歌史上，有的诗家或论者，宗唐宗宋各执一端，互相攻讦，唐宋诗之争此起彼伏。其实唐宋诗各有所长，各极其美，完全可以各美其美，美美与共。马曜才情超迈，学养深醇，视阈开阔，不“师心一代一人”（《自序》），能兼取唐宋诗之长，故其诗唐音宋调俱臻佳妙。如前所述，《画眉》纯为唐音，《书怀》自是宋调，均不失为一流好诗。

我曾主持国家社会科学基金项目《20世纪旧体诗词研究》，经眼现当代旧体诗词集无虑数十百家，在此基础上反观马曜诗，愈发觉得其诗之飘然不群，卓然自立。1992年，马老将《此湖精舍诗注》寄赠季羡林先生，10月18日，季老回信说：“蒙赐尊著《此湖精舍诗注》，既惊且喜，惊者：羡林识先生久，只知先生为学者，今知先生竟为诗人；喜者：先生不仅为诗人，而是造诣精湛深入化境之诗人。迩者为旧诗者颇不乏人，羡林不能诗，对旧诗略有知解。以余观之，并世诗人，求其像旧诗者，已如凤毛麟角，工拙更难言矣。读先生诗实有鹤立鸡群之感，岂能不惊且喜哉!”（云南南社暨柳亚子研究会：《北京大学季羡林教授致我会马曜名誉理事长的信》，《云南南学通讯》，1994年第1辑）季先生的话，可为马曜诗定评。

永怀诗伯授金针

朱 籍

在学术界，很多人都知道马曜老先生是全国著名的历史学家、民族学家；而在诗词界，马曜老先生则是一位成名很早的大师。

我父亲朱宜初是马老的学生，因为这个机缘，读书的时候，我便早闻马老的大名了。那时，父亲教导我们要有恒心，要像马老一样，做学问和锻炼身体都有超人的毅力。而真正认识马老，则是我工作以后的事情。

20 世纪 90 年代，我刚开始写诗，虽然作品得到了父母的认可，并有一些行家看好，但作品还不成熟，自己也不太自信。父母多次劝我向马老请教，然而，在诗坛泰斗面前，我难免有些自卑，觉得作品数量太少，质量也拿不出手。姐夫李晓岑很热心，说他经常去马老家请教，可以引荐我。于是，我将自己的诗稿《衡门诗钞》认真整理了一遍，挑选出百余首诗词。1997 年 12 月 18 日，我带上诗集，随姐夫去拜访马老。记得马老说，现在写诗的人很多，也有不少人来向我请教，但写得好的少。我现在已不写诗，也不参加诗词活动了。听了马老的这番话，我当时就担心马老的事情多，恐怕没有时间看我的诗，亲自指点我。

1998 年 3 月 18 日，我去看父母，父母十分高兴地告诉我，姐夫去马老家的时候，马老说我写的诗很好，并问了我的工作单位，惋惜我不能在大学工作，约我有空去谈一谈诗。听到这个消息，我真是喜出望外。众所周知，历经劫难后，诗词式微，诗坛名宿已寥寥无几。尤其难得的是马老的人品与学问，皆为人敬仰。能得到马老的肯定，如登龙门。我知道马老事情很多，能够抽出宝贵的时间，来看一个无名小辈的作品，并亲自指点，实属不易。而我呢，能得到云南最顶尖诗人的点拨，创作必将走向成熟。

1998 年 4 月 16 日，我和姐夫一道去马老家。马老关切地问了我的工作情况，惋惜地告诉我，大学和科研院所现在不容易进去了。原来，老先生是希望我能做研究，发挥自己的专长。马老嘱咐我说：“你可以看看诗话。”接着又问我：“家中有没有《历代诗话》?”我回答说：“有的。”这一次，马老对我的诗学修养提出了要求。我想，马老是希望我多了解中国古代诗论，从古代诗话中寻找答案，领悟诗艺。此前，我读过诗话，但比较零碎；我也写过诗话，但对古代诗话研究不多。此后，我选读了一些具有代表性的诗话，从中获益匪浅。需要强调的是，那时，我在云南诗词界并不突出，只是《云南诗词》的编辑、云南省诗词学会会员。可以说，马老是较早发现我的伯乐。

1999 年 5 月 26 日晚，母亲打电话告诉我，马老为我的诗集《衡门诗钞》题诗一首，已由姐夫带回云大东一院家中。次日下午，我下班就匆匆赶回父母家中，见到马老自书的题诗，十分激动。现将马老为我题诗的内容抄录如下：

题朱籍《衡门诗钞》

衡门佳句已升堂，三步寻推入室墙。
且喜诒谋是父子，箕裘克绍有书香。

己卯夏八十八叟马曜

题诗为马老撰并书，还郑重地盖上了自己的印章。全诗对我这个青年后进的诗词给予充分的肯定，希望我能够不断探索，更上层楼。同时，又为我父亲事业后继有人，感到由衷的高兴，惜才之心溢于言表。马老题诗的书法，我一直视为珍宝，不轻易示人。一是因为马老的墨宝稀罕；二是因为我还年轻，当时只有 35 岁；三是自己的作品分量还不够。直到 2005 年底，我觉得写的诗相对成熟一些，自己担任《云南诗词》副主编已有两年多，才将马老的题诗发表于《云南诗词》第四期的《翰墨情缘》栏目中。

1999 年 6 月 1 日晚上，我到马老家中感谢老先生的题诗。马老称赞我的诗，我说我还年轻，功夫不够，以后还要多向老前辈请教，多读一些书。马老也谈了自己的诗集，并说他学的是李贺。谈了一阵，时任云南省诗词学会会长的张文勋教授来看马老。马老说：“朱籍的诗不错。”张教授告诉马老说：“他现在是学会的副秘书长。”因为马老是学会的名誉会长，张教授简短地谈了学会的近期工作。之后，张教授和马老商量了大理州文化建设方面的事情。

2001 年 9 月 24 日下午，得知马老生病，我和姐姐、姐夫到工人医院看望马老，马老的腿已经不太灵便，记忆力也不如从前了。因为父亲长期生病在家，不能去看马老，我们便代父亲问候一声，马老特意拿出自己的著作，签名送给我父亲，让我们捎回去。老先生还仔细询问了我姐夫近期做研究的情况。马老就是这样一位长者，永远都挂念着后辈的成长。

在回忆与马老交往的难忘时光的过程中，我也梳理出自己诗词创作走向成熟的历程。马老的奖掖，给了我创作自信；马老的点拨，使我有了较为厚实的诗学根基。在云南诗坛，有幸得到马老亲炙的诗家不多，我大约是其中最年轻的一个吧？2013 年 10 月，我因诗坛前辈赵浩如教授等名家的提携与学会同仁抬爱，当选为云南省诗词学会会长。2017 年 2 月，我的诗集《衡门诗钞》由云南人民出版社公开出版，并受到专家的好评。多年的积累，稍有长进，算是没有辜负马老的厚望。

承蒙马老的侄儿马荣邦先生之邀，写下拙文，实在无法表达我对马老的感恩之心、敬仰之情，就权当一份研究马老的参考资料吧！

（朱籍，中华诗词学会常务理事、云南省诗词学会会长）

道德文章并重

季羡林

在云南老一辈的学者中，我也有很多朋友。已故的著名纳西族文学家方国瑜教授，现在健在的著名的诗人和史学家马曜教授，等等，都算是我的朋友。我敬重他们的道德，羡慕他们的学问。中国古代论人，道德文章并重。这些云南的学者，在这两个方面都是非常出色的，都是我学习的榜样。

（《在首届郑和研究国际会议开幕式上的致辞》摘录）

1993 年 10 月 15 日

马列主义的启蒙教师

李　埏

首先，我要感谢党。解放前，我学习历史，探索历史为什么会发展变化，总得不到满意的答案。难道历史真的是一个百依百顺的女孩子，让人任意打扮吗？难道历史真是少数不世出的英雄创造的？……我看了许多历史哲学的著作，都没有得到令我信服的解答。是党，它用马克思的学说教导我。我茅塞顿开，深深感到，这对了，说到底了，问题彻底解决了。从此，我坚信历史学有价值，有奔头，永无止境，值得奉献自己的一生。这里我要特别提及老党员马曜同志。1948 年前后，他到云大文史系任教，于是我们成了同事朋友。当时我并不知道他是中国共产党党员，只觉得他学问渊博，因而常向他请教。他把历史唯物主义与辩证唯物主义的书介绍给我看，给我讲解。可以说，他是我马列主义的启蒙教师。我之所以走上学习马克思主义的道路，首先就是得到他的指导和帮助，我要感谢他。解放以后，在更好的条件下系统地学习马克思恩格斯的著作后，我越来越坚信辩证唯物主义和历史唯物主义是颠扑不破的真理。只有运用它来进行历史研究，才能得到科学的成果。因此我认为历史教学和历史研究是很有意义的工作，我永远不能离开它！

（《李埏教授在“纪念李埏教授从事学术活动五十周年纪念会”上的谢辞》摘录，载云南大学历史系编《史学论丛》第五辑，云南大学出版社 1995 年版）

（李埏，云南大学教授）

我与马曜教授的结缘

何耀华

我对马曜教授的敬仰，始于1957年。那时，我还是一个刚从山村步入大学，不懂政治与学术的青年。在云南大学历史系的资料室里，我读到他和已故缪鸾和先生的著作《西双版纳傣族社会历史调查报告》《云南边疆几个少数民族的社会性质》(载于1957年3月1日《光明日报》)。其字里行间的泥土味和令人折服的理论分析，顷刻就使我入胜。他对西双版纳寨公田性质的论证使我茅塞顿开，一下子就找到了解开马克思“农村公社二重性”的钥匙，认识到研究社会历史问题必须以马克思主义为指导，而理论的价值只有在用其去解决社会历史问题中才能得到实现。马教授不是一个专门的马克思主义的理论家，但是，他在用马克思主义的立场、观点、方法去解决民族社会历史问题方面，却堪称是典范。他对云南少数民族社会历史问题进行调研的数以百万字计的成果，成为我踏上“历史民族学”万里征程的启蒙著作。

我读他的著作的时间早，但与他的结识却比较晚。1957年至1966年间，我在大学攻读本科和研究生课程，无时不想亲耳聆听他的教诲，可是他身负重任，日理万机，不克暇给，要与他接触和向他讨教是根本不可能的。1966年“文化大革命”开始后的5年间，他被打成“反动学术权威”，下放农村“插队落户”。1972年虽获准回云南大学任教，但因为他工作忙，我已不在他工作的历史系任教，很难见到他，那时想与他结识，也不克如愿。

1975年，省里决定编辑出版一份综合性的政治理论刊物，取名《思想战线》。报经当时的国务院科教组批准，以云南大学文科学报的形式公开发行。作为这个刊物的筹办者之一，我对上级所定的刊物的政治理论性质怀有异议，主张办成纯学术性的有地方民族特色的杂志。然而，在当时的政治环境中，这样的主张是不能公开提出来的。于是，我寄希望于请马曜来作主编，因为他是权威学者，既在学术上有很高的造诣，又执著地追求繁荣祖国的学术，对于“四人帮”搞的那套祸国殃民的“政治理论”，我们都是不敢苟同的。我请马曜作主编的建议，立即得到编辑部筹办组负责人史宗龙同志的热诚赞同。经过一段时间的酝酿和上下沟通，云南大学和省里最终采纳了我们的建议。多么欣慰啊！与马教授结缘的良机已经降临，我成了他亲同手足的学生和助手。他就任主编以后，不顾再陷逆境的风险，坚持以学术性作为刊物的灵魂。在创刊号上，他发表《庄蹻起义与开滇的历史功绩》；在第 3 期上又发表《诸葛亮安定南中与和抚少数民族的历史功绩》。这两篇学术论文发表后，他倡导就庄蹻和诸葛亮问题开展全国性的学术争鸣，刊物连续数期发表了讨论文章。就这样，他身先士卒，在学术界为刊物的学术性质画了像。当时时值“文化大革命”后期，“四人帮”的倒行逆施，不仅使社会动乱此起彼伏，而且使学术处于暗无天日的境地，这样做既可使刊物摆脱“四人帮”的控制，又可使惨遭厄难的中国学术为之一振。由于打“学术牌”，刊物生面大开，国内外总订户由几千户上升至 10 万户。“四人帮”被粉碎后，在肃清其流毒的“揭、批、查”运动中，省委作出结论：“《思想战线》创刊以来的政治方向是正确的，主流是好的。”这不能不归功于主编马曜坚持了以学术取胜的办刊方针，不能不归功于他的助手和编辑部同仁与他的亲密合作。

1975 年夏天，为组建《思想战线》的学术写作队伍，我陪马曜教授去了楚雄、大理、临沧、保山、德宏，广泛联系身居第一线的学人和有志献身祖国学术事业的志士。在各地召开的座谈会中，他言传身教，反复讲理论联系实际的重要性，并以能否做到理论联系实际作为发现人才和考察作者的标准。大理制药厂有一位从事仓库管理的白族工人，要求出席我们召开的座谈会，由于州里邀请与会的学者都是学有专攻的理论骨干和社会名流，他被拒之于门外。马曜教授在与他谈话中发现他有献身学术的强烈志向，有观察社会和分析本民族文化遗产的能力，于是给他开了绿灯。在马教授的精心指导与栽培下，不几年工夫，这位名不见经传的工人就成长为省级有突出贡献的社会科学人才，并应美国康奈尔大学亚洲系的邀请去该系讲学。在楚雄州召开的座谈会上，一位青年以“手推车的工分报酬怎样计算”为题向马曜教授请教，当时马教授不是直接为他作解，而是启发他讲出自己的意见，发现他有较强的理论联系实际的功力，就选为培养对象，并为他编发稿子。在马教授的鼓励和帮助之下，这位同志从此投入学海，最终成长为一名编审，主持了省地方志办公室的工作。

1981年秋天，来自四川、云南、广西、贵州、北京、上海、广州等地的上百名有名望的老中青年学者，在昆明成立中国西南民族研究学会。马曜教授当选为首任会长。他全身心地投入学会的领导工作，倡导开展金沙江、澜沧江、怒江、大渡河、雅砻江、岷江流域的民族综合科学考察（简称“六江流域民族综合考察”）。他的倡导不但博得全体会员，而且立即博得费孝通等一批老一辈权威学者的赞同。调查首先在雅砻江中、下游取得成功，数百万字的调查报告给党和国家在西南地区进行“两个文明建设”提供了科学决策的依据。马曜教授说：“学会的生命就在于开展群众性的学术活动。”在他的精心设计和组织之下，中国西南民族研究学会以维护祖国统一、加强民族团结、推进“四化”建设为宗旨，先后分别召开了全国首届藏族、彝族、苗瑶族学术讨论会。这些讨论会是我国民族学发展史上的新的里程碑，他在每次会上的发言都为民族学学科的发展注入了新的活力。

1995年10月28日，中国西南民族研究学会在西昌召开“马曜从事学术活动五十周年纪念座谈会”，来自西南五省区和北京等地的学者，对他从事学术活动的光辉业绩给予全面的、高度的评价。会议号召大家学习他为繁荣我国学术事业呕心沥血的精神，学习他严于治学、严于律己、诲人不倦、艰苦朴素、平易近人、襟怀坦白的高贵品德。

作为他的学生和助手，追随左右工作21年，我受益良多。在云南民族学院要为他出版从事创作学术活动50周年纪念文集的时候，谨以这篇短文表达纪念之情。祝马老健康长寿。

1996年5月2日于云南省社会科学院

（何耀华，云南省社会科学院研究员、原院长）

立言期有物　尚朴实唯真

——革命前辈、著名学者马曜先生二三事

李　森

革命老前辈、著名白族学者马曜先生离开我们已多年了，但有几件曾与他交往的事，却永远地留在了我的记忆之中。

民族工作功绩卓著

记得还是20世纪的1983年7月，中共云南省委原书记、昆明军区政委、开国上将阎红彦的夫人，曾经担任过中共云南省委农村工作部副部长，时任四川省政协副主席的王腾波回云南。她此次来云南的主要工作是为撰写《阎红彦传略》，收集、整理阎红彦在云南工作期间的相关资料。按王腾波同志的要求，省委决定派我担任她在云南工作期间的助手，配合与她同来云南的秘书及陕西大学的一位教授和阎红彦同志的女儿等，共同查找、收集资料。王腾波同志这次在云南历时近4个月，除了在省委办公厅、省政府办公厅、昆明军区和云南省档案馆、云南省图书馆查阅有关资料外，更多的是召开各种座谈会了解情况。对一些重点人、重要情况，都由她提名，我做具体安排。

阎红彦担任省委书记期间云南民族工作的有关情况，是王腾波同志要了解的重要内容。按照她的要求，我专门约请时任云南民族学院院长的马曜先生，向王腾波同志介绍阎红彦主政云南期间的民族工作情况。据我所知，马曜先生早年即参加中共云南地下党，建国后曾在中共云南省委民族边疆山区工作委员会担任过副处长、处长，并参加组建了云南民族学院（“文化大革命”前的云南民族学院一直归属省

委机关序列，由省委直管，云南民族学院的一切活动都与省委机关在一起），此后，还较长时间担任云南民族学院主要领导。我与王腾波同志曾几次到马曜先生家中拜访，请马老介绍情况。马曜先生给我们着重讲述了解放后，尤其是20世纪60年代初，省委根据中央对云南工作的总体要求，按照“团结第一，工作第二，慎重稳进”的方针，研究、制定符合云南民族、边疆、山区实际系列政策的情况，对资料的收集提供了很大帮助，我也从中获益良多。

1962年6月，中共中央召开全国民族工作会议后，省委于同年10月8日向中央作了《关于加强边疆工作和民族工作的报告》，强调在云南要把培养边疆少数民族干部作为最重要的工作；要向边疆、山区派出大批工作队。省委的报告引起了中央的高度重视，于1964年5月28日作出了批复。中央同意给云南增加1500人编制，加上原有的500人，新组建一支共计2000人的边疆民族工作队，分别到德宏、思茅（含西双版纳）、临沧、红河、丽江（含怒江、迪庆）等地，帮助各民族群众发展生产，解决群众的困难，沟通党和当地群众的情感。边疆各地、州遵照省委的指示，也相应组建了民族工作队，在当地开展工作。内地的各地、州、市都组建了山区民族工作队，以加强本地偏远贫困山区的少数民族工作。驻云南部队也组建了相应的民族工作队，担负着维护边疆稳定，巩固边防的重任。1965年3月，昆明军区进一步调整、充实了边疆一线地区的民族工作队（组），并报经国务院总理周恩来批准，确定把部队的民族工作队人数逐步增加到5000至10000人。到1965年底，部队民族工作队增加至5200多人，后扩充到7000人，分布在230个沿边一线乡村工作。时任省委书记、昆明军区政委阎红彦在边疆民族地区调查时，要求结合实际，为边疆少数民族培养木匠、篾匠、泥水匠、裁缝；教会少数民族做豆腐、做腌菜、理发等，通过学习日常生活常用技术，逐步改变生活方式，促进生产发展。这个时期省委研究、制定的针对民族、边疆、山区的政策措施，至今仍未过时，仍然必须坚持。这其中，有许多措施都是以马曜、赵卓等人的多个调查报告所提意见、建议为重要参考依据形成的。当时，阎红彦书记的多次边疆之行和下乡调查，都经常有马曜等人陪同。

树木树人　育英求贤

马曜先生在民族边疆山区和党政领导岗位上政绩显著。在为省委当好参谋、助手的工作中，经常深入实地调查研究，撰写了大量文稿，有不少文稿为省委决策、制定指导工作的文件、电报、指示，起到了重要参考作用。在省委的重视支持下，马曜先生协助当时的省委边疆民族山区工作委员会主任王连芳（后曾任云南省人大常委会副主任）等，为云南边疆民族山区经济社会发展，培养了一大批领导干部和少数民族精英，如曾任省委常委、省人大常委会常务副主任的张宝三，曾任省委办公厅副主任、省委政策研究室主任的李景林，以及刀国栋、马立三、石有才等。在此期间，马老还就云南民族教育中存在的民族教育与少数民族群众生产生活实际脱节、少数民族知识分子太少、民族语与汉语教育顾此失彼、少数民族居住分散、学校布点不合理、民族教育经费严重不足、少数民族师资严重缺乏等问题，向省委提出建议，受到省委的重视。省里采取了许多特殊政策措施，从上到下开办了许多民族中学（民族班）、民族中专等，加强了民族教育。马曜先生较长时间担任云南民族学院领导工作，为云南经济社会发展培养了千千万万各级各类人才。

马曜先生坚持读书学习，著书立说，活到老学到老，在学术界有很高名望。马老早年主编的《云南简史》等，及其后来的许多文章、文集，一直是我工作中学习的重要内容。马老的学识和人品，在省内外都有极大的影响，经常有许多人慕名登门求教。有一件事至今令我深受感动和教育。1996 年 8 月，老红军、空军政治部文化部副部长陈靖（曾担任贺龙元帅秘书，出版过《贺龙传》），受中央军委主席邓小平指派重走长征路，要由经历过长征的中国人，写一本记叙长征的著作。陈老将军在云南重走长征路期间，省委安排由我全程陪同，协助工作。陈靖老将军等人由我陪同历时 20 余天，先后在昆明、楚雄、大理、丽江、迪庆等地寻访红军曾经走过、战斗过的地方，采访了几十位当地干部群众，之后陈靖一行由迪庆进入四川并由四川的同志陪同。约一年后，陈靖偕夫人带着已成初稿的《重走长征路》、《重走长征路集叶集》（树叶画）来昆。我有幸再次陪同。按陈老要求，我们专程到昆明医学院第一附属医院拜望了正患病住院治疗的马曜先生。马老在生病住院的情况下，仍不辞重托，欣然为陈靖老将军的两部新作写了序言。

情系兰台　金玉良言

1989 年 8 月，由我和时任中共云南省委办公厅主任的李厚安、时任办公厅副主任李景林等人发起成立云南省秘书学会时，我代表学会发起人专程拜望马曜先生，并请马老出任云南省秘书学会顾问。在马老家中，我向他汇报介绍了秘书学会的发起和筹备情况。之后，我无拘无束地向这位德高望重的学界泰斗、我心目中的人生楷模、令人敬仰的白族长辈汇报了我的学习、工作和生活等情况。马老不嫌繁琐，细心倾听，对秘书学会和我的讨教给予悉心指点，全无大家、长辈的训诫，宛如忘年交的老友叙谈。随后，马老为我题写了这首我珍藏终生的诗："襄理枢机要害，攸关国计民生；横向东西南北，纵穿上下古今；祛浮夸以求是，尚朴实而唯真；立言期其有物，英雄贵在无名——题赠李森同志。"我知道，我距离诗中马老先生对我的鞭策和期望相去甚远，也许今生也无法做到。但是，马老的期许，将是我今生追寻和努力的方向。诗中精诣将永远激励和鞭策我求是、扎实地做人、做事。

回首往事，与同族老前辈马曜老先生的相见、相识、相知，给予了我受用终生的精神财富。谨以此拙文，聊表对他老人家的追思和怀念之情。

2013 年 6 月

（李森，中共云南省委原副秘书长）

《马曜评传》写作记

谢本书

《马曜评传》的写作，对我来说，是一次“意外”。

我是从事历史教学和研究的，过去曾经写过几本历史人物传记，都是作为历史学学术性著作来写的。而且，我的写作对象都是已经去世的近代历史名人，对尚健在的名人，我从未考虑过为其写作传记。因为我相信，历史人物的评价，是要“盖棺”才能“定论”的。健在的人物还在发展变化，既未“盖棺”，就难以“定论”。所以说，《马曜评传》的写作，确实是我意料之外的。

20年前，在昆明举行一次全国性书展。我对书展历来有兴趣，可以在书海中享受快乐。自然，我不会错过这个机会，于是赶去书展参观、浏览。书展参观过程中，遇到了不少熟人，因为要看书，除了点头外很少交谈。不过，走到云南教育出版社的展台，遇到了该社易山编审（李开泰），他满脸堆着笑容，邀我聊天。我本想继续翻书，却被他的热情感动，只好坐了下来。他同我聊起了马曜先生的情况，马曜是我尊敬的长辈，当然很乐意。他说，教育社几年前就想出版马曜的传记，但同马老联系，他很谦逊，一直不同意。最近，快到新的世纪（指21世纪），马老也快满90岁了，鉴于年岁已高，他才松了口。于是，我赶紧为他找了几个知名作家写传记，但马曜不同意找作家写。他说，不能定为文学性传记，而要写成学术性的史学传记，因此要找史学家写。不然，他仍不同意。几经商议，最后马曜表示，征求谢本书教授的意见，如他同意写作，我可以接受。今天碰巧您来了，正好交换意见，否则我还要登门拜访呢！

听了易山的述说，一时不知怎样回答，最后我说，从未写过健在人物的传记，让我考虑一下。

我翻来覆去地考虑，想到马老已是90高龄的人了，历史定位大体已经确定，作为当代云南历史文化名人应该没有问题的吧。加上我对马老很崇敬，所以最后表示愿意尽力而为，只是希望马老能提供他掌握的材料，并希望系统地进行采访。马老、易山和我三人相约碰了一次头，这件事就算约定了下来。

恰巧这时，云南民族学院（今云南民族大学）“教授楼”竣工，我也调入了民院，与马曜同时搬入“教授楼”，并且在同一单元内。他住三楼，我住四楼。上楼、下楼几乎天天见面，采访太方便了。我们约定每周一次固定采访时间，每次采访2～3小时，有时在他家里，有时在我家里。万一谁有事，打个招呼，改个时间就行了。这样我们先后畅谈了约20次，拖了三四个月时间。因为每次交谈之前，双方都要思考，作一点准备。

除了交谈以外，马老还将他收藏的“私家档案”，包括他的著作、手稿、剪报、照片、来往书信、各种自存的证明文件或复印件等，凡能找到的，几乎都无条件供我参考、使用；还为我提供访问知情人的若干线索。这一切都给我的研究和写作提供了很大的方便。

随着采访和研究的深入，我对马老的印象逐渐加深。他是名副其实的“云南才子”，是云南有代表性的一代世纪学人，集诗人、战士、学者（民族学家、历史学家）、教育家于一身，还是社会活动家。他既是白族文化的一面光辉旗帜，也是当代云南文化的一面耀眼的旗帜。

经过一年的努力，最后终于完成了马曜的学术性传记，题名为《世纪学人马曜评传》，由云南教育出版社于2001年9月出版。这本27万字的传记著作出版后，各方面反映还比较好。而我却多少感觉有点不安，因为我深感对马曜的为人、人品、精神叙述的深度不够。这一方面是自己水平不高，掌握的材料还有限；另一方面，在对马老采访过程中，他非常谦逊，多次说：“我是一个凡人，没什么可写的嘛!”对一些重要问题，只是点到为止，我也就不便多发挥。因为我写的是学术性传记，一切都要有材料作根据，是不可任意发挥的。

传记出版后5年，马曜仙逝了。云南教育出版社和易山编审，能抢在马曜仙逝前，留下了马曜传记的文献记录，是对云南文化事业的一个贡献。

（谢本书，云南民族大学教授，云南省社科联原副主席）

笔耕垂范　激励晚辈

詹承绪

马曜教授是我国著名的民族学家、历史学家和教育家，国内外知名的白族学者。欣逢马老从事学术活动五十周年，在此我谨致以热烈的祝贺和崇高的敬意。

几十年来，马曜教授在领导民族工作和教学工作的同时，倾注毕生精力，为促进中国民族学科研教学事业的发展，作出了重要贡献。新中国建立初期，他亲自率队，深入云南几十个县的民族地区进行调查，制定民主改革的方针政策，从而为以后开展大规模民族调查提供了经验，奠定了基础。20 世纪 80 年代，他又主持云南“民族问题五种丛书”的编辑出版工作，其中“少数民族社会历史调查资料丛刊”便出版 74 本，占全国“资料丛刊”出版总数的三分之一。这些丰富而珍贵的第一手资料，既是民族学工作者辛勤劳动的成果，也凝聚着马老的心血。

马老不仅在通过民族学调查指导实际工作方面堪称楷模，而且研究成果宏丰，著作等身，特别是在运用民族学资料研究中国古代史上有重大突破。他 60 年代初与人合著发表的《从西双版纳看西周》长篇学术论文，就是当时学术界普遍称赞的名篇。后来马老又在论文基础上增补篇章，广征博引，阐发新意，于 1989 年出版《西双版纳份地制与西周井田制比较研究》巨著。该书被学术界誉为运用民族学资料研究中国古代史的成功范例，对研究先秦经济、土地制度具有里程碑意义，是不可多得的传世之作。

热情关心和指导中国民族学学会的工作，是马曜教授为民族学事业作出的又一贡献。1979 年，党的十一届三中全会召开不久，马老即和其他民族学家一道，发起成立中国民族学研究会（1984 年改为中国民族学学会）筹备小组。1980 年 10 月，学会在贵阳正式成立，他被选为副会长，1989 年起担任顾问。10 多年来，我作为学会负责日常事务的工作人员，亲身感到，马老对发展我国的民族学一贯的执著认真，竭尽心力。1981 年夏，学会工作刚刚起步，马老主动承担学会在昆明召开理事座谈会的任务，此次会议制定了学会近期工作要点和发展中国民族学的初步计划，给学会工作开了一个好头。1985 年，在马老的支持与促进下，中国民族学学会和云南民族学院（今云南民族大学）共同举办了第二期全国民族学讲习班，培养年轻民族学工作者 60 余人，这些同志现已成为我国民族学教学科研的骨干。马老还非常重视民族学的应用研究，强调搞好基础研究的同时，必须为党的民族工作服务，为民族地区的现代化建设服务。他在西南民族研究学会倡导的云南和四川的“六江”流域调查、贵州的“六山六水”调查，都是近些年我国民族学界开展的规模较大的调查之一，受到当地党和政府的高度重视。民族学会召开以联系民族地区实际为主题的学术讨论会，马老都是会议的组织者和领导者。马曜教授对民族学会的关心与支持，使学会为繁荣我国民族学事业发挥了一定作用。

马曜教授既是著名的专家，也是受人敬重的长者。他平易近人，待人以诚，对朋友热忱真挚，对晚辈热情帮助。我虽然没有直接受教于马老，但是作为学生和晚辈，在工作中直接受到马老的教诲，获益匪浅。早在 1963 年，我和几位同志在宁蒗永宁调查纳西族（摩梭人）的母系制时，马老到永宁检查民族工作，同时对我们的调查也提出了要求和指示。不巧，我当时正在别的村寨调查，未能亲耳聆听。我作为这个调查小组的负责人，后来经过同志们的介绍和讨论，将马老的指示贯彻于实际调查之中。我在一个时期内，着重调查研究白族的社会、经济、文化和宗教，马老对我的研究不但全力支持，并且经常给予鼓励与指导。特别值得一提的是，1982 年，我们几位同志赴云南对白族的两个支系——勒墨人和那马人进行调查，马老（还有白族学者张旭老先生）知道后，满腔热情地给我们提供了许多背景材料，指出应该抓住的重点和必须注意的问题。后来，马老又决定将两份调查报告收入云南“少数民族社会历史调查资料丛刊”公开出版，还称赞调查报告对促进白族各支系之间的团结将产生积极影响，使我们深受鼓舞。1988 年，我们承担了国家“七五”社会科学重点项目《中国各民族原始宗教资料集成·白族卷》的调查、编写任务，向马老汇报情况时，他仍一如既往，为我们介绍调查此类问题可能遇到的困难和解决的办法，大理州能够参加协作的人员，等等，为我们顺利开展调研工作创造了条件。总之，我在从事白族有关方面的调查研究过程中，自始至终得到马老的支持、帮助和指导，这是我永远难以忘怀的。

50 年来，马曜教授在学术上的卓越成就，为民族学事业作出的重要贡献，以及真诚待人的高尚品格，都堪称典范，激励着年轻一代，是我们晚辈学习的榜样。最后，我衷心祝愿马曜教授健康长寿。

1996 年春

（詹承绪，中国社会科学院民族学与人类学研究所研究员、中国民族学会原副会长兼秘书长）

不拘一格　求贤若渴

——马曜先生办学中的求才、重才与惜才

赵嘉文

马曜先生是著名的学者，有多方面的建树。他不仅是诗人、历史学家、民族学家，也是一位有影响力的教育家。他在教育战线工作30多年，曾两度在云南民族学院担任领导工作，为云南民族学院的创建和发展作出了重要贡献。我与他多年相识，在我成长的历程中，得到过他的很多教诲和帮助；他是我一生中最崇敬、最感激的师长。在马曜先生从事创作和学术活动50周年之际，谨对其在办学中求才、重才和惜才的事迹试作回顾，以寄感佩。

马曜先生从青年时代起，便断断续续从事过小学、中学的师范教育，曾任云南大学文史系讲师，兼任昆明师范学院讲师，1949年后任云南大学副教授。新中国成立后，他受命筹建云南民族学院，并在周保中兼任院长期间任学院副教育长。1953年后，他在省委边疆工作委员会工作期间，继续兼任云南民族学院的民族理论和民族政策讲座。此后，一直从事民族工作。1972年，他从下乡劳动的泸西县返回云南大学，任历史系副教授；1975年任云南大学《思想战线》刊物主编；1978年，全国恢复大专院校职称评聘，马曜被确定为历史学教授。1979年12月，省委任命马曜同志为云南民族学院院长；1983年7月改任名誉院长，并任民院民族学硕士研究生导师。1985年离休，仍从事著述至今。马曜先生常说："我以教书走向社会，也要以教书终了晚年。"多年来，马曜先生的大部分时间和精力都花在教育工作和民族工作上。其丰富的教学经验，特别是后期教育领导工作的实践，形成了他识人与用人的标准，那就是不拘一格，唯才是用。

马曜先生严于责己，从青年时代从事革命活动开始，一直坚持自己的理想和信念。读其诗，知其人。新中国建立前，他以各种方式"不顾身家性命"地投身到抗

日活动与反对国民党反动派的革命斗争中。每当革命事业碰到波折，他忧国忧民之忱溢于言表。他一生高洁，以无愧于人民，无愧于事业而自许。

与马曜先生接触稍多的人，均会惊叹其博闻强记之功。与之闲聊，古文诗词脱口而出；读其文章，有自己的创见，令人信服。无论是讲授课程或作专题报告，征之于典，证之于据，莫不信手拈来，令人赞叹不已。马曜先生从小便天资聪颖，记忆过人，加之一直勤奋好学，手不释卷，80 岁高龄之后的马老，每天仍在温习旧知，汲取新知。与求知者谈兴至酣，他每每能成篇成段背诵古典经史或马克思经典著作中的名句。积跬步而至千里，积细流而成江海，马曜先生的渊博是他一生勤奋的结果。

马曜先生也要求后学做高尚而渊博的人。这就形成了他在教学管理中一贯追求的思想。他常说，教书是良心活，教师如果没有好的人品与学识是要误人子弟的。他在担任云南民族学院院长期间，求贤若渴，四处奔走，寻求德才兼备的教师。他一再强调，要办好一所大学，关键是要有一批好的教师。

云南民族学院原本是一所以轮训少数民族在职干部为主的学校，要发展成为一所综合性高等院校，其基础是十分薄弱的。最薄弱的又在于教师队伍。“我劝天公重抖擞，不拘一格降人才”的渴求之忱充溢于马曜先生的整个办学生涯。针对“文化大革命”中道德标准是非颠倒的状况，他常引用曹操的《求贤令》作效法，言曹操的霸业之所以超过孙、刘，与其广罗人才，用人中之强者大有关系。在“拨乱反正”时期，平反冤假错案的工作尚未全面展开时，他出于公心，力排众议，敢于冲破“左”的思想束缚，从历次政治运动受迫害的知识分子中物色人才，有时甚至亲自为受迫害的同志的昭雪平反，四处奔走呼吁，使一批被埋没多年的人才调入民院，成为教学骨干和学科带头人。许多省内外的教师，从重才惜德的马曜身上看到了云南民族学院的希望，纷纷要求调到民院任教。在短短的 3 年之中，就有 120 多位教师调到民院，大大加强了民族师资队伍的力量。他十分敬佩教育家蔡元培先生的用人胆略，并以之为范。他常说一句话：“我当院长，就喜欢用那些强于我，超过我的人。”民院人总爱回顾马曜在任云南民族学院院长期间，独具慧眼，到处寻求人才的气量与胆识，津津乐道那时优秀人才涌向云南民族学院的盛况。随着人才的汇聚，学院的系科和专业得以如雨后春笋般地建立起来，在他任职期间大致形成了民院的系科结构。他离休以后，仍然关心民院的建设和发展。他一再提醒，要办好预科和干训，要把民族艺术和东南亚语等专业建设和发展起来，使之成为民院具有特色和有较高水平的专业。

要建设好一所大学，师资队伍建设是关键。马曜先生求才、重才、惜才的风范始终是我们学习的榜样。只有寻求、尊重、团结一大批高尚而又渊博的人才，尽量给他们提供发挥才干的机会和条件，云南民族学院才能在原有基础上蓬勃发展。

1996 年 10 月

（赵嘉文，云南民族学院教授、原院长）

纪念老校长与“马曜讲座”的设立

和少英

马曜先生是闻名中外的民族学家、历史学家、教育家与诗人，也是云南民族大学全体师生人人景仰的老校长。早在20世纪50年代初期，他就以极大的热情参与了云南民族学院的创办，并被任命为副教育长，负责招生、拟定教学计划以及招聘教师等工作。通过富有特色的教育培训，学校为当时云南边疆民族地区的建设和发展输送了大批急需的干部。改革开放以后，马曜先生于1979年12月以68岁的高龄调任云南民族学院院长，直至1983年改任名誉院长，在短短的3年多任期内，引领全校成功实现了由原先以培训民族干部为主的学校向专门培养各民族高级专门人才的综合性大学的转型。下面，就简单讲讲我自己亲身经历的几件小事以及为了纪念这位功勋卓著的老校长而设立的“马曜讲座”的情况，以增进大家对这位“世纪学人”的了解。

尽管云南民族大学早在1951年就建校了，是新中国最早建立的民族院校之一，但我们七七级却是当时学校建校近30年历史上的首届本科生，但学校从上到下都似乎完全不知道办本科究竟是怎么回事。——这么讲的依据是当时我们接到的录取通知书上堂而皇之地规定：学制三年，必带用品为生产劳动工具、民族服装以及一套《毛泽东选集》。我们从1978年春季学期入学到第一学期全过完了，学校竟然没有给我们开设过外语课！好在当时全国范围内还没有明确禁止搞“四大”，于是我便邀约了几位要好的同学给校领导贴了张大字报，要求给我们开英语课。由于办本科当时完全是件需要“摸着石头过河”的新鲜事，诸如此类令人啼笑皆非的“小事”确实不胜枚举。

马曜老校长到校莅任以后，学校的情况迅速发生了相当大的变化：他首先紧紧抓住学科建设这个学校发展的龙头，从国内知名高校引进了王志符、王琨、陈述元、常竑恩等一大批学有专长的老专家作为学科带头人，还不拘一格地录用了在全国联合国译员选拔考试中获北京考区第一名的李光照等中青年杰出人才，使学校的教学和科研一下子就上了新的台阶。学校还专门拨出专款为我们从云大、云师大等老大哥院校请来了最棒的老师任教。记得那时教我们西方政治学的是云大的马啸原老师（几年后我留校任教时曾有幸当过马老师的助教），教西方哲学史的是云大的张尚仁老师，教逻辑学的是云师大的何名申老师，教教育学的是云师大的李景舒老师。当时在全校上下都掀起了一股学生努力学、教师认真教的热潮，形成了良好的学术氛围。记得那时在学校召开的全国性教学、科研学术会议可真多呀！在全国外语教学工作会期间，马曜先生专门请与会的北京大学的许国璋、李赋宁，南京大学的陈炎等主持编写大学外语教材的大师为我们本科生作学术报告，教我们应当如何学好英语，确实感到受益匪浅。全国文学创作研讨大会破天荒地在我们这所名不见经传的学校召开，百余名著名的老中青三代作家济济一堂，由于新时期突然产生的“代沟”以及各种不同观点的碰撞而你来我往地“争吵”得不可开交，学术气氛空前活跃。马曜先生还请来了当时正在昆明东郊的撒梅人村庄中做调查的香港中文大学人类学系教授谢剑先生为我们作学术报告，使我们初次接触到人类学并了解了这门学科的新进展……由于广大师生都亲身经历了学校整体的、非常迅速的变化过程，内心中充满了对马曜老校长的无比感激之情！

我于 1982 年初毕业留校任教，马曜老校长给我们这些留校以及从其他高校分来的青年教师布置的第一项工作任务，就是分成若干小组，由有经验的老教师带队，分赴边疆民族地区调查民族教育情况。我们小组十分幸运地被派赴德宏州调研，这是解放初期马曜老校长通过深入实际调查研究，提出了著名的和平协商改革以及“直接过渡”等理论与政策的地方。我们用近两个月时间将当时该州的 5 县 1 镇都走了个遍，对当地民族教育情况有了初步的了解和切身体会，明白了应当怎么去教好来自民族地区的少数民族学生。记得无论到什么地方，一提起我们老校长来，许多少数民族干部群众都交口称赞。直到数十年后的今天，从中央到云南省也还在大力提倡“直过民族”地区的精准扶贫，马曜老校长理论的魅力与持久适用性于此可见一斑！事实证明，当年老校长从学校相当有限的经费中挤出点钱来，让新入校的青年教师上好了解民族教育第一课的做法，确实是大有深意的，这绝对是很有必要的“花小钱、办大事”的明智之举！可惜在马曜先生卸任之后，这种被实践证明确实是行之有效的做法就没能再坚持下来了。

为了扩大学校的影响和推动科研工作的发展，马曜老校长还联合北京、四川、贵州、广西以及西藏等省市区的学者于1980年创建了“中国西南民族研究学会”，并亲自担任首届会长。这是一个在国家民政部注册的全国性学会，被学界公认为组织活动最多、最好的学会，在多次评比中获得了表彰。马曜老校长筹划进行了对金沙江、澜沧江、怒江、岷江、大渡河、雅砻江等六江流域以及贵州省的“六山六水”的民族学综合调查，组织了专门研讨壮学、藏学和彝学的多次卓有成效的学术活动，还同美、法、日、加等国学术机构开展了丰富多彩的学术交流活动。他在4年任期届满后坚决拒绝连任，只同意担任名誉会长，但一直关注着研究会的工作，倾注了大量的心血。我于1991年被推选担任该学会的副秘书长，一直到现在担任了常务副会长，向马曜老校长以及何耀华、郝时远、李绍明、张声震、余宏模、周锡银、覃乃昌、翁家烈等诸位曾经先后担任会长、副会长的著名专家学者学到了许多为人处事的道理。

记得在南昆线建成并正式通车那年，中国西南民族研究学会的百余名学者汇聚到广西开年会，召开了主题为“南昆线的建成通车与西南各民族繁荣发展”的学术研讨会。马曜老校长不仅在女儿梦昆的陪同下亲自与会致辞，而且还特意乘坐新开通的南昆线列车体验了一把。这次会上学会领导决定首次尝试评审参会优秀论文，并推举我担任评审组的组长。我曾以年轻、学养不够为由多次请辞未果，只好与担任副组长的四川省民族研究所所长周锡银、广西壮族自治区民族研究所所长覃乃昌以及贵州省民族研究所所长翁家烈等年高德劭的先生一道展开紧张工作，终于从中选优评出了一、二、三等奖。由于我们把唯一的一项一等奖评给了一篇似与会议主题相悖的论文，引起了与会学者的争议与不同反应。因为该文一反多数参会论文仅为南昆线的开通与西南各民族的繁荣发展大唱赞歌的做法，颇有见地地提出了南昆线的开通并不一定能够使得西南各民族的繁荣发展的“不合时宜”的论断。作者有理有据地列举了成昆线开通几十年并未使得沿线的凉山彝族地区繁荣发展等实例，认为只有努力形成“通道+集镇+市场+……”的发展模式，西南各民族的繁荣发展才有希望！我们评审组坚持认为这个一等奖评的并没有错，而马曜老校长、何耀华会长等“大佬”以及多数学者都坚定地支持我们，于是我就代表评审组在闭幕大会上登台宣布了最终的评审结果。

马曜老校长虚怀若谷、平易近人，在中国西南民族研究学会的工作中很会容人和团结人，实际上是研究会的真正核心。记得有一次在四川凉山召开中国西南民族研究学会的年会，马曜老校长在大会开幕式上第一个登台发言。针对当年学界争议不休的南诏、大理国族属问题，他讲清了南诏主要由彝族先民中的贵族和彝、白等族的民众所组成，而大理国则主要由白族先民中的贵族和白、彝等族的民众所组成。此论一出，顿时弭平了各种争论，于是乎“天下大定”。1992年学会在西藏拉萨开会，会前几个月西藏社会科学院院长平措先生就带着会议筹备组成员专程来昆，向马曜老校长汇报筹备工作进展情况并讨教。尽管马曜老校长因年事已高，不打算远赴高原参加这次盛会，但还是亲自率我们热情接待了平措院长一行，为后来会议的成功举办奠定了良好的基础。

由于云南民族大学领导更迭等种种原因，在马曜老校长逝世后不久，中国西南民族研究学会总部曾一度从我们学校外移到云南省社科院等单位。通过何耀华会长的精心谋划和我们的积极争取，研究学会总部几经周折好不容易才重新回归到了我校，终于可以告慰马曜老校长这位研究学会创始者的在天之灵了！

为了更好地纪念在云南民族大学建校60多年历史上这位居功至伟的老校长，推动学校高水平大学建设工作的迅速发展，在马曜老校长逝世以后，我曾多次向学校领导班子建议学习借鉴西方发达国家高校行之有效的先进经验，在我校专门设立马曜讲座。经过多方努力，这一愿望终于实现了！马曜讲座从2013年12月19日开讲至今已经整整完成了50讲，共有数万师生受益，并在学术界产生了良好的反响和形成了一定的品牌效应。现特将各讲的主讲嘉宾及讲题等情况附上，供大家参考：

序号	举办时间	讲座人	单位	讲座题目
1	2013.12.19	杜杉杉	美国杜兰大学	云南社会性别民族学对西方“中国研究”的修正
2	2014.3.5	郁丹	德国马普宗教与民族多元研究所	民族志的视觉性与影像的文本性——探讨21世纪影视人类学的使命
3	2014.3.5	彭文斌	重庆大学	藏边墨尔多神山——空间与地方叙事
4	2014.3.7	潘蛟	中央民族大学	凉山彝族人口流动的理论和政策意涵
5	2014.4.17	瞿明安	云南大学	马曜的学术思想
6	2014.4.29	张继焦	中国社会科学院	城市：少数民族移民与民族工作
7	2014.4.29	董建辉	厦门大学	谱牒资料的利用与人类学田野调查

续 表

序号	举办时间	讲座人	单位	讲座题目
8	2014. 5. 8	K. Yome	印度观察家研究基金会	印度的地区外交：利益与战略
9	2015. 5. 16	彭兆荣	厦门大学	中国饮食文化遗产中“品尝”的人类学解释
10	2015. 5. 22	吴泰伦	缅甸仰光东方大学	缅甸少数民族与缅甸
11	2014. 5. 29	李大龙	中国社会科学院	中国边疆问题与边疆研究
12	2014. 6. 19	陈文德	台湾“中央研究院”	个人名字与社会生活——台湾卑南人的姓名解析
13	2014. 6. 2	Katherine P. Kaup	美国福尔曼大学	云南壮族与广西壮族族群认同比较研究
14	2014. 11. 6	贺圣达	云南省社会科学院	我的东南亚研究：经历和体会
15	2014. 11. 13	徐黎丽	兰州大学	黄土高原南部山区村庄60年土地流转——以何柳庄为例
16	2014. 11. 13	刘世哲	中国社科院《民族研究》编辑部	中国民族学学术转型与《民族研究》选稿取向
17	2014. 11. 14	王铭铭	北京大学	谈“民族志学术区”
18	2014. 11. 14	周大鸣	中山大学	概念与学术研究
19	2014. 11. 15	丁宏	中央民族大学	流动的文化边界：以回族的视角
20	2014. 11. 15	张先清	厦门大学	边缘与中心：东南人类学的反思
21	2014. 11. 20	周晓虹	南京大学	中国研究的可能立场与范式重构
22	2014. 11. 27	Helen Penelope	美国加州大学洛杉矶分校	东南亚及印度民族演艺在欧美的演出、传承及社会意义
23	2014. 12. 9	王文光	云南大学	云南多民族形成的历史探索
24	2014. 12. 12	陈庆德	云南大学	经济人类学的研究方法
25	2014. 12. 12	刘志强	广西民族大学	广西民族大学的东南亚研究：历史、现状、经验与教训
26	2014. 12. 13	薄文泽	北京大学	泰语汉语关系词的历史层次

续 表

序号	举办时间	讲座人	单位	讲座题目
27	2014.12.26	郑晓云	云南省社会科学院	国际视野中的水文化：理论与实践
28	2015.4.14	何明	云南大学	民族与国家：中国西南与东南亚边境民族的跨国流动
29	2015.4.30	许利平	中国社会科学院	“一带一路”与中国周边命运共同体
30	2015.4.30	庄孔韶	中国人民大学	人类学的学术研究及其转换
31	2015.5.8	方铁	云南大学	丝绸之路的历史变迁
32	2015.5.14	赵杰	北京大学	汉语和周边外族语的关系
33	2015.6.11	段立生	中山大学	东南亚历史与文化
34	2015.6.19	林超民	云南大学	青山绿水——云南生态变迁的人文思考
35	2015.6.17	钟智翔	解放军洛阳外语学院	存在或假设——兼谈东南亚区域文化的形成
36	2015.7.10	杨筑慧	中央民族大学	民族学与“物”的研究
37	2015.7.12	和少英	云南民族大学	西南少数民族民间信仰的生存空间
38	2015.9.21	马大正	中国社会科学院	当代中国边疆治理的几个问题
39	2015.10.20	李东红	云南大学	多样性：云南少数民族及其文化
40	2015.12.16	王铭铭	北京大学	关于社区研究法的整体论和局部论
41	2015.12.17	王建民	中央民族大学	谈情感与感官民族志
42	2015.12.17	庄英章	台湾“中央研究院”民族学研究所	帝国晚期竹堑地区的豪绅、社群与婚姻模式：北埔姜家的历史人口学研究
43	2015.12，18	石硕	四川大学	从青藏高原地域看藏族的人文特点与价值观
44	2015.12.19	李松	文化部民族民间文艺发展中心	价值困境——社会变迁中的文化传承
45	2016.3.28	贺圣达	云南省社会科学院	东南亚地区战略格局与云南面向东南亚辐射中心建设
46	2016.4.11	张江华	上海大学	“文明”到边疆：一个现代性概念在广西土司地区的传播与实践
47	2016.4.12	田敏	中南民族大学	从科学民族志、实验民族志到主体民族志：田野的立场与视角

续　表

序号	举办时间	讲座人	单位	讲座题目
48	2016.5.10	刘曙雄	北京大学	“一带一路”和非通用语种人才培养
49	2016.5.13	马健雄	香港科技大学	拉祜族研究与边疆史：云南少数民族研究中的人类学视角与地方社会
50	2016.5.27	熊景明	香港中文大学	应时而生的“小历史”写作

2016年元月

（和少英，云南民族大学教授、原副校长）

马曜教授与我人生道路的两次选择

张桥贵

1987年我从云南民族学院（今云南民族大学）中文系毕业，分配到云南省民族研究所民族宗教研究室工作。尽管我在大学期间就对民族学有浓厚的兴趣，也发表过这方面的译作和习作，但要专门研究民族学宗教学，毕竟还是隔行如隔山，没有什么明确的计划步骤可言。条条都是路，不知向何处去才能少走弯路。在此之际，我有幸能经常接触马曜教授，是他指引着我走上学术的道路。马老教我在众多的云南少数民族中，依据其社会经济文化形态，从先进、后进和较先进的民族中各选择较为典型的一两个民族进行实地考察，然后再进行比较分析和分类研究，以求对云南少数民族多种社会经济文化形态下的宗教，有一个比较全面的了解和整体的把握。在他的指导下，我先后对白、藏、彝、苗、傈僳和独龙等民族的宗教文化进行了实地考察，果然如他所言，顿觉豁然开朗。

通过4年的调查研究，我已积累了比较丰富的第一手资料，在学术刊物上发表了10多篇学术论文和考察报告。同时，我也再次深切地体会到，自己毕竟不是宗教学专业出身的，缺乏有关宗教学方面的系统训练，而很难将自己的分析研究上升到宗教学学科的高度，难以用自己调查所得的资料建立宗教学的理论模式，基本停滞在资料的搜集和简单的整理归类。感觉如同没有从师学艺的小木工，拿到再好的木料，也只会做出简易小桌子、小凳子。

其次，我还时常碰到有关道教、苯教与巴蜀文化的一些问题，因没有系统地学习过这些领域的知识，又无这方面的名师指点而无法展开深入的分析研究。我多次求教于马曜教授，他老人家谦虚地说："你这是问道于盲。"并告诉我：你现在正面临着的是深入下去或是游离于研究对象之外的选择，建议你去四川读读研究生，那儿有对道教、宗教学理论，对苯教和巴蜀文化等研究领域有建树的专家学者，学到的东西多能与你这几年所调查的资料结合起来。

我听从马老的教诲，于1991年考取了四川大学宗教学研究所的硕士研究生，系统地学习了宗教学理论，才将以前调查中所得到的资料上升到宗教学的层面来展开研究，撰写并出版了《宗教人类学》一书；并于1993年获得提前攻读博士学位的资格，专门研究道教与少数民族的关系。我在四川大学学习期间，先后被评为优秀硕士生、“三好”博士生、优秀博士生和优秀研究生干部。在即将毕业之际，饮水思源，我的人生道路中两次最关键的选择，都是马老指点了迷途，此恩此情我相信是不会忘记的。

1996年4月2日

于四川大学研究生宿舍

（张桥贵，云南民族大学教授、校长）

马院长指引我学哲学、帮助我上北大、教我做民族工作的回忆

陶国相

1981年9月，未满16岁的我考入了云南民族学院。入学第一天，我到了“文化大革命”期间曾下放到我老家的中文系常竑恩教授家，在那里有幸见到了马曜院长。

常先生就读于北京大学中文系，大二后随校南迁昆明，进入西南联大中文系，后随著名语言学家罗常培先生研究音韵学，是少数民族语言学的专家。我到常先生家时，马院长正与常先生商量全面恢复云南少数民族语文教育之事。随后，马院长又请常先生进一步联络西南联大留在云南的专家教授到云南民族学院任职。常先生提出还有一些云南籍在外省愿意回云南任教的专家，马院长当场表态让常先生尽快联系，尽量做工作。

常先生是很有学问，也很有个性的教授，但对马院长十分尊敬，称马院长为马公。马院长却谦虚地说，我只是西南联大的旁听生，常先生是科班出身，大家弟子。马院长临离开常先生家时，问起我的情况，他看我年纪小，问我有几岁？我说15岁多。他说我想起来了，你是今年招收的最小的学生，是学理科的，我主张文理要交叉，从理科选了一部分成绩较好的同学到以文科为主的民院来读文科。

马院长走后，常先生向我介绍，马院长与其他院长不一样，有学问，但很少有时间搞专业，带着学问去做行政，为大家服务；马院长是有智慧的民族史学家、教育家、民族学家和人类学家；他对党忠诚，热爱祖国，一生用自己的文化知识为国家工作，为了中缅勘界划界，为了边疆民族事业，给省委既当了参谋又出了大力；他在20世纪50年代创造性提出了原始民族直接过渡到社会主义的理论以及对进入奴隶制和封建领主制的民族采用和平协商土改的建议，被中央和省委采纳。粉碎

“四人帮”后，他为恢复云南民族学院四处奔走，并专门寻找西南联大留下来的学生，把民族学院文科办得有声有色，在云南甚至西南都很有影响。马院长的一篇《从西双版纳看西周》及一本《云南各族古代史略》奠定了他在学术上的地位。常先生说马院长在年轻的时候还是个大诗人。

马院长社会活动和学术活动较多，平时在学院里面见他较少。他在审定接待外国元首到校访问人员时，点名让我作为哈尼族代表参加。后来我有幸参与了英国女王、西哈努克亲王等外国元首访问学校的接待工作。他还让我参与接待了日本研究云南哈尼族学者的访问活动，对日本专家提出的“哈尼族文化有可能是日本大和民族文化的源头”的想法，马院长十分重视，指示进一步开展研究，并招收研究生。在接待完日本学者后，马院长问我喜欢什么专业。我回答喜欢哲学后，他说云南腾冲人艾思奇就是学哲学的，是毛主席的哲学顾问。解放后，毛主席让他到北大哲学系，改造那些旧哲学家，开始时不少人不服气，后来全部都被他的辩证唯物主义和历史唯物主义折服了。马院长说，你今晚到我家，我有一本艾思奇送我的《大众哲学》，可以借给你看。晚上八点，我到马院长家时，恰好遇到在国家民委工作的王天玺同志到马院长家拜访，马院长力邀王天玺同志到云南民院任职，王天玺说他是为起草《民族区域自治法》来基层搞调研的，上面有重要的工作离不开。王天玺走后，马院长说，天玺同志“文化大革命”前在北师大就读，是改革开放后第一批研究生，写的论文是关于哀牢山李文学起义的，很有分量；最近，天玺同志在乌兰夫、杨静仁直接领导下，执笔起草我们国家第一部《民族区域自治法》。马院长鼓励我，喜欢哲学就要努力报考北大哲学系的研究生，那里有冯友兰、宗白华、张岱年等全国最有名的哲学大家，如果我能考入北大，艾思奇送他的《大众哲学》一书，他就转送给我。马院长这句激励我的话，给了我巨大的力量。我大学假期几乎未回过家，自学了哲学专业的课程，全心努力把基础较差的英语补齐，还旁听了数学系的高等数学，为报考北大哲学专业研究生做准备。

北大研究生成绩公布后，我被列入了复试对象。马院长一方面为我高兴，另一方面又怕我复试后落选，专门派教务处主任到北大，又写信给时任北大副校长、研究生院院长朱德熙，说明我是云南独有的、解放前连文字都没有、较落后的哈尼族第一个报考北大研究生的学生，希望学校能录取。在马院长关心下，我终于如愿，成了当时云南少有的、进入北大哲学系攻读硕士研究生的青年。

我进入北大后，马院长又亲自写信，介绍我去拜访任继愈先生、季羡林先生、傅懋勣先生等名家，让我增长见识，聆听大师的教诲。

在我研究生毕业后，马院长鼓励我到民族地区基层工作。在我担任县、市主要领导职务时，马院长亲自题写郑板桥的“衙斋卧听萧萧竹，疑是民间疾苦声。些小吾曹州县吏，一枝一叶总关情”来教育我。在我到省级机关工作后，马院长又积极支持时任省委副书记王天玺同志，与我们一起积极推进民族文化大省建设，担任首席顾问。在我受到不公正待遇时，他挺身而出，向省里负责同志讲理，得到领导的理解和谅解。当我提出不在《求是》杂志社搞编辑工作时，他支持我到艰苦的藏区任职，并亲授治藏妙计，指点我们打造香格里拉品牌，挖掘茶马古道文化内涵，主推文化旅游业，减少森林采伐。马院长还告诉我，在藏区工作，要团结和尊重活佛，可借用他们的威望来帮助做群众工作，甚至处理一些难题。我到藏区工作后，与当地向初活佛、江楚活佛、崩主活佛、仲巴活佛、舍子活佛都成为好友，在处理一些群众纠纷问题和一些维稳工作时，我还专门请他们出面帮助做群众工作，收到意想不到的效果。

马院长政治上的高度，体现在他的国家责任和对人民的情感上，体现在他的政治敏锐性和坚定性上。1989 年的政治风波使大陆秩序严重受扰，马院长了解到他解放前的旧相识，也是云南地下党组织的死对头，任过台湾“立法委员”和“总统府国策顾问”的云南景东陶府后人陶荣向台湾当局建议，趁大陆内乱，想办法煽动居住在大陆边境五分之四的少数民族与政府作对，搞渗透分裂。马院长得知这个信息后告诉我说：“你是共产党培养的干部，我相信你。你老家家族里的长辈陶荣是顽固的反共人物，他的举动应引起我们的重视，你尽快联系你服务的省领导赵廷光同志，他分管民族边疆工作和国家安全，我要直接向他汇报。”后来马院长汇报的这一情况引起了上级的高度重视。1999 年出现“法轮功”组织闹事后，我被安排去组建云南处理和转化法轮功工作办公室并开展工作。此时马院长已 80 多岁高龄了，他在电视新闻上看见我们在做教育转化工作后，给我打电话说，我们民院附近原来也有不少修炼法轮功的人，受了李洪志的骗，要教育他们分清是非，这个很重要。但不少练功人员是为了强身健体去参加的，有的还是有困难、有各种问题的群众，他们被法轮功组织拉走了。这些年我们党的不少优秀传统丢了，优秀传统文化缺失了，这些群众才会跟着李洪志走，这要引起我们更深层次的思考和研究。

在我承担云南藏区维稳的重任，在雪山草地间，邀请爱国爱教且在当地有极高威望的仲巴活佛一起下乡调解群众与邻近省份虫草山纠纷时，马院长因病很突然的离开了人世，我未能送他最后一程，这成了我终生的遗憾。马院长在临去世前，在病床上，在他厚厚的学术自选集里，给我写了赠言，交与他的晚辈小友孙炯同志转交给我。

马院长是云南边疆民族工作的先驱，云南民族学院的“魂”，是我的人生引路人，我永远铭记着他。

2018 年 8 月 18 日

（陶国相，博士，云南文投集团董事长、党委书记）

回顾一段往事

徐敬君

1979年，由于中共十一届三中全会的推动，全国范围内展开了关于真理标准的大讨论，一场新的思想解放运动正在冲破一个又一个禁区，科学与教育终于迎来了蓬勃发展的春天。但在云南，由于它的落后与封闭性，对春天的感应是相当迟缓的。这年的11月，年已68岁的著名历史学家、民族问题专家马曜同志，被委任云南民族学院院长。上任伊始，他就向我下达了准备筹办经济管理系的任务。我既感到兴奋且期待，又感到挑起这副担子并不轻松。

我与马曜同志的交往始于那场史无前例的运动。1969年上半年，我们同在一个“五七”干校，还同在一个连队，又同住一个临时搭起来的帐篷。“斗批改”在紧张地进行着，他是大批大斗的对象，而我只能算作小批小斗的靶子。一个帐篷住了18人，而作为重点批判对象的他，只能住在最靠边紧挨着入口的铺位。不用说，区位条件是最不优越的。我看到，他除了接受大会小会的批判外，就是劳动，养猪、拉煤、挑水、打扫厕所，还要抽时间写检查。我还发现，就在中午短暂的休息时间，他还在阅读最高指示规定的几本经典著作。我一直在思索：已经沦为无产阶级的专政对象，还在阅读列宁的《国家与革命》；已被取消了工资待遇，阅读马克思的《哥达纲领批判》，是否还在思考社会主义的分配问题；还手不释卷地阅读《无产阶级革命与叛徒考茨基》，是否在探求“叛徒”“反革命”这些头衔的真正内涵。这需要多么坚定的马克思主义的信仰和巨大的精神力量才能做到啊！后来，“斗批改”结束了，有门路的纷纷上调昆明，而我们这些“多余人员”，只得打着“五七道路走全程”的旗号，同去泸西县大兴堡村“插队落户”。由于同在一个小“伙食团”，我与马曜同志的接触就更多了。除白天下地劳动外，时已年届六旬的马曜同志，还继续读书，思考各种学术问题，我们时常进行讨论，我从中受益良多。不久，总算落实了政策，取消了各种莫须有的罪名。他的内心固然十分激动，但看上去却平静如常，从2000多元的补发工资中，交了1000元党费，用500元资助生产队办养猪场，还资助虽然政治上早就翻了身但经济上非常困难的李建华一家200元，所剩无几。同时还一连写了30多封信发给那些曾激烈批判过他的“造反派”头头脑脑。宽厚、善良、豁达，不论在什么情况下都能够直言不讳，无论是困境逆境或顺境都保持光明磊落，直面人生，对于像我这样涉世不深，各方面都很不成熟的人来说，真是终生难忘。

1979年12月中旬，筹办经济管理系的政府文件下达，筹建工作即将开始。院长约我谈话：办经济管理系主要是为边疆民族地区培养现代化的经济管理人才。云南是多民族省份，经济文化很落后。新时期的民族问题实质上是经济发展问题。民族教育发展不起来，不能培养一大批专业干部，或是这些干部没有接受现代化的专业教育，不用说实现民族地区的现代化，就是要实现真正的民族平等、民族团结和边疆稳定，都是非常困难的。培养人才必须广揽人才，而且要不拘一格，过去在极左政策摧残下的老一代知识分子要落实政策，更要下大力培养年轻人，三五年内组建起一支老中青结合的高质量的教师队伍，还要注意培养少数民族的专家、教授。听了院长的话，一方面受到鼓舞，同时还感到困难很多。当时，我在民族学院任教已近8年，这里不仅办学条件很差，许多基础设施不具备，教师队伍的规模、质量都难于达到大学本科教育的要求。还由于旧体制和过时的办学模式的影响，在部分领导和教职工中，时有批判“刮大学风”的苗头，真是困难多多，阻力重重。虽然早在1977年民院已纳入地方高校招生，开始与正规化的高等院校接轨，但基础工作还是相当薄弱。我罗列了一些困难，认为至少要筹备两年才能开始招生。院长一听，打断了我的话：“不能拖延，从现在开始筹备，明年开始招收新生。”并特别嘱咐我：“筹备组长由教务处长王平曾同志担任，你年轻气盛，容易得罪人，要注意，既要积极工作，又要处理好各种关系。”并调岳怀仁同志参加筹建工作。

没有几天，腾出两间共40平方米的旧锅炉房，正式的三人筹备组成立了。不知疲倦的王平曾同志，工作热情令人感动；岳怀仁同志的积极性和工作能力，更是人所共知。我上有依靠，下有帮手，大家一起投入了紧张的筹建工作。1980年1月，院长又向我们交代任务：第一，1977年招收的政治系3个班，在自愿的基础上，按照一定的条件，组成一个经济管理专业本科班；第二，公开招聘教师，进入要不拘一格，并进行业务考核；第三，开学后除对77届第一个本科班进行专业课程补课外，准备8月份招收新生。第一个本科班的组成，虽然学生的积极性很高，但实施起来谈何容易。“突出政治”“政治高于一切”的年代虽已过去，但定型于传统体制下的思维模式，仍在顽固地困扰着人们的头脑，哪怕是改变一下原有体制中的一个微小的部位，都是极为困难的。但由于领导的支持，几经周折，到了1980年春季，这个组合班终于按照经济专业的要求组织教学了。其间，聘请复旦大学、中国人民大学、中国社科院以及来昆参加学术研讨会的专家、教授来系讲学，或开设专题讲座，这些都得到院方支持。事实证明该班毕业后留校任教或留昆明工作或分配到民族地区的学生，现都已成为教学、科研或党政部门的骨干。这个班毕业前夕，院长还特别指出，从毕业班选一批适合教学与科研的学生留校，留校后，分别送往复旦大学、厦门大学、四川大学、兰州大学、中国社科院进行深造。经管系教师基本队伍的形成，就是从这里起步的。

1980年8月，院长带队去玉溪招生期间，我和院长曾发生一次小争议。由于民族地区教育落后，生源虽多，但越是边远地区、民族山区的考生考分越低，相比之下大理白族地区考生所占比例偏高。院长听取了汇报后，提出批评：“白族考生不应照顾，他们可考其他院校。招生对象要向边疆、山区落后民族倾斜，要知道，这些民族对国家的统一，各民族的共同进步和社会主义建设，是作了巨大贡献的。”他明令“昆明考生一般不招”，并亲自动手，把一批高考分的白族考生档案退出，要求尽快退档。我的思想不通，试想，哪一个参加招生，想办学的人，不想多录取一些高考分的新生呢？不提高学生的整体素质，教学质量如何提高呢？我辩白了几句，等院长离开后，做了小动作，把要退档的若干高考分学生档案又偷偷地塞了进来。后来，院长发觉了，又批评了我，但既已达到了目的，也就默认了。在以后讨论民族学院办学方针、目标的会议上，院长多次强调：云南是多民族边疆省份，社会经济发展极不平衡，落后的民族地区最大困难是缺乏经济建设的专业人才，这个问题不解决，民族地区与经济发达地区的差距将会越拉越大。改革是发展的动力，现代化是发展的共同目标，云南民族学院的办学方向，应该从各民族的共同繁荣，解决新时期的民族问题，找到自己的位置。在经历了10多年改革与经济发展的风风雨雨之后，院长的这些主张，不是被历史验证了吗？云南的贫困问题，多民族地区的经济发展严重滞后，地区发展差距越拉越大，民族教育也始终没有大的突破，现在人们经常议论的物质贫困和精神贫困，不还在困扰着从上到下的各级决策者吗？

1981年，是云南民族学院大发展的一年，除经管系外，先后成立了外国语言文学系、民族语言文学系，并将数理系分设为数学、物理、化学三个系；经过无数周折，和有关部门进行了多少次的交涉及争执，终于建起了6000平方米标准化的教学大楼，这是民院成立30年来唯一的一座教学大楼。在当时的云南高校，也是领先之举，院长为此付出的辛劳，很多人可能已经忘记了。是年8月，民族学院以崭新的面貌，迎来了建校30周年的校庆纪念会，来自全国各地民族院校的领导、专家，国家民委和地方党政领导，云集学院，探讨民族院校办学的方针与体系，肯定了云南民族学院的创新精神和在短期内取得的成效，对在全国10多所民族院校中率先创建经济管理系表示肯定和赞赏。作为教育家的院长，虚心听取社会各界对办好民族学院的意见，阐述他关于新时期建设民族教育体制的思路与见解，形成了后来在《光明日报》发表的关于民族教育问题那篇著名论文的基本框架，引起了社会各界的普遍关注。

在经济管理系创建与发展过程中，院长特别关注教师队伍的建设和与外地一流大学的学术交流，以及和经济管理部门的经常性联系；强调一定要广招人才，进行广泛学术交流；多次说明一个系、一个学校办得好坏，有没有生命力，主要看有没有一支高水平高素质的教师队伍，这支队伍还必须与内地高水平的高等院校进行交流，取得信息，正视差距，提高起点，才能把学校建成“两个中心”（教学中心和研究中心）为民族地区输送大批的专业技术人才。而培养人才的高等院校，必须首先珍惜人才。有一件事，很能反映院长的爱才之心，惜才之情。在筹办经管系的初期，有位在解放前留学美国的老知识分子，解放后因冤案判刑，后虽刑满释放，但历史遗留问题并未解决。院长与其无亲无故，但为了政策的落实，倾注大量精力，并亲自派人事处负责人查阅解放初期的历史档案，历时半年有余，终于推倒了错误的历史判决，使这位蒙受了长达30年屈辱的老知识分子恢复了名誉、公职和副教授职称。他的积极性空前勃发，承担大量教学任务，并担任了系副主任。类似这种情况还有诸多例证。“施恩不图报”，是院长人格力量的一大特征。

1983年，已到70高龄的院长，在中央刚开始提出干部年轻化的时候，立即提出离休要求。后来虽又担任了几年的名誉院长职务，但早就将精力转入著书立说，一部又一部的学术著作陆续出版。到目前为止，云南民族学院院系与专业设置的基本框架，仍是在1983年以前奠定的。

而今，院长已85高龄，我也已年过六旬，每每交谈，向老人请教一些学术理论方面的疑难问题，我仍强烈地感到，老人仍在关心中国改革的走向，经济发展的势态，思考反腐倡廉的深层次问题，以及某些文化热点，仍以极大的热情关注着国家与民族的未来，不息的生命之火仍在燃烧。他那宽广的胸怀，巨大的人格力量，博大精深的学术见解，仍在感染着我……使我能够心情平静地面对周围发生的一切。

1996 年 9 月

（徐敬君，云南民族大学教授）

我把马老对我的帮助与鼓励变成对更多人的帮助与鼓励

——为纪念马曜先生逝世十二周年而作

刘绍川

最近在同白族老乡中央民族大学教授、老年大学常务副校长杨聪交谈中，提起了原云南民族学院院长马曜先生已逝世 12 周年的事。这马上引起我对马老的追思与怀念，便想借此来表达我对他的深情。

我是大理州剑川县原东岭乡白沙鼻村（现称剑阳镇文榜村）白族人，原在团县委工作，1956 年被领导保送到原中央民族学院上大学，1960—1963 年在中国人民大学读研究生。毕业后，我回民院任教与工作，直至退休。

在 20 世纪 80 年代初，我才与马曜先生有交往。他来京开会，不是他来民院看望白族老乡、探访他的老朋友，就是我们去他住的地方去拜访他。我们几家白族老乡曾各自做自己的特色菜来集体招待他。我也带他去拜访过他所要拜访的老朋友林耀华、马学良等。在与马老的多次交往和言谈话语之中，使我感到印象最深的是，他很有民族情感，很关注我们这批晚辈的发展；同时，他又与民院的汉族学者及其他民族的学者们有热情交往。他既不同于白族知识分子中那些看不起外地人、有点“狭隘民族主义倾向”的人，也不同于那些生怕沾上本民族边、却只爱讨好有权势的“老大哥”的那种利己主义者。马先生关心白族晚辈又广交各族朋友的精神，正是令我尊敬他、学习他的根本原因，也使我一再感动得不断运用于自己实践、向别人反复宣扬马老的这种精神。

马老对我的关心，有两点使我永生难忘：我的第一篇文章《要根据新的形势和任务来理解政治》是通过马老的推荐，在云南大学《思想战线》上发表的；他还发现并赏识我的思考能力，并鼓励我要发扬自己的思考能力。

1985年学校领导打算提拔我出来办校报。我征求马先生的意见，他说，“你有做学问的思考能力，最好是继续搞教学和科研工作，不宜做行政事务工作”。于是，我在大庆上课期间就向校领导写信，请他们另选用别的人。但当我返校的时候，任命通知书已下达，我只好服从。但我没有忘记马先生对我的帮助和鼓励。我明确地提出了“为学生成才服务”的办报宗旨和“双服务”（即为作者和读者服务）方针，尽力为师生发表文章提供帮助，并把我的“思考能力”变成创造性的办校报实践。我创办了《中央民族学院周报》（后随学校改名而更为《中央民族大学周报》）。经过10年的不懈努力，出版了我的校报文集《烙在校报上的育才心印》。

实事求是地说，马先生对我的帮助和鼓励，以及我学习马老的精神，不是只写在纸上的文字，而是渗透到了我的血液和灵魂，变成了我也帮助和鼓励他人进步的实践。换句话说，我已把马老对我的帮助与鼓励，化成我给更多人帮助与鼓励的实践，从而使马老对我的帮助与鼓励获得了大大的增值。与此相联系的，马先生对我的影响还有两点，就是他那老当益壮，老有所为的不老精神。

马先生70岁那一年，我回云南，住到他家里。之后，马先生应邀参加路南彝族自县治成立30周年活动，他把我也带去参加。这期间，我看到了马先生所参加的各种庆祝活动，而使我特别在意的是他的那种老当益壮的精神。他每天早晨坚持用凉水擦洗身子，他很重视健康，坚持每天散步；还让我陪他去逛石林。为了安全起见，当往上爬坡、登台阶时，他走在我前面，要我紧跟在后面，好护着他；当下山、下坡、下台阶时，他要我在走前面，他在后面跟着。这样，他就用行动使我学会了怎样带老人安全上下山的办法。马老的健身方法和安全意识，对我的老年生活提供了生动的学习榜样。

马先生退休后，并不是过休闲日子，而是集中精力做学问，出了不少学术成果，还寄赠来给我们。马老的这种精神也鼓舞了我。因此，我一退休就选择了“退而不休”的道路。在20年的退休生活中，我也取得了超越自己在职时的成就。

我曾打算在马老100周岁时，约校内老乡回到马老身边，为他祝寿。这个愿望虽然没有实现，但可以告慰马先生在天之灵的是，我没有辜负他对我的帮助、鼓励和影响。

马老逝世后，我出版了《激励各级学生成才成功的心语》一书，这是我资助家乡贫困生和奖励本村优秀学生事业的反映；还出版了《入党：让大学生活闪闪发光》一书，这是我深入学习、认真研究当代大学生先进分子发展过程，激励大学生争取入党、坚持创先争优发展方向的典型（“点评”）材料。这些都与我学习马老精神分不开。马老的学问、人品、精神内涵极为丰富，我只观察和学习到一点点。但是，当我从实践中体验到马老对我的帮助、马老对我的鼓励的深刻意义之后，我就把帮助别人、鼓励别人当成自己不可推卸的人生事业，当成学习和弘扬马老精神的必然。我 80 岁后应聘为中央民族大学离退休干部处《金秋》杂志的编委，积极主动地动员、鼓励老人们写稿，认真帮助他们修改文稿。

祝愿有更多的白族知识分子继承和发扬马老的精神，既要广交朋友，向其他民族的人学习先进思想，也要积极主动地关心、帮助和鼓励白族晚辈的成长与进步。这既有利于我们党和国家事业的发展，也是白族知识分子和一切成功人对本民族发展进步的义务。

关心和帮助本民族青少年的成长与进步，是光荣的事业。我们要像马老那样言传身教，尽力而为，代代相传，发扬光大。

2018 年 9 月 30 日

（刘绍川，中央民族大学教授）

循循善诱　诲人不倦

——回忆马曜教授

杨　聪

马曜教授十分关心年轻人的成长，而且循循善诱，这是包括我在内大家公认的。我直接感受更多的是他诲人不倦。

一、与马曜教授相识

1980年秋，我在北京与马曜教授相识。这次与马曜教授的相识，是因为他到北京出差，顺便到中央民族学院（今中央民族大学）看望几位大理籍教师。那天参加的人不多，一共就6人，我是其中最年轻的，是那天到场人的晚辈。马曜教授长我近40岁，应该是我的爷爷辈了。之后，我与马曜教授一直保持联系与交往。我们这次相识，谈了很多关于西藏的话题。因为之前不久，我刚从西藏回到北京。

1980年夏，我到西藏出差碰上了特殊情况，在西藏滞留两个多月，耳闻目睹了许多事。我们这次碰上的特殊情况：一是到达拉萨后，正赶上援藏干部分批内调工作的展开。由于援藏干部几乎分布在所有的部门，而且许多是在领导岗位上，大家忙于内调，许多工作一度不能正常进行，我们进藏要办的事就被拖延。二是改革开放后，在国家“欢迎达赖回国”的舆论中，1980年七八月间，流亡国外的达赖喇嘛派回了三个团组到拉萨寻根访问。这三个团组分别是达赖喇嘛的大哥土登诺布的团组；达赖喇嘛的妹妹吉尊白玛带领的教育团组；藏青会五人团组。我们在拉萨与这些团组同住西藏自治区第一招待所。参加接待达赖喇嘛大哥土登诺布团组的人员中，有我校的徐盛老师，其夫人马润春是与我们一起到西藏工作的成员之一。由于我们自己的工作不能开展，就参与了前两个团组的参观活动，与他们在一起多日。

由于我在北京多年参加学校接待外宾的活动，知道一些如何解答外宾提出的问题的方法，能掌握国家的政策、原则和分寸。在参与接待达赖喇嘛的大哥和妹妹几天的活动中碰上疑惑问题，我偶尔会有插话。西藏自治区负责接待工作的同志觉得我能掌握国家的政策和原则，就鼓励我大胆与土登诺布先生交流。于是，我们除了白天参加土登诺布团组和吉尊白玛团组的活动外，晚上的时间就常常与土登诺布先生一起喝啤酒，与他交流了许多问题，也解了他的许多疑惑。

马曜教授对西藏的事很关心。我给他讲许多在西藏的见闻，他都认真地听。他同时提出了许多关于西藏的问题，我都就所知作了回答。其实，那天我对西藏见闻的讲述，是在马曜教授的不断提问和引导中一点点深入的。特别是，他听我讲述与达赖喇嘛的大哥土登诺布先生交流情节时很有兴趣。在交谈中，我始终把马曜教授作为长者和学术楷模，敬畏相伴。由于马曜教授的谦虚和诚恳提问，我的紧张情绪逐渐减少，气氛宽松。他不断鼓励我发表看法，说我头脑清楚，看问题客观，对国家的政策比较了解，分析问题有原则。还说，以后有什么事多找他联系。

我就这样认识了这位贵人。在以后的20多年中一直保持密切的联系。

二、马曜教授为我的三本书作序

（一）为《大理经济发展史稿》写序的前后

拙著《大理经济发展史稿》1986年10月出版后，我写了一篇文章：《认真·严谨·无私——马曜教授在审阅〈大理经济发展史稿〉中表现的学者风度》，刊在《大理文化》1986年第6期，文中客观地记述了马曜教授的学者风范。

《大理经济发展史稿》的写作已经进行了5年，但还没有与马曜教授交换过意见，因为我总觉得拿不出手。1985年9月中旬，征求意见稿油印后，我特地给马曜教授寄了一份。马教授收到书稿后，很快来了一封信，称赞该书稿“难能可贵”。一个多月后，按大理州人民政府的安排，我从北京赴大理参加《大理经济发展史稿》审定会。途经昆明时，专程看望了马曜教授，并征求了他对书稿的意见。

马曜教授年过古稀，虽已退居二线，但社会工作仍很繁重。我想他对于约20万字的文稿恐怕来不及细看，但出乎我的意料，马教授不但对书稿做了认真审阅，还写出了比较详细的书面修改意见。他指出，该书提出了一个十分重要的科研课题，值得称赞。然后，马教授又认真地把他对这本书稿的意见与我作了十分细致的交谈，并提出了一些修改意见。

当谈到书稿中引用的部分内地农耕和手工业材料的处理时，马教授指出，内地材料的引用，不但起不到充实的作用，只会冲淡大理地区农耕和手工业的特点。宁可让这些方面的材料暂时短缺，也不要去充数。为了进一步修订该书稿，马教授无私地提供了一些书目和资料。

在谈到书稿的修改工作时，马教授说：“广泛征求意见是应该的，但不要把自己的思绪扰乱了。这个稿子基础很好，主要内容和文字也是很好的，很难得，作为大理州建州30周年的献礼是很有意义的。这个稿子修改的工程已不大，再花个把月的时间就可以了。大理的审稿会结束后，最好就留在昆明，专心修稿”。

这次交谈一直到了夜里11点钟。

我离开昆明赴大理参加会议时，又与马教授约定一周后即10月29日晚再次拜见他。当我开完会回到昆明的那天，因下小雨，我去看望马教授的时间稍晚了些，马教授估计我不会来了。他把第二天到渡口参加中国石棺墓葬讨论会的行装准备完后，又专门给我留了信和已经查到的资料。当我冒雨前去时，马教授不顾第二天即将踏上旅途的疲劳，再次热情地接待了我。我转告了该书稿审定会上，大家建议请马教授写序的意见后，马教授尽力推荐由别人写。当我再次说明这是大理几位主要专家的共同意见时，马教授同意了为该书稿的出版写序。

翌年2月，马教授到北京参加“民族问题五种丛书”会议，会后留在北京住院治病。在手术后的休养过程中，写出了序，并做了多次认真地修改。

虽与马教授相识多年，也有过许多交往，对马教授治学的严谨态度早有深刻印象。通过这次对拙稿的征求意见，我真正看到马曜教授认真、严谨、无私的学者风度，及对后一辈人的热情关怀。

这篇短文发表后，马曜教授几次给我说过：内容虽然客观，其实不必去宣传。

（二）为《白族教育史》写序

马曜教授为《白族教育史》写序，是我去信提出的请求。

1993年9月3日，我给马曜教授去信相求：近年来，我承担了国家教委“八五”重点科研课题“中国少数民族教育史丛书”子课题《白族教育史》的编写工作。目前，初稿已完成，按要求10月份要交稿出版。全书定稿约25万字，内容涉及古今各个时期。在定稿前，请您老为拙著作序。

我在信中还写道：这次，我想要求出版社对序作者的署名用其亲笔体，以作永久纪念。请您老在不带格的白纸上签个名，便于制版用。

同月22日，马曜教授来信，把写好的序寄了来。同时寄来的还有马曜教授用毛笔写在白纸上的3个签名，供我们选用。马曜教授还在信中建议，把该序先在我校学报上发表。我收到信和序后，拿着序言复印件和信去同《中央民族大学学报》编辑部商量，他们非常高兴有马曜教授的稿件。于是，这篇序就在该书出版前发表在《中央民族大学学报》1995 年第 2 期。

遗憾的是《白族教育史》的这次出版，没有按约稿单独成册，而是合订到《中国少数民族教育史》三卷本的第二卷中，书的内容包括序倒是完整地保留了。由于三卷本要成套出售，对读者非常不便，出版多年后，除大型图书馆收藏外，一般读者就没有机会接触此书。

2015 年，在大理州人民政府及大理州白族文化研究院的大力支持下，《白族教育史》被纳入“白族文化丛书”系列，通过修订后由云南民族出版社单独出版。这次的修订，主要是遵循马曜教授早在其序中提出的“本书不足之处是作者接受编写任务后，未能到大理州各县进行考察，也来不及到湖南、贵州和四川等地白族地区进行调查，希望在再版时加以补充”的建议作些增补。这次修订版中专为贵州和湖南两地的白族教育各设了一章，基本实现了马曜教授的遗愿。

以上许多工作，从无到有，又逐步完善，是在马曜教授循循善诱中推进的。

（三）为《中国民族百科全书》（第 13 卷）写序

这是我承担的科研课题中工程最大、耗时最长的项目。从 1997 年初接受任务，到 2015 年 8 月出版，持续了 18 年。该项目是在中共中央统战部、国家民委的主持和领导下编纂的。全书的名誉主编是费孝通、主编是李德洙，其内容包括全国 56 个民族，共 15 卷。我是第 13 卷的主编，该卷定稿出版时为 1465 千字，包括聚居在滇西北地区的白族、傈僳族、纳西族、怒族、独龙族等 5 个民族。内容涵盖各民族的方方面面，大家习惯简称该卷为“白族卷”，因为本卷的头一个民族是白族，作为主编的我是白族。还有，我聘请的本卷顾问马曜教授也是白族。

1999 年 4 月，该卷的初稿编写已经完稿，我在给马曜教授去信汇报的同时，明确请他为该卷写序。马曜教授欣然答应。由本卷的内容决定，不但要涉及 5 个民族，还要反映他们共同的和各自的特点。这些正是马曜教授的专长，因为他长期研究云南的民族问题。

马曜教授在该序中明确指出：

> “从古至今，白族、傈僳族、纳西族、怒族、独龙族之间有着密切的联系和交往，在经济、文化等方面，既有相互间的影响，也有各自的特点。”

"傈僳族、怒族、独龙族聚居的怒江州山高谷深，交通阻塞，生产落后。19世纪末至20世纪初，大批白族、纳西族人进入怒江地区，带去大量的铁质农具和比较先进的生产技术，这对怒江各民族经济和文化的发展起了积极的作用。"

"在现代经济文化建设中，由于地域上的联系，白族、傈僳族、纳西族、怒族、独龙族在共同发展中将会创造出新的辉煌。这一区域有丰富的资源。除大理、丽江丰富的历史文化遗产和得天独厚的自然风光外，还有丰富的矿产、水力、森林、动物、药材和旅游等资源。本区域内已探明的铅、锌共生矿为全国之首，是世界三大矿床之一，特别是这里的电力资源和旅游资源潜在优势很大。澜沧江、金沙江和怒江的电力资源正等待开发。继大理、丽江两大旅游区建成后，怒江大峡谷也有重要的旅游开发价值。在中国经济发展的重心从东部向西部转移之际，大理、丽江、怒江的发展指日可待。"

遗憾的是，由于各种复杂的原因，《中国民族百科全书》没有按计划如期出版。拖至第18年即2015年8月才由世界图书出版西安有限公司正式出版发行。此时，马曜教授已经故去多年。不过，这些年来大理、丽江、怒江3个州市的发展，印证了马曜教授的预言。

难得的是，马曜教授每次在序言中都要提及我本人，给我鼓励，还会客观地指出书中的不足。

三、马曜教授的人格魅力

自1980年与马曜教授相识后，我们的交往除了工作上，还渗透到了生活中。由于与马曜教授的密切交往，他的人格魅力在亲和、诚恳中不断体现出来。

1993年初，马曜教授来北京出差。他与我联系上后，就明确说："这次来北京，想抽空请中央民族大学的几位老乡老师去世界公园玩。"我们按约好的时间去了世界公园。在入口处购票时，马曜教授说什么也不让我们买票。他反复说："是我请你们来的！怎么能让你们买票。"他的忠恳、坚持，我们只能退让。那天，我们一行5人在北京世界公园慢悠悠地玩了一天。我作为晚辈，自觉承担了查找线路、拍照等杂事。

1994年1月中旬，马曜教授带着女儿梦昆来北京。受我的邀请，他们到我家吃了一顿便饭。由于与马曜教授交往多了，我比较了解马曜教授的生活习惯。那天，我给马曜教授炖了一锅排骨山药，而且比平时炖的时间长，马曜教授特别喜欢吃。

就在那天的吃饭前，梦昆看见我的儿子阿理左手用绷带挂在脖子上，询问后方知是两天前手腕被摔骨折。那时，我的阿理 7 岁多。梦昆通过观察，发现这孩子骨折打石膏处红肿，而且不让摸，特别敏感怕疼。她判断：这孩子骨折的地方没有复位就包上了。她慢慢地亲近这个孩子，孩子终于让她摸了，还逐渐友好了起来。梦昆给孩子说：医院的石膏没有包好，阿姨帮你打开看看好吗？我们有点犹豫。这时，马曜教授说："梦昆是骨科医生，让她帮孩子看一看。"我知道马曜教授的为人，于是就同意了，孩子也点了头。于是，被医院包扎的石膏绷带，被梦昆一层一层地小心地揭开。这个过程，孩子都比较放松。石膏绷带被揭开后，梦昆轻轻地抚摸着孩子的手，好像在同孩子玩似的。突然，大家听到孩子尖叫一声，额头上几颗黄豆大的汗珠滚了下来。这时，只听梦昆说："好了，好了，可以包上了！"原来，梦昆是在给孩子的骨折处重新复位。在孩子的哭声中，揭下来的石膏用水和好又被敷上。渐渐的孩子也不哭了，重新打上石膏的受伤的左手又被挂在了脖子上。

一切处理完毕后，梦昆才说："幸亏发现及时。不然，骨折后没有复位的石膏包扎不但没有用，还会耽误最佳的治疗时期。"

过后，我才知道梦昆 1983 年毕业于昆明医学院医疗系本科专业，1988 年毕业于上海医科大学（现复旦大学上海医学院）显微外科研究生专业，在昆医附二院骨科工作。她后来是该院的教授、主任医师，在脊柱外科、关节外科、显微外科领域有较深的造诣。

真的很幸运！如果不认识马曜教授，梦昆是不可能来到我家的；如果没有深交，那天梦昆是不可能就在我家为阿理骨折重新复位的。第二天，马曜教授让我带梦昆去长城玩。这一切，都是托马曜教授的福！

1994 年 1 月中下旬，马曜教授因眼疾在北京广安门医院住院治疗一周多。我几乎每天下午都到医院去看望和陪护他。后来，他病情好转，我们就每天晚上都到医院外去散步，边走边聊。有时候会不知不觉走到了天宁寺桥，然后再慢慢走回医院，这一趟约有 5 公里。我把马曜教授安顿好后，就骑自行车回家。有一次，我在去医院的路上，给马曜教授买去一个烤红薯，拿到医院时还在烫手，我让马曜教授趁热吃了。他一边吃一边说了几次"好吃"！我看他吃得真的很香。他还说："云南就没有这样又大又甜的红薯"。

马曜教授这次病愈准备出院回昆明时，让我帮助联系云南民族学院办公室派人到昆明机场接机之事。他这次委托，是于 1994 年 1 月 21 日给我写了一封信的形式安排的。他把信交给我后又说："打电话、联系人是一件很麻烦的事。有时候电话打不通，有时候打通了电话又找不到要找的人。这样写在纸上，就可以反复联系。"那时，没有手机，长途电话也不是上哪里都能打的。为了使此事万无一失，他在信外又写了一张纸，留了备用的其他联系电话和人员姓名。有了马曜教授如此细心的安排，我的落实当然没有问题了。

1994 年 2 月 3 日，马曜教授给我邮来一封信，告知："二十八日晚，安全到家。这次来京治病，得到你们无微不至的关心和照顾，至今念念不忘。"此事虽然过去了 20 多年，我仍记忆犹新。

2001 年 7 月，马曜教授托我送一盒三七给他在北京大学的老朋友季羡林先生作为 90 岁的生日礼物。他明确并告诉我："东西送到后，不要久留，20 分钟以内为好，否则会影响老人的休息。"我于 7 月 16 日去拜访了季羡林先生。他知道我是马曜教授的同族老乡后，非常高兴！那天，我们谈了很多云南的事。季羡林先生说，他 1962 年去过大理，对大理的人文山水印象很深。我几次看表（时间）告别，季羡林先生都没有让走。后来，季羡林先生的助手兼秘书李玉洁还帮我们合影留念。可见，季羡林先生与马曜教授的感情是非常深的。

总之，在北京马曜教授的朋友圈里，我是最年轻的。我除了帮他联系一些人外，他还多次寄一些书来让我分发。他们很多都是马曜教授的挚友。

我就这样有幸地在马曜教授一步一步地帮扶中成长。1999 年评聘为中央民族大学的经济学教授。马曜教授是我学术和事业发展中的贵人！

2018 年 7 月 24 日于北京

（杨聪，中央民族大学教授）

长者风度　学人风范

——回忆我与马曜先生的交往

李晓岑

马曜先生是云南20世纪白族最著名的学者之一，作为深受马老影响的晚辈学人，我至今还深刻地记着这位长者的人格风范。

我最早是在1988年夏天到云南民族学院拜访马曜先生。当时我是中国科技大学的研究生，研究的题目有云南青铜器和云南回族天文学家马德新等，假期回云南收集材料，很自然就去找马老这样的云南民族学专家请教。当时马老已年近80岁，他热情接待了我，还向我推荐了民族考古学家汪宁生、回族研究专家马维良等人。

1990年后我回到云南，与马曜先生见面的机会多了起来。1993年后，我家住在云南大学东一院，离马老住的民院家属区很近，我晚上常常去陪他散步，一起散步的还有云南民族学院的几位老师，如物理学家王志符先生和文史专家蔡川右先生等。王先生是20世纪80年代初风行全国的《普通物理学》（发行达350万册）的主要作者之一，我读本科时用过此书作为教材。王先生1988年会见过英国科学史家李约瑟，所以我对王先生多了一份亲近。我们常常陪着马老在云南民院的家属区走上几圈，几位先生的话都不多，马老则比较健谈。马老的视野开阔而宏大，有极强的社会责任感，他的谈话常常让人深受启发，这是我受教育的极好机会。

马曜先生历来以爱才闻名，我工作的云南省社会科学院，其前身是云南省历史研究所，集中了一批社科人才。20世纪70年代末，马先生任云南民族学院院长时，就几乎一锅端地把人才挖到了民院，有汪宁生、王叔武、宋恩常、黄惠焜等民族学和文史大家，集中了当时云岭的优秀社科人员。云大副校长、著名学者林超民先生说过，云南民族学院的社科人才很长时期内对云南大学形成很大的压力。王志符先生是马老50多年的好朋友，一生坎坷，1978年被马老从大连理工大学引进到云南民院，组建了理科专业。马曜先生用人不拘一格，不管他是否右派、何种历史问题或阶级成分，唯才是举。当时云南社会上有评论：“马曜当院长，尽是用牛鬼蛇神!”汪宁生先生和王叔武先生都是学问极好、也多少有些名士派风格的著名学者，但谈到马曜先生，汪先生必敬称马老，王先生必敬称马公，可见他们对马老的敬重。对张锡禄先生这样自学成才的后辈，马老还专门写文章推介，现在张先生已是研究白族的代表性学者。对赵寅松等白族学者，马老也很关心。我的好朋友侯冲很有才，我向马老介绍后，引起他对侯冲成果的关注。一次在马老家，云南民族学院的一位主要领导报怨汪宁生先生有时对校领导不太恭敬，马老立即告诫他：汪宁生是有贡献的专家，一定要用人所长。

1996年，我写的《白族的科学与文明》申请云南省社科联的出版资助，两位研究白族的重要专家马曜先生和王叔武先生正巧是评审人，马老得以完整审读了该书。我去看他时，他告诉我了此事，并说：“你书中写的内容，已经超出了我们对云南民族史材料的掌握范围，文笔也不错。”以后出版时，当我请他为此书写个序时，他很高兴就同意了。序写得非常生动，这序在他的回忆录《85自述》中提到过，显然是他比较看重的文章。

马曜先生一直到90多岁还自己动手写作，文笔优美，观点鲜明。马老和我合作写了《云南》一书，这在我的学术生涯中是很荣幸的事。此书是为迎接1999年世界园艺博览会在昆明召开而编写的，云南民院校方很重视。书中的正文主要由马老写，我帮马老查了一些资料和数据，也参与了正文的少部分写作，并执笔写作了该书附录《云南科学技术史概述》的长文。马老最早的意图是要把该文放入他主编的《云南简史》各章中，以弥补该书中几乎没有科技史内容的遗憾，所以《云南科学技术史概述》章节的划分与《云南简史》完全相同，但由于技术上的原因没有放进去。以后出版《云南》一书，就先把它收入其中。该书出版时，马老说他没有用云南民大的钱出过书，此书他就不署名了。我听后表态，既然马老不愿署名，我当然也不能署名，所以该书出版只用了“云南民族学院编”的名义。但何昌邑先生在将该书翻译成英文时，还是注出作者是马曜和李晓岑。为出版此书，我和杨国才教授在马老和编辑易山老先生之间做了不少联络工作。以后根据《云南科学技术史概述》的框架，我写出了《云南科学技术简史》一书，作为《云南简史》的补充读物。

晚年的马老，由于年近90高龄，身体已不方便，有些学术上打下手的琐事，也不得不靠我这样的晚辈帮他老人家做。马老并没有专门的学术助手，晚年他已不能事事躬亲，有的文稿是我帮他老人家校对的。《大理地区历代大事年表》这样的细活他交给我帮他做，花了约一星期的时间做完，我注意加入了一些科技史的成果，并悄悄把马老的事迹也加入其中。他文章中涉及的一些考古资料，也常常由我帮着查阅资料进行修订。在与马老有较多交往的后辈学人中，我可能是年龄较小的一位。

马曜先生博大精深的学术不是我这里几句话就能评价的。1977 年出版的《云南各族古代史略》是云南第一部古代通史，是研究云南最基础而资料又非常翔实的历史著作，云南的史学工作者大都是从阅读这本书进入云南史研究领域的。《云南简史》是他主编的面向大众的读物，体现了他研究云南各民族的学术思想。尽管《云南通史》已出版，但“简史”不简，从文字和内容都堪称目前最好的一部云南史。他最重要的著作是《西双版纳份地制与西周井田制的比较研究》，是以民族调查成果研究古代历史的典范。他写的有些论文水平极高，如发表于1981 年的《云南二十几个少数民族的源和流》堪称20 世纪 80 年代云南最重要的民族史论文之一。张增祺先生对我说过，马先生的《白族异源同流说》一文功力极深，他十分推崇。我认为马老最大的特点是学问中带有强烈的现实感，如 1975 年《思想战线》上发表马曜先生的《庄蹻起义和开滇的历史功绩》一文，引起了云南历史学界的一场大讨论。1975 年《历史研究》全文转载马曜先生的《论诸葛亮安定南中》，则提供了解决“文化大革命”后期云南安定局面的一个历史案例。马老提出的边疆少数民族地区“直过论”（在民族地区不划分阶级、不重分土地，直接过渡到社会主义），更是对云南民族发展有深远影响的观点，是学术研究影响社会现实的一个光辉范例。

马曜先生很有才华，他的诗写得极美，如《此碧湖赋》长诗，就在云南诗歌史上占有重要地位，季羡林先生十分推重这首长诗。马曜先生待人很宽容，但有鲜明的是非观，对社会发展非常关心，常常把自己的思考置于祖国发展的命运之中，他是有极高修养的学人，不愧是我们白族优秀的儿子，是白族人民的骄傲！

2018 年 8 月

（李晓岑，南京信息工程大学二级教授、科学技术史研究院院长）

我心中的马曜先生：革命家、学者与诗人

金丹元

马曜先生是我十分敬重的一位德高望重、蜚声中外的史学家、民族学家。能与这样一位被季羡林先生称之为“道德文章并重”的前辈学者结识，多年来聆听他的教诲，以至后来成为无所不谈的忘年之交，我深感荣幸和感激。这真是一种缘分啊！

作为一名集革命家、学者与诗人于一身的前辈，他的人品、学识、为人与斗争精神可谓绝代风流、享誉学界。他 1931 年考入上海光华大学经济系。同年，“九·一八”事变后加入中国共产党，在沪西区委领导下做工运和学运工作，后又在湖北、南昌和云南多地从事地下工作。1937 年后又积极参加抗日斗争。是年，在香港会见郭沫若，并以诗和郭老《归国书怀》，郭老将马曜写的抗战诗歌交广州的《救亡日报》发表。1942 年至 1945 年期间，他在云南组织“正记运输公司”雇用马帮船户，承运食盐支援滇西抗日战线。1945 年与闻一多、楚图南等联系，竞选云南省参议员，利用合法身份从事争取民主之斗争。1949 年 8 月奉省工委指派与时任云南省主席卢汉谈判，敦促卢汉起义。前前后后，历经多种艰险困苦，置个人安危于不顾，为云南的解放和新中国的成立呕心沥血、克尽天职。解放后，他一直从事云南省的民族工作，并从事民族史的教育和学术研究，先后任云南大学教授、《思想战线》主编、云南民族学院院长、《云南民族学院学报》主编。1975 年他的学术论文《庄蹻起义与开滇的历史功绩》发表后，香港《大公报》全文转载，《光明日报》随即开展了相关讨论。同年在《思想战线》第 3 期发表的《诸葛亮安定南中与和抚少数民族的历史功绩》一文，被当时的《历史研究》转载。而早在 1963 年，马曜教授与缪鸾和合写的论文《从西双版纳看西周》就已经引起史学界的强烈反响，此文后又由马曜先生进一步作补充、整理、加工，形成专著《西双版纳份地制与西周井田制比较研究》，在学术界引起轰动，得到匡亚明、佟冬先生的高度肯定。1980

年，马曜任国家民委委员、中国民族学学会副会长。20世纪70年代至90年代，他先后组织编写或主编了各种学术论著，如“民族问题五种丛书”、《云南简史》等。1982年马曜先生受聘为《中国大百科全书·民族篇》分编委委员，《中国历史大辞典》云南省编委会副主编、主编。改革开放后，马曜先后访问了美国康奈尔大学、弗吉尼亚大学、南加州大学等，将云南少数民族文化推介到国外，又应邀去香港中文大学讲学，获得广泛好评。一生兢兢业业，勤奋踏实，生命不息，工作不止。

马曜先生还是一位才华横溢，功力深厚的诗人，他早年在上海求学时，就得到当时沪上名家如吕思勉、徐志摩、钱基博、潘光旦等先生的器重，他的诗集《此湖精舍诗》于1948年出版时，钱基博先生亲自为之作序，并誉之为“因才抒藻，不乏遒响”，赞马曜为“滇南诗人”。后季羡林先生称赞马曜道：“先生不仅为诗人，还是造诣精湛深入化境之诗人。”马曜的诗意境高远，用典精当，情景交融，气象万千，尤其是他的律赋《游此碧湖赋》，荡气回肠，又柔情似水，跌宕起伏，又韵味深婉。当年马曜送我此赋时，我读之再三，不禁拍案称绝，此赋以骈句、对偶为基本要求，籍以抒情、述怀、言志，洋洋洒洒，挥写自如，绮丽多变，浪漫委婉。我当时就想起海明威的《老人与海》，随即变题写了一篇《老人与湖》的美文赏析，此文先录于我的由台湾业强出版社出版的《我以禅心看世界》一书，后又被收入《马曜先生从事创作学术活动五十周年纪念文集》，我认为此“赋中自有青莲之豪迈胸襟，少陵之沉郁凝重，奇峭不羁堪与长吉媲美，自出机杼企及义山用典”。正如季羡林先生所言：“具有此等功力者，寰中几如凤毛麟角。”

马曜先生，大家都尊称他为“马老”，这不仅是因为他年龄大、资格老，更重要的是他为人耿直，胸襟坦荡，且又平易近人，成人之美，甚至还嫉恶如仇，爱打抱不平。自1985年至1995年，我在云南民院任教这十年间，与马老多有交结，特别是后几年的相处中，我们几乎天天见面，每天晚上马老都会邀我去操场散步，后来王志符先生也一起加入晚餐后散步的行列。我常听他们说古论今，谈学术，说当世，受益匪浅。马老会讲起年轻时他在上海听沪上著名学者讲课的情景，钱基博的深厚国学根底，徐志摩的文采飞扬，浪漫情怀。兴之所至，他还会情不自禁地背诵起先秦诸子的文章，甚至背整段整段的《汉书》。我惊讶并佩服他的记忆力，真可谓博闻强记、学富五车，令人深感望尘莫及。他与王志符先生又常同忆当年在上海的趣事，如应聂耳通知参加欢迎世界和平大会主席马莱爵士的晚会，马老鼓励并资助友人去延安投奔革命，等等。马老爱才、惜才，“文化大革命”刚结束，他就忙着为各位老同志、老教授平反，恢复他们的职务、职称，后又不拘一格地引进了不少年轻学人来民院任教、工作。1991 年，我破格参评教授，因为是从讲师直接晋升为教授，要跳过副教授这一级，这在当时阻力很大，很多人都觉得不可能。但那时我已出版专著 4 部（其中两部是在台湾出版），先后在《哲学研究》《文艺研究》《学术月刊》《文艺理论研究》《外国美学》等全国有影响力的杂志发表了近 70 篇论文，马曜先生与张文勋先生认为，以我的成果与学术实力，已足可晋升教授。两位先生亲自为我作学术评审人，并极力举荐，此事曾成一时之美谈，20 世纪 90 年代中期，我的专著《中国艺术思维流论稿》出版，马老又亲自向季羡林先生索字为拙著题签书名，张文勋先生也高度肯定此书，并赐序推介。对马老与张文勋先生的多方关照和扶持，我深怀感恩，永志难忘。

云南民族学院盖新房后，几乎所有教授都分到了，唯独我因年轻，不仅没有分到新宿舍，就连旧房的调剂都轮不到，让年纪稍大我的副教授占了。因我的住房实在太小又简陋，所以我也有意见。马老得知后很生气，多次找校领导反映，认为首先要解决教授的住房问题，说他们不尊重人才、不爱惜人才，甚至提出要把他的住房让给我。民院其他多位老教授如王志符、汪宁生、杨知勇等也为我抱不平，据理力争。此事虽最后并没成功，但马老为我抱不平，不怕得罪人的言行举止，使我深受感动。特别是我在民院任教的最后几年，马老与我几乎无事不谈，包括他看不惯的事，他不愉快的事，都会向我倾诉，有时甚至别人请他写评语、作鉴定等，他也会交我代为执笔。于是，我们就成了真正的忘年交。我离开昆明，被引进至上海大学任教后，他与张文勋先生仍与我书信不断，举凡有新著问世，我们也都互相赠送。每次我回昆明避暑，一定会去看望两位先生，交谈甚欢，情深谊长。

马曜先生逝世已 12 年了，但他的音容笑貌，他那极富正义感的为人处世特点，他的人格力量和精神境界，仍历历在目，终生难忘，每每忆及，总有如沐春风之感。马老是我的良师益友，也是一个顶天立地的伟丈夫，马老身上所体现出来的学者风范，为人师表，他对后学的提携、激励，他的直率、刚毅与大度和时时映现出来的知识分子的良知，永远是我学习的榜样。当此马老离世 12 年之际，特写此文，以示深切的缅怀。

2018 年 5 月

（金丹元，上海大学影视学院教授）

扶风学脉　当无虚士

——怀念马曜先生

赵　勤

我国著名的教育家、诗人、学者马曜先生逝世3年多了。3年来，我时常想起马曜先生，想起他在90高龄还为我们拙作写序的情景。

1999年至2000年，我参与武汉大学党委副书记郝翔和社会学系朱炳祥教授等人为我家乡周城村编写《周城文化——中国白族名村田野调查》一书。在即将出书之际，二位教授提出：这本书的序，倘若请马曜先生写，那是最合适，也是最有价值了，因为马曜先生是名副其实的“云南才子”，是云南很有代表性的一代世纪学人，在中国学术界非常有名气，又是大理白族。

我们虽然这么想，也期望马曜先生为这本书留点翰墨，然而，他已九十岁了，他能动笔吗？他愿意写吗？

2001年1月14日晚上，我冒昧拨通他家电话，接电话的是一位语气亲切、温和的长者。一问是马曜先生！此时此刻，那浓浓的乡音，让我在电波中有一种说不出的激动与兴奋。马曜先生那一口地地道道的乡音，听起来，似乎不是发自五百里滇池边的电话那头，而是发自耳边，发自蝴蝶泉边邻居家的一位爷爷。此时，我觉得马曜先生与我之间距离很近、很亲，近得我们能抚摸到彼此之间血液的流动，甚至是一位师长与一位学生之间的亲切沟通。

在电话里，我向马曜先生讲述了这本书的写作方法及大概框架与结构，马曜先生听了后，非常高兴。

马曜先生在电话里回答我：“我一定写。因为周城村，是我们白族最有代表、最有典型的村庄之一，也是大理乃至云南对外开放的一个窗口。早在20世纪80年代初，我在云南民族学院工作时，就派人到周城村调查过。”马曜先生还在电话里知道我是周城村人后，更欣慰地与我交谈了他在周城村认识的人和事。

那晚上，我和马曜先生在电话里谈了足足40分钟。没有年龄悬殊、没有地位之分。这似曾相识，又有一见如故之情，让我感到欣喜，又有百般温暖。

第二天，由我执笔，朱炳祥教授稍有改动，我们先给马曜先生拟写了一份约1200字的短序，认为他年龄已高，不能写长，他也没有那么多精力动笔，只要他对这篇短序认可后签个名字就行。

1月20日，我和周城村党总支书记段晓云带上书稿和短序，去昆明拜见马曜先生。

晚上7点，我们敲响马曜先生家门。出来开门迎接我们的是马曜先生，他虽已90高龄，但是，精神矍铄、思维敏捷、记忆很强，让人根本看不出是一位“老寿星”。

在他简朴的客厅里，面对这位和蔼慈祥、学富五车、才高八斗、著作等身的师长，我们心里既高兴又拘谨。马曜先生看出了我们有点紧张的样子，亲切地说：“你们别客气，我们都是一家人了。”马曜先生这一说，打破了我们腼腆局面。

我们叙谈了近半小时后，才把早已打印好的34万字书稿和序交给马曜先生。他看着这厚厚书稿和序显得格外欢喜，说：“周城这么大的自然村庄，走遍中国，走遍东南亚也难以找到这么大、这么好的少数民族村庄，她是我们白族文化研究中值得关注的村庄，有多少东西可以挖掘出来。白族是一个历史悠久、文化灿烂的民族，她在云南历史上曾起过十分重要的作用。现在，内地大学教授来研究周城村，这是一件好事，我们要积极支持和关心他们工作。”接着，马曜先生又问我们：“这本书的序，什么时候要?”

“我们力争在今年上半年内将这本书出版出来!”我们回答。马曜先生翻了翻书稿和序后说：“你们请我作序，应该早把书寄给我，让我先看后才写。你们时间太紧了。”

离开马曜先生时，他还赠送我们他的大作《叱碧精舍诗注》，并亲笔写上“赵勤同志正之。马曜。2001. 1. 20”。

1月22日十点钟，段晓云因办其他公事，我按时来到马曜先生家。见他还在书房里伏案写稿。书桌上摆满了几十张密密麻麻的书稿，字写得大个大个，甚至一排排都是歪歪的，旁边摆着几百度放大显微镜。显而易见，这是马曜先生在视力十分低度和模糊下，一笔一画写序!

看见马曜先生眼睛是红红的，似乎在这二天时间，他没有很好休息过，专心致志，呕心沥血写这篇序稿。我心里感到万分内疚，又感动！

我坐在马曜先生旁边好久后，他才放下笔，真诚地对我说："赵勤同志，那晚上你们走后，我就阅读书稿了。你们时间太仓促，我只看了提纲与部分章节，没认真看这本书。昨天下午才开始动笔，一直写到晚上二点钟。现在，还未写好。今天，我还不能交稿。晚上，我请人抄写后再看一看。明天十一点钟，你们过来拿吧，真对不起了。"

第二天，太阳刚映照美丽的翠湖时候，我和段晓云再到马曜先生家里。他坐在客厅的藤椅上还逐字逐句审阅请人抄写的稿子。当未发现序稿有错漏后，他才放心地把这篇序交到我们手里。

当马曜先生热情地送我们走到家门口时，他还谦虚地说："我的双脚走路不方便，不送你们下楼了。另外，这篇序，是在你们起草的基础上，我加进了云南白族族源和历史简况，难免有不足之处，你们可以修改。"

马曜先生治学严谨，哪怕给人写一篇序，也这么认真，不轻易随意写稿，风范品质，不愧为著名学者季羡林先生说他"道德文章并重"之人。亦如与他有七十多年深交的王志符教授在《马曜从事创作学术活动五十周年纪念文集》中的那篇名为《不记前嫌，爱才如命》的回忆文章中所说："他对朋友嘱托之事，看得比自己的事还重。已愈84岁（1995年）高龄，以带病之身，对朋友要写的东西，力疾开夜车也如期赶写出来。"

而今，研究云南边疆白族村落的《周城文化——中国白族名村田野调查》一书，已被台北大学列为社会人类学专业必读书，并在全国学术界引起关注，这更让我想起为这本书写了5000多字序时的马曜先生；想起马曜先生做人与做事的可贵品德与精神；也让我想起了在他客厅里，悬挂着我国著名学者任继愈在马曜先生九十寿诞时，亲笔赠送那一副楹联：扶风学脉，当无虚士；鲁殿灵光，赖有斯人。

（载于《大理日报》，2009年9月30日第3版）

（赵勤，大理作家协会理事）

学高为师　身正为范

——怀念马曜先生

赵寅松

臧克家在《纪念鲁迅有感》中写道："有的人活着，他已经死了；有的人死了，他还活着。"马老就是那种肉身离去，精神永存的"世纪学人"。

作为与马老交情甚笃的学生和晚辈，一直想写点文字缅怀马老。但又顾虑自己拙劣的文笔破坏了珍藏在心中的美好回忆。值此省文史馆约稿，鼓起勇气写几句自己的亲身感受与诸位同仁分享。

我与马老的认识可以追溯到30多年前。当时我有幸成为恢复高考后的首届学生就读于昆明师范学院，那代人中的每一个都如饥似渴地追求新知。所以，每到星期六晚上，我都去白族史专家王叔武先生家求教。记得有一天晚上，王先生家来了一位客人。经介绍，我才知道原来是洱源老乡，云南民族学院院长马曜先生。他很友善地与我打招呼，由于身份悬殊，我不便与马老深谈。但他对普通教师的关心和平易近人的风范给我留下了深刻的印象。

1987年，我和马老同时当选为云南省第七届人民代表大会代表，在大理代表团相处5年。毕生耕耘在教育战线，尤其是民族教育战线的马老，对我这个大理州民族中学校长十分关心。我们在一起总是有说不完的话，他鼓励我在大会上发言，积极为民族教育建言献策。我景仰马老的道德操守，学识文章。5年相处，我获益匪浅，终生受用。

20世纪90年代，马老为解决自己家庭的一点历史遗留问题来到下关，与我们全家共同生活了几个月。作为1931年入党，享受老红军待遇的原云南民族学院院长，中共大理州委、州人民政府专门指派两办负责人到我家请马老入住苍山饭店或洱海宾馆，但马老认为自己办的是私事，执意留住我家。最近，全党都在向杨善洲同志学习。联系马老家庭、子女和他本人的社会声望，他与杨善洲同志惊人相似，这是他们老一辈人给我们留下的宝贵精神财富。

马老与我同乡，马氏一门因出了“一门三将”在洱源声名显赫。在昆明求学时也拜读过马老的文章，但如此较长时间的朝夕相处，受教于马老的耳提面命是我这辈子的荣幸。

马老有每天散步不少于3个小时的习惯，只要有空，我都陪马老在校园的操场上散步。边走边聊，古今中外，诸子百家无所不谈。马老告诉我，早年他在上海求学时正值国难当头，他与当时那些同样风华正茂的同学从上海步行到南京请愿抗日。他只身去襄阳策反范石生，与地下党员杨青田等一同为争取云南和平解放反复与卢汉斡旋。马老还为家乡的解放做了许多工作。新中国成立后，马老长期工作在云南民族工作第一线。他不唯书、不唯上，只唯实。从云南民族工作实际出发，提出了许多有见地的建议和意见被省委采纳。听马老谈云南近现代史简直就像话家常，让我学到了许多在教科书里学不到的知识，尤其是学到了马老做人做事的许多优秀品质。

马老主政云南民族学院期间，力排众议，从不同地方调入许多学术造诣精深的老师，使民族学院办学实现了新跨越。这在“文化大革命”刚刚结束，乍暖还寒的背景下，不仅需要海纳百川的学者胸襟，还要有无欲则刚的革命者勇气。至今人们谈起来，无不认为那是云南民族学院办学成果最为丰硕的时期之一。

世纪之交，中共大理州委、州人民政府成立了大理白族自治州白族文化研究所，实现了马老等老一辈白族学者们魂牵梦绕的夙愿。我将这一喜讯告诉马老并请他担任顾问，他十分高兴并欣然允诺。马老反复叮嘱，要充分利用州委、州人民政府提供的这一平台，重视田野调查和资料收集，重视白族文化研究资料库的建设；要广泛吸纳人才，整合各方面的人才资源，建好白族文化研究的人才库。他还自谦地说，要聘王叔武先生做顾问，他研究白族比我深。马老是海内外享有盛誉的“世纪学人”，道德文章，有口皆碑，他在学术探索的道路上，永不懈怠，永不停滞，永不封闭。每次拜访他，不是看见他读，就是看见他写。看着他90高龄还非常吃力地为他人作序，我劝他让别人写好再斧正一下就行了。马老严肃地说：“那怎么行，做学问是很辛苦的，好不容易有成果结集出版，怎么能随便应付呢！”这使我深受教育。今天，我们可以非常高兴地告慰马老英灵，由他和张子斋、杨明、王云等诸位白族先贤倡导编辑出版的，计划10篇百卷本《大理丛书》，在省、州人民政府的大力支持下，经过20多年的不懈努力，已编辑出版“金石篇”“方志篇”“大藏经篇”“族谱篇”“考古文物篇”“白语篇”“本主篇”“史籍篇”“建筑篇”，余下的“艺术篇”正积极创造条件完成。《大理丛书》的顺利出版，国内外专家学者好评如潮。国外研究白族的专家学者，国内就读民族史专业的许多硕士生、博士生，都将这套丛书奉为至宝。云南大学的几位研究生因为书价较高，干脆将“考古文物篇”10卷用数码相机一人拍摄一卷，然后拼装成电子版使用。许多学者由衷地说，这套立足大理，面向云南，服务全国的大型资料丛书，本该由国家级、省级完成的课题，大理州完成了，这是对民族文化的重大贡献。追本溯源，还是马老他们奠定的坚实基础。毫无疑问，这一凝聚着马老等白族先贤们厚望的皇皇巨著必将与苍洱同在。

马老虚怀若谷，平易近人。桃李遍及海内外，但总是以耿介清廉自守，真正做到了活到老、学到老、探索到老。以白族族源研究为例，1956年，《云南日报》开展白族族源讨论时，马老从《史记》关于“昆明族”在滇西地区活动的记载中得出白族起源于“昆明说”；到1972年以后，负责主编《云南各族古代史略》时，据李京《云南志略》，改从“僰人说”。20世纪80年代编写《白族简史》时，又依据新发掘的考古资料，提出白族主要起源于洱海周围的土著居民“洱滨人”的主张，并认为后来从川东南迁来的僰人也是白族的一支，提出白族异源同流说，但最早的先民还是“洱滨人”（材料来自谢本书教授所著《世纪学人：马曜评传》）。这种不断与时俱进，敢于自我否定的学者风范正是今天我们所要学习和大力弘扬的。

云山苍苍，江水泱泱。先生之风，山高水长。马老魂归故土的那一天，他的家乡下了起了毛毛细雨，而近在咫尺的县城却是晴天，从县城看过去正好有一道彩虹。这当然是巧合，但这一美丽的巧合正好降临到马老身上，他是当之无愧的。

2016年元月

（赵寅松，大理州白族研究所原所长）

马曜教授活在我心中

黄桂枢

马曜教授是20世纪云南和我国杰出的历史学家、民族学家、教育家和诗人。我认识他老人家，是在20世纪70年代末、80年代初到90年代。因我搞文物工作，读过他的书，从崇敬神交到亲自见面，历时十多年。我先后加入过云南省民族理论研究会、云南省史学会和中国民族学学会，在开学术研讨会时，有机会见到他并当面请教。

最先我于1979年4月在昆明新华书店，买到马老主编的《云南各族古代史略》一书，用心拜读过，这对我随后主编出版的《思茅地区文化志》《思茅地区文物志》很有帮助，提供了难得的参考史料。1983年8月，我因论文入选，到大理出席云南省第三届民族理论研究会，见到了马曜教授，向他汇报了我学习他主编的《云南各族古代史略》大著的情况，他很高兴，鼓励我继续努力，作出新贡献。

1990年5月，我的另一篇论文《云南思茅元代整控江摩崖史实考证研究初探》入选，应邀出席“第四届泰学研究国际会议”。5月11日，我到昆明翠湖宾馆报到，真巧，又见到了马曜教授，我和省里的历史学家、文物考古专家一起和马老交谈起来。省社科院历史学家王懿之先生和省博物馆李昆声馆长向马老介绍了我这次应邀参会的这篇研究整控江摩崖的论文曾在1988年2月入选“国家民委民族问题五种丛书”之一的《云南民族文物调查》一书（马老是国家民委委员，是“民族问题五种丛书”云南省编委常务副主任），这次又入选应邀参加“泰学研究国际会议”，说我是省里地州一级难得的人才。马老很高兴地对我说：“很好！你的论文填补了《元史》的漏载和《云南通志》的误载，给云南增添了一项省级重点文物，值得称赞！”我们交谈后，马老高兴地与我握手，并和其中5位专家学者合影。这两张照片是难得的历史留影，我保留珍藏至今已28年，现赠予“马曜文化展示馆”留作纪念，亦表我对马老的崇敬之心。第四届泰学研究国际会议期间，马老又签赠我一本他与缪鸾和先生著的《西双版纳份地制与西周井田制比较研究》，马老在书的扉页上写着："桂枢同志　正之　马曜　1990.5.12 日　于泰学会"，我拜读珍藏至今，对我从事民族文物考古研究，受益匪浅。

1989 年 7 月，云南省诗词学会成立，早在民国时期对古诗创作已有成就的马曜教授被聘为学会名誉会长，我因业余爱好古典诗词楹联，出席了省诗词学会成立大会，并被选为理事。几年后，作为诗人的马老在民国时期的古诗作结集为《此湖精舍诗注》由蔡川右教授注释后出版了。1997 年 10 月，我得到一本马老签名赠我的《此湖精舍诗注》，在该书扉页上签着"马曜敬赠　一九九七年十月"字样。这本集作有 261 首古体诗、律绝诗，作于 1927 年至 1948 年间，1948 年曾刊行出版过，书有 20 世纪云南教育家、数学家熊庆来的书名、扉页题签，有 20 世纪 6 位著名学者的序：罗庸序、王灿序、钱基博序、徐嘉瑞序、刘文典序、阎毅序，以及作者自序。马老的这本诗集，是我学习的范本，常学常读。马老的诗，情景交融，提纯物象，净化情志，如橄榄咀嚼，味在酸咸外，别有风味，独树一帜，我慢慢地有所领悟，十分难得。

今年（2018 年）2 月 6 日，我应邀赴安宁参加"2018 中国·安宁楹联文化艺术节"，巧遇马曜教授贤侄马荣邦先生，一同出席了此活动。艺术节组委会在当天大会上，为云南省楹联文化产业作出突出贡献的"优秀楹联艺术家"108 人颁授"荣誉证书"，马曜教授名列优秀楹联艺术家第一位，我本人名列第 46 人。马荣邦先生是为其叔叔马老领受荣誉证书的亲属。我的一副征联还荣获"入选奖"，我和马先生一同登台领受证书。在台下谈起我与马老的一些交往，荣邦先生向我约稿写回忆录，我在安宁题写了"天马曜辉"横幅，"题赠马曜文化展示馆"，真是"安宁获誉成文友，天马曜辉有后人"。

马曜教授毕业于上海光华大学和西南联大，早年入党，革命一生，教学研究，学识渊博，著作甚多。平易近人，德才典范，受人尊敬，虽已仙逝，常存心中。他是著名教授，杰出学者，对云南和我国的历史学、民族学、教育学、社会学和诗学发展作出过杰出贡献，生平传略上过《云南专家学者辞典》《中国现代教育家传》等辞书。我现只就我所了解和接触到的点滴作一点回忆，并提供有关照片和书籍资料影印件给"马曜文化展示馆"，作为我对马曜教授诞辰 107 周年，逝世 12 周年的真诚怀念。尊敬的马老永远活在我心中！

2018 年 4 月 22 日

（黄桂枢，普洱市文物管理所原所长、研究员）

我的老师——马曜

赵　卓

我认识马曜同志已近半个世纪。那是1948年的秋天，我考入云南大学外语系，马曜同志是我们语文课的教师。他从《庄子》《诗经》等古典文学中选出若干名篇进行讲授，讲解精辟，颇受同学们的欢迎。那时我和他尚无更多接触，只知道他是一位进步教师、省参议员，家住会泽院侧后的小平房。1949年8月初，我离开云大到思普游击区（即今思茅、西双版纳地区），而他在我后的一个月“九九整肃”中，也离开了昆明。从50年代初起，由于我们都从事民族工作，我与他的接触就逐渐多了起来。记得在1953年9月下旬，我随普洱地区赴京参观团先到昆明，然后再到北京、上海、广州等大中城市参观。在昆明期间，中共云南省委边疆工作委员会办公室通知我向省委汇报。我着急了，因为来时宁洱地委（即后来的思茅地委）办公室告诉我，这次出去纯属参观没有汇报任务，所以未带片纸只字的材料。我感到为难，想说明情况，竭力推脱。但办公室王主任毫不松口地说：“你在澜沧干了两三年，凭脑子记得的也无问题。”此时，马曜同志也到办公室来，先前我并不知道他在此工作，突然见到，是尊称“老师”呢，还是喊声“同志”？一时有点犹豫。我还是喊了一声“马老师”，以示尊敬。他很亲切地回答：“以后就同志相称好了。汇报还是要汇报，不必紧张，准备一下没有问题。”经他这么一说，并帮我找了一份我们上报的社会调查材料，顾虑顿释。汇报任务完成尚好。同时，在此之后我也就一直以“马曜同志”相称，感到还更尊重真挚。

1960年前，我在中共澜沧边疆工作委员会与他时有工作接触。1960年底，我调到省委边委边疆处。他是处长，我是副处长，又做了他五六年的助手。“文化大革命”期间，我们都在弥勒县云南省第一“五七”干校五连，虽都是审查对象，但他的处境比我更糟。经过插队，我们都先后分配到昆明工作，虽不在一个单位，但往来还比较多。40多年过去了，我们间同志加师生的情谊也与日俱增。他的好思想、好品德、好作风，长期以来时时令我耳濡目染；常常对我言传身教，使我受益匪浅。

他敬业乐业，无悔无怨的精神使我非常敬佩。众所周知，从事边疆民族工作是一项十分艰苦的任务，必须作出许多牺牲。20世纪50年代初期，边疆许多地方尚不通公路，山高路险，需要长途跋涉，不少地方的路程都在一月以上。50年代末，虽然多数县已通公路，但由县到乡，到村寨还得背上背包，跋山涉水。到边疆工作，一竿子插至村寨，食宿常在少数民族群众家里，有时则在乡政府自己起火。民族上层对我们心存疑虑，民族群众对我们不甚了解，历史遗留的民族隔阂很深，语言不通，风俗习惯各异，困难重重，特别到山区吃菜、吃肉就难了。下乡后，往寨里一蹲，少则两三个月，多则半年以上，加上盘踞在境外的蒋军残部，还常常派遣小股武装入境骚扰。那时省委、边委的干部到边疆出差，随身都携带自卫手枪，工作之艰苦，可想而知。要想搞好边疆民族工作，关键在于"实事求是，从边疆民族地区的实际出发"。要做到这一点，就得深入实际作系统的调查研究。"不入虎穴，焉得虎子。"没有一点"一不怕苦，二不怕死"的精神是不行的。解放后，马曜同志就是中共云南省委民族工作领导小组成员之一，参与筹建云南省民族事务委员会和云南民族学院，1952年调省委边疆工作委员会工作，直至"文化大革命"中后期才调回云大历史系重操旧业。

云南刚解放，究竟全省有几种少数民族，各个民族的人口有多少，其分布状况如何？谁也说不清楚。不进行民族识别，弄清这个底数，如何建立民族区域自治，并进一步做好民族工作？马曜同志曾参加领导了这项工作。对于边疆土司区的民主改革，也是经过几年深入细致的社会调查，在吃透情况的基础上才提出了"和平协商土地改革"的政策，创造性地进行了已进入封建领主制地区的土地改革。马曜同志为此曾在西双版纳同工作队（组）的同志一起深入至数百个村寨进行历时8个月的社会调查，写成十余万字的总结报告，汇集300万字的调查材料。在德宏等边疆地区，他也同样参加了大量的社会调查。不如此，"和平协商土地改革"能凭空产生吗？马曜同志功不可没。对靠国境一线山区的景颇、佤、傈僳、独龙、布朗、基诺等尚处于原始社会向阶级社会过渡阶段的民族实行"直接过渡"政策，就是他在德宏景颇族地区经过调查研究后首先提出来，并得到中央、省委同意的。马曜同志坚持"没有调查就没有发言权"，不放过每个调查的机会。他在下乡的岁月里，尽管赶了一天路，傍晚歇下来后仍不顾疲劳，总要在村里找上几个人做点调查，不耻下问，虚心求教，并做到“每闻必录”。在涉及边疆民族地区的方针、政策和措施等重大问题上，他决不“想当然”，轻率提出意见。记得我还在澜沧边工委工作时，他就找我做过两次调查。

一次是1954年，省委边委正研究一个加强边疆民族山区的生产方案。适逢我到昆明开会，他便找我去谈情况，并征求意见。我向他汇报了澜沧、西盟、孟连3县拉祜族、佤族的生产生活情况。当时这类山区“刀耕火种”的生产方式还较普遍，群众生活十分贫困，春荒过后不久又闹夏荒。缺粮比例常常在70%～80%，突出的地区高达90%以上。生产上困难很多，急需帮助解决的是农具（主要是锄头）、籽种、口粮，如果可能在耕牛和兴修小型水利（主要是为了修沟开田或变“雷响田”为饱水田）上再给点扶持，便可逐步提高生产力水平。由于上述情况在边疆山区有一定代表性，所以他采纳了我的一点意见。

另一次是1958年底，在边疆“大跃进”中发生了边民离境外迁的事件。孟连县是全省边疆外出人数最多的两个县之一。马曜同志下来做调查。这时我也在澜沧县糯福区做争取外迁边民的工作。恰好我从糯福绕道返县，在孟连见到马曜同志。他们跑了许多村寨，调查工作刚结束。我将情况向他作了汇报。糯福当时有16000人口，外迁边民约占一半。有些村寨人去楼空。几十户人家的寨子跑得光光的，进到寨里听不到鸡鸣犬吠之声，一派静悄悄的凄凉景象。有的原有三四十户人家的寨子，晚上放映电影，观众却寥寥无几。这些情景使我十分痛心，边民的行动是对我们最为尖锐的批评。究其原因主要是我们在“大跃进”中执行了一套“左”的政策：在直接过渡地区划阶级，且搞了扩大化；在尚无条件实现初级合作化的直接过渡地区，一年内连续搞了初级合作化、高级合作化，最后是人民公社化，不顾条件，急剧改变生产关系；而且强迫命令，严重违背自愿原则，采取行政命令手段，企图消灭宗教。此外，还有“一平二调”、瞎指挥、苦战夜战、大购大销、大战钢铁，等等，一时人心大乱，几天之内边民纷纷涌往国外。马曜同志听后说：“孟连全县也跑了约一半人口，情况与你所谈的差不多，得很快返昆向省委汇报。”我同他同乘一辆大卡车返回澜沧，后立即到车站找车送他去思茅。

针对边民外迁情况，省委及时制定了若干具体政策。各边疆地、县委认真贯彻落实，很快收到显著效果。由于他长年累月下乡，对孩子缺乏照管，影响了子女成长，付出了沉重的代价。他留机关时则经常泡在为省委或省委边委起草文件之中，或为领导同志撰写讲话稿，夜以继日，有时甚至通宵达旦。他像老黄牛一样辛勤劳动，默默耕耘，不少部、委的同级干部都被提拔重用了，他还是依然故我——“老处长”。有政治运动来时，他还会被收拾一番，功过不分，是非颠倒。面对这一切，他却无悔无怨，泰然处之。

马曜同志平易近人，不摆架子，更不盛气凌人。在我同他共事的6年里，我没有见过他训斥苛责过哪一个下级。就是开展批评，也总是“和风细雨”，以理服人。他的学术作风，给我留下的印象更深。1973年春，我在云南省历史研究所工作，该所当时归云大领导。马曜同志在云大历史系任教。省委派梁文英同志来云大组织部分学者在原编写的《云南历史大事概略》基础上，另编撰一本时间跨度更长（原稿只写到护国运动，后要求写到卢汉起义），质量要更高一些的云南民族历史书，以供阅读。梁叫我亲去马家，请他速来面商。据我所知，他原不愿参与此事，但在梁的说服下，只好接受。这次编写工作，云大领导指定马曜、张贡新、赵卓三人具体负责，并邀请了云大、师院、民院、省历史所和省博物馆等单位的江应樑、尤中、吴乾就、王叔武、王宏道、汪宁生等教授参加。马曜是主要负责人。在我调云南省外事办公室工作前，曾参加过一段此项工作。在他主持的讨论会上，我从未见过他自以为是，盛气凌人，他总是尊重别人，虚心听取不同意见；参与争论也是摆事实，讲道理，绝不无限上纲，乱扣帽子。由他主编的古代史部分，已于1977年问世，定名为《云南各族古代史略（初稿）》。1986年我离休后，参与了在马曜同志领导下编写《当代中国的云南》一书的第七编“云南民族问题与民族工作”和由马曜主编的《云南民族工作四十年》。在这两本书编写过程中，他费尽心血。首先是物色参加编写的合适人选。他办事，如此不辞辛苦，真是感人。凡是按政策、按情理该办的事，只要他能办到，总是不怕麻烦，乐于相助。

马曜同志不论是做人、做学问、干工作的精神、情操，无不使我由衷崇敬。他今年已是85岁的耄耋老人了，但仍“壮心不已”，孜孜不倦，笔耕不辍。正如他自己说的：“人老了，要问心无愧，对得住自己。”我想他已用他一生的实践，证明了他不仅对得住自己，而且也对得住党，对得住人民。

1996年6月

（赵卓，中共云南省委原民族工作部边疆处处长）

怀念马老

杨绍恭

马曜老先生已经离开我们12年了。一直以来，我是想写一点文字怀念马老的，但恐于自己才疏学浅，迟迟不敢下笔。最近，偶然的机会，有幸认识了马荣邦先生。马先生是马老的堂侄，虽已退休多年，却老当益壮，一直忙于马氏家族文史资料的收集整理工作。他告诉我，准备出版《马曜教授逝世十二周年纪念文集》，要我写篇文章。马先生之嘱，我欣然应允了。

其实，在中学时代，我就听说过马老的大名了。我高中同学、老友玉山家在洱源大果村，是马老地地道道的老乡，平日从他那里我就了解到很多有关马老的事儿。他告诉我，马老是革命家、教育家、史学家、学者和诗人，天资聪颖，少承家学，“自幼受化于先君，十四学为诗”。那些年，上学之余，常和老友回大果村玩，见过村里的马氏祠堂。当时，祠堂已改为大果小学，墙垣门屋虽有些破旧，但仍可看出是精雕细琢、工艺精湛的“王谢人家”，足以彰显马家祖上的显赫。听村里老人讲，村口本来还建有一个非常气派的“文献坊”，可是，“破四旧”给毁了，已然没了痕迹。因为那个时候信息闭塞，资料缺乏，还得一门心思考学，我对马老的了解只能停留在泛泛的、碎片化的层面。尽管如此，马曜先生已经是我内心深处钦佩不已的一位大学者了。当然，作为一个乡村少年，我是不敢奢望见到马老的。可是，我做梦也想不到的是，我见到了马老，认识了马老，就在大学校园里。

我是1992年上的大学，那一年，我成了云南民族学院的一名新生。初到省城，感觉一切都是那样的新鲜和惬意，滇池的烟波浩渺、翠湖的垂柳依依、龙门的神工鬼斧、鸣凤山的铜瓦金柱、筇竹寺的五百罗汉、太华山的暮鼓晨钟……还有市井喧嚣的古街老巷、学子莘莘的大学校园，所有这一切都给我留下极其深刻的印象。“老乡见老乡，两眼泪汪汪”，进校的第一件事情就是找老乡。民院里老乡特别多，似乎随便敲开一个宿舍就能找到，校园里遇到说白族话的人简直就是易如反掌。如此乡情，对新生而言，是有一种“家”的温暖，能很快驱散远离家乡的孤独。正是通过找老乡，我不仅认识了不同年级的老乡同学，也认识了在民院工作的洱源籍老师。第一个认识的老师是杨荣昌先生，杨先生是演讲家，国家恢复高考后的第一届大学生，上大学前曾在老家山区教书多年，对家乡感情深厚。他见到老乡非常热情，总会用洪亮的白族话打招呼，让人感觉他就是邻家大叔。

“学贵得师，亦贵得友”，我和杨先生一见如故，接下来的日子，我有空会去杨先生住的北院，找他借书问道、吹牛聊天，无拘无束，“亦师亦友”。有一次，我和杨先生走在院子里，边走边说，突然，他带我拐了个弯，朝荫道上一位正在散步的老人走去。“马老，您出来走走。”杨先生恭敬地问候，拍了拍一旁的我：“马老，这是我们一位小老乡。”我突然反应过来，这位老人就是马曜先生了，心里一下子有些拘谨。听说是老乡，老先生热情地和我握手，问我在哪个系？哪一级？老家在哪里？他虽然没说白族话，但浓郁的白族乡音，令我倍感亲切。我仔细端详，马老身材高大，身上灰色的中山装已经洗得有些发白，左上衣口袋上别有一支钢笔，脚下穿一双普通的布鞋，素发笑颜，长者之风。看着马老的装束，不知为啥，我脑海里一下子浮现出季羡林先生曾被北大新生错认为“看门老头”，请他代看行李的趣闻轶事。谁能想到，这样一位朴实无华的老者是原云南民族学院院长、著名学者！

这次见面，就算认识了。我开始关注马老，读他的著作，《云南各族古代史略》《云南简史》《白族简史》《马曜学术论著自选集》，记得他在《白族异源同流说》一文中说：“白族是以生长于洱海地区到商代就进入青铜文化时期的‘洱滨人’为主体，不断同化或融合了西迁的僰人、蜀（叟）人、楚人、秦人、汉人以及周围的一些民族的人，同时吸取了大量汉族及其他民族的文化，而形成的一个开放性的民族共同体。它的形成有其自身社会经济发展规律的内在趋向，不能因为曾有他族的一部分人加入其中，而认为他是各族的混合体。”可能是同族同乡的情结，马老关于云南，特别是有关大理的文章我尤为偏爱。尽管那时年轻，不太理解，但每每读来，心怀敬意。

应该说，真正和马老接触是我读大三那年，91 级的老乡要毕业了，大伙决定搞一个欢送会（那个年代大学里很流行搞老乡会），要我去请同乡老师，我第一个去的就是马老家。记得马老明白我的来意后，非常高兴，答应一定参加。我问马老能否给我们写几个字，鼓励一下同学们。他欣然应允了，说写好后会通知我。没过几天，马老就托人带话，要我去取字。我兴致勃勃地向北院跑去，使我想不到的是，他知道我喜欢书法，特意给我也写了一个条幅：

欲书先散怀抱，任情恣性，然后书之。绍恭学友喜书，法录蔡邕笔论以勉之。

马曜

捧着这幅字，我激动不已。马老的字返璞归真，稚朴中尽显文气，我真是爱不释手。“绍恭学友喜书，法录蔡邕笔论以勉之”的落款使我尤为感动，称呼我这样的晚辈后学为“学友”，并“勉之”，马老是何等的谦虚！马老还送我一本诗集——《此湖精舍诗注》，这是一本旧体诗集，初版于1946年，书前有罗庸、王灿、钱基博、徐嘉瑞、刘文典、阎毅等名家作序及马老自序，共收入诗作261首，确实是一本珍贵的好书。春风化雨，润物无声，这两件礼物，对我实在是莫大的鞭策、鼓励，这就是大家风范啊！这本书，我一直放在书柜，常读常新。这幅字，我作了精心装裱，多年来悬于书房，就像有一位和蔼可亲的儒者在注视着我，令我不敢懈怠，始终跋涉前行。

老乡会那天，马老如约而至，一同参加的还有学院学生处原处长李鑫琪先生，二位老先生在教室里和我们这些小老乡们座谈，气氛热烈，其乐融融。看得出先生们有些激动，也许是见到朝气蓬勃的同学们，回想起自己的青春年华吧！马老打开话匣子，从自己的青年求学、革命历程、治学研究、教育工作……一直讲了近两个小时。我们担心老先生年事已高，身体吃不消，可是，又不好打断，只有认真聆听。作为青年学生，能听马老一席话，实为三生有幸，受益良多，直到现在仍觉余音绕梁。今天，曾经的同学们已赴五湖四海，但我相信，马老的教诲，大伙肯定永生难忘的。

有件小事，念兹在兹。一天，杨荣昌先生找到我说，马老分了新房搬家，要找几个人帮忙。我告诉杨先生，此事就包在同学们身上了。于是，我约了几个老乡，决定利用周末时间帮马老搬家。然而，到了马老家，我们才发现，家里头家具不多，书却太多，反正我是第一次见家里有那么多书，真是“汗牛充栋”。因为书籍很重，又担心损坏，是一个细心的力气活，好在我们都是年轻力壮的读书人，干这样的活计不在话下，下架、打包、装车、爬楼、拆包、上架，风风火火，一气呵成，一个上午就圆满完成了任务。过了两天，杨先生告诉我，马老很感激，想请同学们吃个便饭。本来，大伙觉得，学生帮先生搬家也不是什么大事，何况是年事已高的马老。可是马老却一直放在心上，再三邀请，大伙推辞不过，也就去了。于是，莲花池边的小饭馆里，马老愉快地和我们吃了一餐饭，当然，马老做东。

马老不仅教书育人，严谨治学，对家乡的文化事业也是非常关心的。有一年暑假，我正准备回老家，马老捎话给我，托我带点东西回去。我以为他老人家要带点什么给老家亲戚朋友，就匆匆去找他。我才进屋，他就把一个准备好的大牛皮信封递给我，说："这是我给大理玉洱园写的碑记，你帮我带回去，交给大理州文联施立卓同志。"待出门时，又嘱咐我："路上要保管好。"我赶忙拍拍信封，请他老人家放心。在大理，我找到了施立卓先生，把《玉洱园碑记》（以下简称《碑记》）郑重地交到他手里，完成马老的重托。施先生也是我敬重的学者，学识渊博，著作等身。他收到《碑记》，很高兴，告诉我这个《碑记》要刻于古城玉洱公园。"文之为德也大矣"，此行此景，我目睹了二位先生于文化之敬重，于做事的严谨，我收益良多，不虚此行。

仔细想来，我和马老接触的次数也不是很多，但每一次见面、每一件事情都令我记忆犹新，几十年后依然历历在目。我想，这应该就是马老的人格魅力之所在。我想起《史记》引以赞美孔子的句子："高山仰止，景行行止；虽不能至，然心向往之。"

我永远怀念马老，一介布衣，一身鸿儒。

2018 年 10 月

（杨绍恭，云南文化艺术职业学院副教授）

马曜对洱源地下党组织建设的贡献

宋炳龙

马曜先生不仅仅是中国著名的民族学家、历史学家、教育家、诗人，国内外知名学者，而且还是社会活动家、思想家。1931 年他在上海光华大学读书时就参加社会活动。同年 10 月加入党的地下组织，被党组织委派两次去湖北襄阳国民党滇军范石生部做策反工作。策反失败，加之革命形势紧张，他与党组织失去了联系，转道香港回到云南，投入了云南的地下斗争。

1943 年，日本侵略者从缅甸进攻云南，云南成了抗日战争的前沿阵地。云南集聚的抗日军队，以及地方支前军民将近百万，食盐成为前线需要的主要物资之一。恰巧这时，云南矿业银行总经理赵贯一聘请马曜先生担任云南矿业银行丽江分行的经理。他利用工作之便，往来于丽江、洱源、大理之间，积极宣传马克思主义和共产党的抗日统一战线的主张。为了支援抗战，解决前线的食盐匮缺，他在洱源县城办起了“正记运输公司”，与盐务管理机关签订协议，负责运盐。把乔后的盐巴用马帮驮运到沙坪码头，用船运送到下关，转运到保山，支援滇西抗日前线的军民。运送量大约 100 多万斤，有力地支援了滇西抗日战争的胜利。也就在此期间，他利用“正记运输公司”在洱源的部分青年中播下了革命的火种。

1946 年马曜参加中国民主同盟后，于 1948 与中共云南省工委取得联系，成为工委直接领导的统战工作三人小组成员。

1947 年 10 月，省工委准备在洱源开辟工作。1948 年 5 月，中共滇西工委提出滇西工作的总方针和任务是：“隐蔽活动，积蓄力量，建基地和据点，一年左右发动武装斗争。”6 月，马曜获悉国民党云南省主席卢汉拟派几名省参议员到滇西几个县担任县长的信息后，他便不失时机地建议省工委设法派人到洱源开辟党的工作。经省工委同意，由马曜以省参议员的合法身份，通过省民政厅秘书主任吴少默，向省民政厅长杨文清推荐有民主进步倾向的省参议员甘舜（雨苍）出任洱源县长。经过极力活动，7月，甘舜终于被委任为国民党洱源县的县长。为了保护在昆明已经暴露的昆明城中区委委员万国祥，以及“民青”成员张从曾和进步教师范如椿躲避国民党特务的暗杀，中共云南省工委决定安排他们在甘舜的掩护下赴洱源开展党的地下工作。在临行之前马曜向甘舜说明了万国祥身份，并按组织意图建议甘舜委任万国祥为洱源县立中学校务主任，范如椿任教导主任，甘舜自己兼校长，从掌握教育阵地人手，先以县立中学为据点，培养骨干，发展组织。为站稳脚跟，广泛联系群众，甘舜又委任万国祥、范如椿为县督学。自此，万国祥等人到政府各部门、县内各中心小学，开展党的活动，具有了合法身份。

正是因为有马曜先生时刻把家乡洱源的组织建设放在心上，利用在民主同盟会的先决条件，抓住机会向中共云南省工委提出建议，才有万国祥在甘舜的掩护下来到洱源建立党的地下组织机会。通过万、范、张等人在群众中的广泛联系和工作，发展了县中和宁湖、城南等小学任教的赵怀珍、杨赵杭（杨云涛）、杨臻等人成为革命骨干。其中，经重点培养教育后先将赵怀珍、王献英吸收为候补党员。甘舜委任赵怀珍为县教育局长，把王献英从县教育局调至县常备中队任第一分队长。至此，全县教育大权基本掌握在地下党的手里，地方武装亦部分由地下党控制。9月，万国祥与滇西工委取得联系。10月，滇西工委书记黄平到洱源视察工作，在听取汇报后，批准建立中共洱源县地方工作委员会，任命万国祥为书记，赵怀珍、王献英为委员，建立了洱源第一个共产党的组织。

1949年2月，根据省工委指示，马曜回洱源，向县工委传达省工委书记郑伯克指示：“洱源地下党发动武装起义，必须把甘舜争取过来，具备条件时吸收入党。”经过马曜、万国祥的介绍，经组织批准，甘舜加入了党组织，这标志着洱源“两面政权”的正式形成。同期，滇中地区峨山县地下党负责人之一的董子健，经省工委调派到洱源，被指定为县工委委员。3月上旬，经滇西工委批准，调整了县工委领导班子，正式成立以万国祥为书记，董子健、周涛为委员的中共洱源地下党县委。在此期间，上级党组织从昆明、剑川、祥云、宾川等地调派到洱源工作的地下党员有李德钰等6人，还有“民青”成员和进步知识青年100多人，他们均按县委安排，由甘舜委派到政府、军队、邮电、学校等部门任职，秘密开展革命工作。至3月底，全县1所中学、8所小学，均由地下党掌握，党的宣传工作深入到全县各个角落。

星星之火可以燎原，洱源的革命形势迅速发展。从 1948 年 10 月到 1950 年 3 月，据资料统计，洱源全县有 8 个区委、39 个党支部、916 名党员。在党的领导下，通过武装斗争，彻底消灭了从保山进犯乔后的“共革盟”，打败了永胜民主联军易少白部，摧毁了洱源的地霸武装，巩固了洱源的革命政权。这一系列的成果都与马曜先生有关，这就是他对洱源的地下党组织建设作出的贡献。

2018 年 6 月

注：本文参考了《洱源县革命老区纪实》的资料。

（宋炳龙，大理州洱源县作家协会主席）

技到无心始见奇

——浅识马曜教授书法

陈立言

大理州，云贵高原上的一颗璀璨明珠，历史悠久，历代名人辈出，闪耀历史长河，令人神往。这些名人以辛勤的智慧，对社会发展起到了积极的推动作用，他们的思想和事迹是大理乃至全滇、全国历史文化的重要组成部分。集诗人、战士、学者、教育家、书法家于一身的“世纪学人”，且被季羡林先生称道的“道德文章并重”的学者——马曜教授便是其中之一。

记住马曜教授大名是在20世纪90年代中期，一个偶然的机会，在昆明小西门的旧书摊上淘到一本马曜著的《茈湖精舍诗注》的书。不懂诗的我，但从罗庸、刘文典、钱基博、徐嘉瑞、王灿、阎毅、白之瀚、马骢、蔡川右等先生在该书的序及题词中，都对马曜论世言志、赠友唱和、爱国恋乡的诗给予充分的赞赏和肯定。由此我便对马曜教授的学识和人品有了敬重和关注。

2002年初，有幸认识云南大学教授、著名史学家李埏先生，便向先生求教西南联大的一些人文轶事。先生谈西南联大、云南大学一些教授的书法。先生回忆说：“抗战爆发，从北平回昆明。借读云南大学，1939年转学西南联大历史系。那时学习有时虽用钢笔，但大多师生从小就以毛笔习书为日课。联大教师对书法都很有修养，我的恩师张荫麟、钱穆、闻一多、罗常培、罗庸、向达、唐兰、郑天挺等的书法造诣都很高，云南大学的熊庆来、徐嘉瑞、刘尧民、楚图南先生等的书法都受时人好评。在我同辈中的马曜先生，1939年底入西南联大中学教师晋修班进修文史一年。因是在联大就读的云南同乡，那时我们就熟识了。他日常书写的楷书、行书都很有功力，也受师生的称道。”听李埏先生讲后，喜爱书法的我，便期盼有机会能看到马曜教授的墨迹。

师从文化名人周善甫先生学习国学12年的弟子孙炯，于2002年首先倡议策划，并与社会各界人士共同发起了纪念文化名人周善甫先生诞辰90周年的活动。纪念筹备委员会于同年12月31日在昆明成立。因早年有幸认识周霖、周善甫胞兄，故受孙炯学兄之约参加了该会的一些工作。

也就是这次机会，让我看到晚年的马曜教授饱含深情地为纪念周善甫先生诞辰90周年先后题写了“学而不厌，诲人不倦”“言必行，行必果，是为真儒；著书立说，力倡正学，是为大儒；但求有利于民，不计个人荣辱，是为醇儒；善甫先生足以当之”“不可夺者匹夫志，最难得是美人心”，以及他特为周善甫先生的《春城赋》题写的“名赋传千秋、善甫大家名篇”等墨迹。

尤值一提的是“文化名人周善甫诞辰九十周年纪念会暨书法展览”于2003年12月1日—12月7日，在云南省博物馆一楼举行。筹备委员会特将马曜教授题书的“言必行，行必果，是为真儒；著书立说，力倡正学，是为大儒；但求有利于民，不计个人荣辱，是为醇儒；善甫先生足以当之”的原作字放大在布幕上，白底墨字的巨大布幕悬挂于博物馆高大的墙面上，非常醒目，让很多人驻足一观马曜教授的书法。

参加周善甫先生纪念会及观书法展的人们，看了布幕上马曜教授的题字，亦有不同的评说：深识书者认为，有古意，朴拙大气且充满童趣般的随性之作，很有味；浅识书者或一些人则认为看不懂，像娃娃写的一样，不像周善甫先生展览上的字秀美好看。我则与几个人说：马曜与周善甫先生都是大学问家，其书法的格调各有不同，他俩在书法的研习上都是有天赋且下过功夫的，等慢慢看懂了马曜的书法，你对书法的感悟和审美的眼力就有进了。当然，对马曜书法的高格只是我个人的浅见。

我无缘认识马曜教授且又喜他的书法，与马老情感深厚的学友孙炯善解我意，一次偶然的机会向马曜教授介绍了我喜书法及收藏，特嘱马老为我题字。马老为勉励我题写了“阐微恤幽”四字。这帧墨宝至今被我视为拱璧。

近年，又在马老的侄子马荣邦先生处，看到马老1935年秋，在江西省庐山庐林学校任教时，随蒋介石在庐山的蒋孝先先生通过他人认识了马曜后，蒋孝先很仰慕马曜的书法，便向马曜索书。马曜即以《示子敬》五律一首书赠，随后以原文又重书一帧留存。马曜回云南后将此书作交洱源家乡的亲朋留藏。这帧书作数十年来秘藏未示人。从这帧书作可看出马曜年轻时书法功力之一斑。

《新建大果文献访碑记》（楷书），该碑文为其兄马錬先生撰，从这块碑记看，时年 34 岁的马曜，其楷书极具传统且功力深厚，已臻成熟，可视为他的精心之作。晚年的马老先后为欧根、淑慎、绍恭、赵椿、荣邦等亲朋撰书了诗词、挽联、寿联、名言警句等书作。

纵观马曜教授早年与晚年的书法，正如张文勋先生勉励青年习书者所说："入门须正，立志须高；法乎其上，得乎其中。此乃严沧浪论学诗之箴言也。以论书法亦宜。"马曜书法亦然。

马曜教授出身书香世家，庭训极严。早岁读私塾，曾受教于赵鹤清先生。赵先生本是云南著名的书画家、园艺学家，受蜚声海内的书法名家赵藩、周钟岳等先生的影响，其学书入门是很正的，立志也是很高的。我以为马曜教授的书法楷书从大书家钟繇的《宣示表》入，加以北魏的《张黑女墓志》，有碑帖相融的韵味。行书有晋唐二王、李邕的遗韵。

马曜教授晚年的书法，是一种表露心灵、抒情写意、释放感情的休闲活动。也只有在无意识状态下，落笔书写时才能真正做到"穷变态于毫端，合情调于纸上"，从而书写出充分表现其个性和人格的作品来。古代书家十分强调作书贵乎天真自然，流露个性，不刻意雕琢，矫揉造作，装腔作势。东汉著名文学家、书法家蔡邕说："书者，散也，欲书先散怀抱，任情知性，然后书之，若迫于事，虽中山兔毫，不能佳也。"马曜教授的书法不正是进入无意识状态后，运笔书写，尽情倾泻胸中的情感而出来的吗！他的字传统书风纯正，格调高古且具个性，已达人书俱老之妙境。

马曜教授的书法，从 20 世纪 80 年代书法热到今天，因其书名被学问所淹，故少有人注目。马老的书法是以渊博的学识加天赋而作出的，可以说是当下大多书法家所不能企及的。马老的书法必将名存后世。

2018 年 9 月

（陈立言，云南西南联大研究会理事）

我所抄录的马秉升和马曜父子的诗

杨国旺

2018 年，马曜先生离开我们已经 12 个年头了。年底时，我和马荣邦先生提起，我早年曾经抄录过马曜和他父亲的诗。马先生便要我写点东西介绍一下。我才力不逮，但马先生很诚意，勉为其难，写下这篇文章，介绍我亲手抄录过的马氏父子的几首诗，同时也简单地谈谈我对马曜先生诗的一点感受。

我出生于大理州祥云县米甸镇清涧美，祥云白族杨氏是大义宁国杨干贞后裔，我就是这个家族的一份子。和所有的白族一样，崇文尚礼的精神始终在我们的血液里流淌。在那些年，我因种种原因，不能升学，不能工作。但生活的苦难并没有消磨我对文化的爱好与兴趣。在以后的生活中，各处不同的民俗、民风和古代留下的建筑让我印象深刻。我不能充分表达，但我能领会或欣赏其所蕴含的美感。那时，为了生计，我可谓是疲于奔命。后来，在一个小人书画摊上看到一本马曜先生的《云南各族古代史略》，出于对历史的爱好，我爱不释手。一问要 4 元 3 角，囊中羞涩的我到哪里去找这钱！回到家，明知家中无钱，我还是硬着头皮，向母亲讲明、求情。好在我母亲是一个豁达之人，便卖了家中唯一的值钱货——两只母鸡，终于把这本书买到手。也就是马老的这本书把我引进了对民族历史的热爱和追求之中。到如今，越过 40 多年仍记忆犹新，无可忘怀，也就是对这些历史的守护、收集整理充满阳光和希望。《云南简史》是我读过的马老的另一本著作。这本著作简明扼要，运用唯物史观把云南的历史进行了梳理。由此，有对马老十分深刻的印象。若干年以后，我经济条件有一定的改善，便开始收集一些我接触到的或者个人比较喜爱的旧书。有一次曾得到一本民国铅印的旧书，收录有很多云南本土人士的诗。其中便收录了马氏父子的诗，这是我首次读到马老的诗。因我很喜爱其中的句子，便将此诗做了抄录。后来，有位同好看了以后也很喜欢。因为是民国铅字本，当时这方面的旧书或多或少还有一些敏感（因为是国民党时期印刷的），为此，当我朋友提出想要这本书时，也倒没有多想，便觉得尽快处理为好。多年以后，我才反应过来觉得这个决定真是让人遗憾。一方面固然是囿于我思想上的保守，但是也从侧面证明，我对文字还缺乏应有的敏感。所幸，马氏父子的这几首诗，我已经抄录下来。

关于马老的诗作，很早就有学者注意到了。1983 年《山茶》第六期刊登了《时代的画卷　雄奇的风格》一文，其中学者李文辉首次就马老的诗歌创作与特点进行了介绍。1992 年蔡右川先生对《玭湖精舍诗初集》作了注，并由云南教育出版社出版。蔡右川先生从创作的忧患意识、刻峭传神的文学特色以及师承三大方面系统介绍了马老的诗歌。2016 年，马老逝世 10 周年，学者陈友康以《无上法从散原授》为题，从师承研究的角度，并在结尾处引季羡林老先生给马老的信再次肯定了马老诗歌的价值。这些都是关于马老诗歌介绍研究的有代表性的作品。我不过一介布衣，对马老的诗歌还不敢妄谈研究，对马老的作品，我所有的是喜爱与敬重。

在关于马老的诗歌创作中，有一位人物是十分值得我们重视的。他就是马老的父亲马秉升先生。由于《抱霞轩诗文集》不易读到，笔者亦不知存轶情况如何，总之这部集子颇不易见，其作品亦不多见。我们在研讨马曜的诗歌之时，对马老的父亲肯定是不能简单忽略的。我们很有必要简要地回顾一下这位父亲的经历，因为这位父亲的经历与作品也许有助于我们对马老诗做更深层次的解读。

马秉升，生于清光绪十二年（1886 年），字东初。清末时府试第一。宣统二年（1910 年），因清政府罢科举，原有生员按成绩进入云南优级师范史地班。就读时，与徐嘉瑞、蒋心月结为诗友。后在大理省立二中教授国文。1916 年至省城，任私立成德中学文史教员。1917 年担任《云南省教育杂志》总编辑。3 年后进入政界，先后任迤西 16 县检查团委员。1924 年被唐继虞聘任为贵州军事善后督办署秘书、荔波县知事。此后，出游湘、鄂、鲁、冀等 8 省。1926 年任迤西剿匪总指挥陈维赓的秘书。第二年，出任兰坪县县长，开始了他在滇西几个县的任职经历。在主政期间马秉升主持并完成了昌宁县的设置。1936 年任永平县长时解决了永平与顺宁长达 20 余年的县界纠纷。全面抗战爆发后，主持滇缅路永平段的建设，最先完成该县的修筑任务，受到嘉奖。1940 年辞职回乡。马氏任职，勇于任事，清廉有为。《云南省志 · 马秉升传》引龚自知的评价说他“守死善道安其贫，嗟吁默默兮贞廉”。马秉升晚年在家修筑了遂初园，建亭取名“坦然亭”，足见其内心之坦荡自信。用他自己的话来说就是“仰不愧于天，俯不怍于人”，如我所抄录的马秉升先生《晨游番氏卧云亭口占》一首，就很能证明他的才学与性格。其诗云：

晓雾濛濛浴曙光，
群林初动鸟飞翔。
侵旬雨积苔痕滑，
曲径人稀草带长。
官去不干尘俗累，
老来差幸脚腰强。
云亭小坐烹新茗，
四面青山接眼忙。

口占诗的最大特点是不加雕琢，脱口而出。从诗句来看，这是1940年以后所作，此“番氏”暂无考，仅知此诗后有题壁两首，诗名《番初选先生别墅题壁二首》。

前四句写眼前所见，分别用“浴”“动”“滑”“长”点题十分生动的描绘了眼前的场景。用语朴实、生动，充满了自然的气息。时隔近百年读者仍不难感受到其时其景，字面上虽然简单，要做到这一点却并不容易。

后四句，名为写景，实为写心。身体很好，腿脚灵便，离开了官场，身心得以解放，其心情自是不言而喻。我虽未能读到《抱霞轩诗文集》，但从这首诗来看，在此集中，这类的诗相对于其在政坛之中的作品而言会有明显的不同。这位致仕的前清举子，坐在亭子之中，煎煮新茶，四面青山，应接不暇。“四面青山接眼忙”，一个“忙”字把这种自由、休闲的心态写的淋漓尽致。“气之动物，物之感人，故摇荡性情，形诸舞咏。”为数不多的几个字，刻画并保留场景、心情，永不褪色，马秉升不愧是府试的第一名。

这样一位父亲，会对儿子产生怎样的影响呢？

马老在其自传之中，虽然未详细介绍父亲，但父亲对他的影响无疑是巨大的。包括作诗这件事，马老也做了交待。1926年，马曜的母亲到乔后井料理生计，马老则随父亲居住在大理，并“学作旧体诗”。这里的旧体诗是相对于新诗而言，是指格律诗。对于科举出身更兼颇有心得的马秉升来说这是理所当然的事。其实，就我个人的理解而言，马老从父亲那里学到的不仅仅是“做诗”而是“旧学”。这对于以后马老在学术方面的开拓无疑是有相当帮助的。尔后，马老能师从陈三立，如果没有旧学家底是难以想像的。作为父亲，他给儿子营造了文化氛围及浓厚的家庭传承。

1930 年以后，马老也曾在刊物上发表过白话诗，但目前我们所见到的更多的还是他创作的旧体诗，这说明在文学审美的情趣上，马老更趋于传统，这就是旧学家底的影响。

比如我所抄录的《到龙陵省亲太平铺途次作》二首，诗云：

一

蹁蹁真成刺促游，
西来春意已轻揉。
山花灿漫如村妇，
细绿团红簪满头。

二

峰回百转入山深，
竹韵松声入小吟。
待问归心何亟迫，
十年飘泊倚闾心。

此诗在《玭湖精舍诗初集》中被整理收录为《漾濞、永平道中三首》，这可能是后期整理时，马老觉得原题过于繁琐，故而做了整合。这样做使得书目简明，但对后世的考订来说，却失去了时间信息。时间信息在诗歌的考订与评赏中是十分重要的线索。例如《漾濞、永平道中三首》时间表达上笼统，这对理解全诗并不方便。如果用原题《到龙陵省亲太平铺途次作》即可知，此诗是诗人回滇以后，去龙陵看望父亲途中所作。这样时间信息明确，对于“十年飘泊倚闾心”一句可谓一眼即明。此诗第一首第二句“西来春意已轻揉”后改为“纷揉”。诗歌的考订是一项十分复杂的工程，一方面考订者应该对作者有充分的了解，其次是要把握好时间信息，以便对作诗的背景做出考订。

总之，马老除了是一位学者外，还是一名优秀的诗人，其诗歌有着很高的审美价值与情趣，这得益于马老深厚的旧学功底，而他的旧学功底大多应该归功于他的父亲。这一点，值得我们年轻一代的“白子”“白尼”重视与研究。

以上是我早年抄录的马老和他父亲的诗，已按马荣邦先生的叮嘱做了分享，至于言语中的得失不当之处，敬请指正。

2018 年 11 月

（杨国旺，《祥云白族》特约作者）

马曜先生与大理玉洱园

施立卓

1995年1月间，年逾80高龄的马曜先生回到下关兄弟马旻家休养。

这时，正值大理市人民政府决定在大理古城建一座供市民休闲的公园。其实，早在1991年2月初，大理州政协文史委的委员在副主席纪世孔的带领下，到大理市视察园林建设情况时，市建委的领导就曾向视察组汇报了1982年讨论确定的市内11个景点的规划，其中，在古城内“建成全国最大的茶花园”就是很重要的一项。视察组的委员们实地考察后，十分赞赏大理市建委的设想和规划，同时提出“文因景成，景借文佳”，要树立园林文化观念的建议。这次视察活动的情况曾在当年《云南政协报》的头版头条新闻发表，反响很大。

从此，在全国历史文化名城大理城内因势利导地建设茶花园的事深入人心。市民对古城内复兴公园，普遍没有异议。大理市第三届和第四届人民代表大会遂将建“茶花园”作为议案要求市人民政府予以实施。

大理市的决策是睿智的。大理白族园林艺术自古盛行，而且自成风格。见诸文字者当推李元阳的《默游园记》及其诗《咏吴家花园》。李元阳退隐家园之后修建的默游园和大理明代的吴家花园就是典型的白族园林。他对“默游园”的描绘是：“城里默游园，流泉隔世喧。栽花遍竹径，穿竹作吟轩”“手种园林落满霞”“竹尖笔砚誉诗草”“门隔市廛之声”“幽藏闹市，度竹穿林，不知身在城郭中”。《咏吴家花园》一诗则写道：“叶榆城在碧江涯，城里园林爱种花。韦曲杜陵荒草满，莫嫌步践入君家。”以后，大理花园久盛不衰，私家庭院式花园遍布城内，形成“家家院里有繁花”“香风满道，芳气袭人”的醉人氛围，成了历史名城大理特有文化不可缺少的部分。

修建园林选址至关重要。公园建在什么地方最为合适？这是首要问题。经反复权衡，并广泛征求民意，取得共识，认为这个公园要具备历史文脉，即有古城的文史传承性。不言而喻，大理古城玉洱路中段北侧的废园最为适合。历史上，明清时这里曾是城内仁寿坊大理府署所在地，一直为大理府的政治文化中心。据《大理县志稿》载："满清宣统庚戌（宣统二年，公元1910年）邑人王巨卿、赵攀云筹款创设（农林试验场），以备农业学生实习之用。"因此，这又是废科举兴新学的一个标志性场地，意义非同小可。当时，建设者"凿池引泉，余地尽治畦而树艺"，间种桑、茶、八角、柑果、百合等本地没有的"佳种"。还培育桑秧数十万株让居民任意移栽。这种桑树的叶片每片达九寸长，一两重，"遐尔游览者皆称其培植之工"。抗日战争时期，有识之士在试验场的基础上建起了公园，取当时云南省主席龙云的字称之为"志舟公园"。解放后成了林业部门的林木苗圃基地。经过"十年浩劫"，这里因年久失修，杂草丛生，垣断壁残，败圮荒芜。然而，从地理位置和历史渊源看，这里不失为古城内一块不可多得的宝地。

1992年，大理市人民政府顺乎民意，决定市林业局苗圃内的各单位实施搬迁。具体措施是：在古城内和城郊征地16.5亩作为搬迁安置地，拨经费90万元作为搬迁补助，并规定搬迁务必于1993年夏季完成。同时，责成市建委向省、州、市规划设计单位征集设计方案，并组建"玉洱公园工程建设指挥部"总其事。工程正式于1994年11月8日开工。经招投标，实施此项土建工程的是大理市第四建筑公司。

在设计和施工过程中，指挥部十分重视文化界人士的参与，尊重他们的意见，提高园林的文化品位。开工之后，指挥部就与大理州文联联系，聘请了州内历史、美术、书法方面的专家组成玉洱公园文化艺术委员会，进行文化咨询和实施景点的艺术设计。这个委员会的主要成员有：施立卓、杨晓东、马福民、方世雄、朱崇光、谢道辛等。

1995年1月13日，公园建设指挥部向艺委会介绍了设计意图和指导思想，归纳起来大致有：（1）公园格局为白族传统庭院式建筑，布局上形成"园内有园、园外借景"（借苍山之景）的既开阔又幽静的环境。用花木分隔出独立的休闲空间，在空间内放置躺椅、茶几供四方游客品茶小憩。（2）园内以培植山茶花为主，兼顾其他花木，形成名副其实的茶花园。（3）景点布置力避琐碎雕琢，追求回归自然，取材上尽量采用大理特有的青石，用以铺路、砌墙、筑台。不设置任何艺术雕塑，景点小品亦直接选用石头。整体风格应该是质朴秀雅的。（4）园内建筑体现白族民居特色，大门、照壁、石坊上应有高品位的楹联、碑刻。总之，玉洱公园应该是对大理白族传统园林艺术的继承和发扬，有别于江南园林和西方园林建筑，强调“天人合一”观，突出人与自然的和谐关系。

为了增加公园的文化内涵和品位，艺委会向各方广征意见和文字。这时，马曜先生就在下关。1 月 18 日，市建委专门邀请先生到公园工地参观，并将设计意图向马先生作了全面汇报。得到他的首肯，大家的信心更足了。马先生少年时，就读于设在大理城内的云南第二师范，对三城有亲身感悟，当即给园内的三面白族照壁各题了“苍屏挹秀”“洱镜扬波”“翠锁名城”3 条款，后来分别由书法家杜乙简和马福民书写，用大理石镶嵌在照壁上。

2 月 7 日，大理市市长赵济舟专门到马先生住处拜访，敦请马先生为公园撰写碑文。马先生与赵市长的祖父大理州第一届副州长赵鑫象是故交，他十分高兴，答应撰写碑文，同时推荐云南省书法家协会主席李群杰先生书丹。

马先生很重视大理市的重托，三易其稿。回昆明不久，就派专人将文稿送来，并吩咐施立卓用毛笔繁体按格式工整抄写一份返回，以便查看，几天后又用红笔标错寄回，请群杰老按规格书写后再返回。严谨作风，令人叹为观止！

马先生十分重视园名匾的书写。他说，园名匾是脸面，至关重要，得有名人名笔来支撑。他建议由他请全国学界泰斗季羡林先生来写。他与季先生也是故交，不久他就寄来季先生的墨宝，见者无不击节叹赏。

玉洱园自 1995 年 3 月建成开园以来，已整整 10 年有余。城内居民和外来游客，凡去过玉洱园的，口碑皆佳。大理人说：玉洱园恢复了古城私家花园的传统，给人们提供了悠闲消假的好去处；外来人说，玉洱园幽深雅致，文化品位高，有民族特色。有的大理导游称赞美它是“白州第一园”。这些评价，对我们这些参与建园者来说是一种欣慰。园林实质上属于文化范畴，玉洱园的建设过程可以说是民族文化的继承和弘扬，有许多经验可以总结。而这也是马曜先生留给故乡的珍贵财富。

2019 年 5 月

（施立卓，大理州文联原副主席）

温和中透着刚毅的风度*

[日] 梅棹忠夫

1985年春，我接到了中国西南民族研究学会会长马曜先生捎来的口信，信中他邀请我访问中国，也就是想让我参加当年夏天在四川的西昌召开的彝族学术讨论会。西昌，是凉山彝族自治州的中心城市。对于彝族，我历来具有浓烈的兴趣，但凉山地区一直不对外国人开放，所以在此之前未能访问该地。这次的研究集会正是绝好机会，所以我非常高兴地接受了邀请。

当时我尚任位于大阪的国立民族学博物馆的馆长一职，于是，我从博物馆的研究者中遴选了数人组团访问了中国。我任团长，佐佐木高明教授任秘书长，另外还加上周达生副教授和长野泰彦副教授。马曜先生的正式邀请信是当年5月27日收到的。

本次邀请，我们似乎是得到了当时正在云南研究白族的东京大学的横山广子的帮助，横山小姐在我和马曜先生之间起着中介作用，进行了细致周到的安排。除国立民族学博物馆的人以外，有东京大学的大林太良与庆应义塾大学的伊藤清司教授也参加了，还邀请了香港中文大学的乔健先生，在当地的横山小姐也参加了。

1985年8月4日，我们经由香港到达云南省会昆明，在机场受到了西南民族研究学会的何耀华先生和横山小姐的迎接。

对我来说，访问昆明这已是第二次了，1979年，我作为日本民族学者访中团的团长，曾访问了这个城市。那时是从昆明经大理到了丽江纳西族自治县。这次旅行，得到了云南省社科院历史研究所所长侯方岳先生自始至终的陪同。这样一来，昆明就成为我所怀念的城市。

---

* 原文为日文，刘刚译。

到达昆明的当天傍晚，我们乘车向西昌进发，第二天清晨终于到达了西昌北站，并且得到了以马曜先生为首的各位先生的迎接。这是我首次见到马曜先生。出迎的人中侯方岳先生的面容也在其中，我们握手庆贺再次欢聚。

在西昌的日子过得非常充实。我们住政府招待所，晚上举行了盛大的宴会，马曜先生一直陪同我们进餐，给我们以各种关照。先生面容清癯，头发已全白了，岁数似乎比我年长，一问才知先生生于1911年，比我长9岁。先生日常待人接物的态度，让我们感到温和中透着刚毅的风度。一打听，果然先生在革命时期领导地下组织，为昆明的解放贡献了力量。侯方岳先生也曾是解放昆明的地下组织的指挥官，曾得到了“将军”的称号。然而今日得见马曜先生、侯方岳先生，完全是厚重朴实的老绅士，哪里想见得到他们昔日战士的身影。

我听说马曜先生年轻时曾在各地的学校担任教员，并且还是出色的诗人，出版过诗集。当然作为民族学者经验也很丰富，听说他在云南省南部的西双版纳进行过少数民族的调查。先生本身也是白族。

彝族研究集会非常盛大热烈，研究成果很多。我们乘坐客车到了凉山彝族自治州的各个城市。访问了昭觉、冕宁等地，得以仔细地观察了彝族人们的生活。当时在西昌郊外的一个山丘上，凉山彝族奴隶制社会博物馆刚刚建成，我们参加了该馆的开幕典礼。此处，对彝族的生活的由来从各种实物的角度作了展示。彝族有人口700万以上，是中国少数民族人口较多的之一。这个民族过去称做倮倮族。1902年曾在这一地区旅行过的日本人类学者鸟居龙藏氏，就曾记述了他们的情况。我从书籍中了解了彝族的一些情况。我一直对此抱有极大兴趣，凑巧能够参加这次的彝族研究集会，当然感到非常满足。

研究集会持续到8月8日，最后一天我们做了简短的发言。我的话题是“日本民族学的历史与现状”，长野副教授则做了有关“藏缅诸语的分类”的发言。会期进行当中，正值彝族有名的火把节，彝族的年轻女性们抬着高达2米的巨大火炬游行，最后在市中心的灯光球场聚集，这时真是壮观极了。8月14日我们经由香港、台北回到了日本。

第二年，我们国立民族学博物馆接待了以马曜先生为首的西南民族研究学会的各位来日本访问。1986年9月17日，以马曜先生为团长的7人访问团来到了日本，访问了大阪的国立民族学博物馆。当他们来馆长室访问时，非常遗憾的是——我因丧失了视力，未能拜见马曜先生。这年春天，我由于视神经为病菌所侵害，导致双目失明。

1944 年至 1946 年间我在中国生活了两年，当时与中国学者接触的机会不多。1949 年中华人民共和国成立之后，一直到“文化大革命”终结为止也没有机会交流。1979 年以后，我与北京的费孝通先生和林耀华先生有了亲密的交流往来。1985 年以后，又开始了与马曜先生的交流。我为能与中国各位优秀学者交往并保持这种关系，感到由衷的自豪。

1996 年 4 月

（梅棹忠夫，日本国立民族学博物馆原馆长，后任该馆顾问）

拜识恩师马曜先生*

［日］横山广子

我最初拜识马曜先生是1983年12月6日在北京。当时，我正以访问学者的身份从同年9月底开始在中央民族学院从事研究，经费来源于东京国际文化会馆的社会科学国际研究员基金。尽管我先来到北京，但我的主要目标是到云南进行以实地调查为主的研究。

当时，从20世纪70年代末以来，日中间的学术交流正处在缓慢恢复的状态，已有一些日本学者以参观的名义应邀访问过中国的一些少数民族地区，但外国文化人类学者能否在中国进行实地调查？对在日本的我来说尚难以准确地判断。

记得在我接受研究基金的面试时，审查员中的一位教授在看了我的研究计划后问我说："在中国进行实地调查真有可能吗？"对此我当时只能回答："100%的保证不敢说，我想先到中国进行努力，若还是不能成功的话，我打算转移到泰国北部去，那里也有从中国云南迁移来的少数民族，我可以用后期时间在泰国进行实地调查。"

其实我还是算很有福气的人，有许多有利条件支持着我。在东京大学的恩师中根千枝教授和大林太良教授，以及参与大林教授组织的国立民族学博物馆共同研究项目的佐佐木高明教授，各位老师都给我介绍了他们认识的中国老师们。到1983年夏季，我已经在东京或北京一两次幸会过费孝通、林耀华、宋蜀华等中国的著名学者。宋蜀华教授欣然允诺做我的导师，并拍板决定我先落脚北京中央民族学院，一边研究，一边向政府有关部门申请去云南调查研究的许可。在北京一个多礼拜的时间里，我根据中央民院外事办公室的意见，开始用中文写拟在云南进行的研究计划。做计划时我感到有些茫然，因为在我之前尚未听说有哪一位外国的人类学者在中国

---

* 本文原文为日文，马铁译。

做过除短期访问以外的实地调查的经历，所以我的研究计划的拟定只能是一种尝试性的。同时给外办的申请报告也要起草，负责这事的老师与我商量说："除了彝族、白族和傣族这三个民族的地区以外，几乎没有能做实地调查的可能性。因此，作为调查地点，我们考虑选择路南、大理和西双版纳或许比较合适……"

离开日本之前，我最感兴趣的研究对象是纳西族。记得在1979年，开始复苏的中国民族学出版物尚未摆上日本书店的书架，但有关纳西族研究的文献很丰富，这就是洛克博士的研究成果，此外还有以洛克的研究为基础加以深入的A·杰克逊等欧美学者的研究。加上20世纪60年代在中国出版的各种资料，使我对以象形文字、摩梭人母系家庭等为特点的纳西族产生了浓厚兴趣。原来我是从东南亚的阿卡（哈尼）族、拉祜族等山地民族中开始产生我大学时代的研究志向，再由此到东南亚的平坝民族，甚而山地民族的故乡——中国大陆，这样慢慢逐渐扩大自己的研究范围。所以，在日本我已看过有关东南亚阿卡族和拉祜族的大量资料。他们在中国的同胞们的情况也让我有兴趣。此外，我对德宏的傣族也颇感兴趣。我在比较东南亚傣泰系民族的时候，曾查阅到田汝康教授于1949年刊于《美国人类学者》杂志上的有关芒市傣族的论文。他们跟泰北及西双版纳的泰族傣族都不一样，使人产生兴趣。1982年一个偶然的机会，我知道了田教授正在日本，就赶到京都大学东南亚研究中心拜访了田教授。他很热情地给我介绍了德宏傣族的情况。

中央民族学院外办的老师之所以对我提到彝族、白族、傣族的地区时举了路南、大理、西双版纳3个地点，是因为到1983年秋天为止已经有不少外国人以访问的形式去过路南、大理、西双版纳，我尽管知道除此之外可能别无选择，但还是想保持原先的想法抱着试一试的心情问外办的老师："是否彝族、白族、傣族地区就可以，那么有傣族的潞西县怎么样？"这样在给外办的申报文件里就加上了潞西。而在我自己的研究计划里，则从长远的计划着眼，按纳西族、哈尼族、拉祜族、白族、傣族和彝族的次序排列了调查对象，并未强求与调查地点的一致。

我预感到会让我选择路南、大理和西双版纳3个地点之一作为调查地点。虽然这样，但只要我能在此次研究中实现一个地方的实地调查，也算是十分幸运的。反正是碰运气，所以我尽量把自己的希望表达出来，哪怕有一线希望也不愿放弃。就算在永宁不行，那么丽江行不行；哈尼族和拉祜族的居住范围也较广，路南、大理和西双版纳的范围内也许有他们的聚居地；或许其他另外的地方还有外国人可以去调查的地点。

就这样，一边准备，一边等结果。到了1983年10月下旬的一天，宋蜀华教授对我说："你到云南去之前，应该先跟云南民族学院名誉院长马曜教授在北京见一面。马曜教授正好要到美国去访问，很快要路过北京，如果有机会，可趁此机会见到他。如果不行，则等下一次再说。"果然，赴美之前的马曜教授非常忙，我没能见到他。到12月份马曜教授再来北京时，宋蜀华教授安排他住中央民族学院招待所。第二天一早（马曜教授离京前夕）宋蜀华教授为我引见了马曜教授。

马曜教授静静地、仔细地听我述说了自己的打算和希望以后，说云南民族学院可以接受我的申请，并且，他的意见是，尽管有关部门的批准还没有下来，但我可以先到云南，在那里办手续更好。这样当场就商定我1月下旬就从北京去云南的计划。满头银发的马曜教授表情很温柔，我感到他对我的要求和希望的每句话都理解得准确和深入。让第一次见面的人都能感到他为人的睿智和博大，给我留下了深刻的印象，特别是"你先来云南"——一句话真给我添了信心和勇气。

我在隔年的1月27日离开了晨雾拂面的北京城，午前即到达了昆明。下午到公安局办完手续后，云南民族学院外办的人员带我参观了金殿和黑龙潭。第二天上午，马曜教授、云南省民族研究所所长王叔武教授等老师与我开始商量我在云南的研究计划。他们告诉我，能做实地调查的地点是路南和大理，我当即选择了大理。这样做有一个原因，1983年的夏天，我听说以东京都立大学为骨干组织的"中国民话之会"就要访问贵州凯里苗族地区和云南大理的消息，就马上申请入会，并作为会员首次访问了中国。对"民话之会"访问团来说，他们已是第二次访问大理。我自己当时只是抱着走马观花，增加对中国民族地区的印象的心情参加的，做梦也未想到今后要把大理作为自己调查地点来对待。所以，当要我在路南和大理之间选择一个地点时，我除了考虑到对大理白族，解放前有过C·P. 费茨杰罗德及许烺光的人类学研究积累之外，与尚未到过的路南相比，我脑子里已有的充满魅力的大理田园风光的印象也是促使我选择了大理的因素之一。并且，以去大理白族地方做实地调查为目标，我请马曜教授给我安排白语老师，希望去大理之前能学习白语。

此后，根据马曜教授的指示，云南民院外办和省民研所的先生们为我的调查做了种种努力。

春节是了解民族风俗习惯的大好时机，当年春节是公历2月2日。我跟民研所的王均教授一起在初一、初二要去昆明东郊的撒梅农村访问，并很快得到落实和具体安排。2月1日除夕之夜，马曜教授在家里请我吃年夜饭。当晚在座的还有一位我不认识的女性，马曜教授介绍她是外语系的李老师。她的丈夫正在伦敦攻读历史学博士学位，她很快也要去伦敦。我们都很感谢先生让我们在除夕之夜享受到家庭的温暖。

按撒梅人的习惯，本来初一人们是不出门也不邀请客人来家的，但是高峤生产队的撒梅人应云南民院的请求，热情款待了我这位远方来的日本人。次日我们访问了大石坝。从撒梅农村回来后两天，时任民研所副所长的赵嘉文先生和杨国才女士到招待所来找我。杨女士是大理白族人，她成为我第一任白语教师。经商定从 2 月 8 日起我开始白语的学习。

就这样，我在云南的研究在马曜教授的具体安排和亲切指导下，得到了各方面的配合，顺利地开始了。在大理白族农村，我于 1984 年 4 月和 1985 年 2 月分两次，每次 3 个月进行了实地调查。从 1985 年 8 月开始，我住在村里的一位农民家里进行了为期 6 个月的调查，考察条件是再好不过了。我想，如果没有马曜教授的支持，我的实地调查恐怕绝难实现。我可能是 80 年代以后在云南进行较长时间实地调查的第一个外国人，对中方和我来说，许多问题都是第一次碰到并要解决的。每次都是马曜教授助我得到各方面的理解和帮助，亲自为我协调。比如说，每次考察，都有一位民院的老师要离家 3 个月乃至更长时间陪我这样的外国人在下面调查，真是不容易。第二次 3 个月的实地调查期间，陪我的杨希孟老师已年逾六旬，刚从民院预科部主任位上退下来，过着悠闲自在的生活。当早年的革命同志，且又是白族前辈的马曜教授去他家里请他时，他就同意陪我去大理。

从我 1986 年 3 月份回国后，杨希孟老师又陪我于 1986 年、1987 年和 1988 年夏天去过大理考察。他在白语和文化方面教给我许多知识。

此外，陪过我的还有杨国才老师、杨均老师和董学蓁老师，都是马曜教授亲自安排的。

建于南诏大理国时代的剑川石窟也是我原来就想去的地方之一。但在 1985 年春天，剑川还未对外国人开放，到那里去需要特殊的许可。1985 年 3 月中旬的一天，我突然接到了马曜教授打来的电话。原来，马曜教授已在为我做到剑川石宝山考察的准备了。第二天，马曜教授携大理州政协副主席杨永新先生驱车来到我住的村庄，然后带我参观了石宝山。

在昆明时我就通过正式的授课和各种形式的交谈，学习了马曜教授关于中国西南民族史研究的成果。在与马曜先生接触的日子里，他明晰的思路和渊博的学识，给我无比的教益，使我过得充实、愉快。有时我提出问题或讲自己的看法，马曜教授总是认真地听，对我这个外国学生的话，理解得很准确，并给我有的放矢的指教。

从我初次感受到马曜教授于人于事的敏锐观察、细致理解的深度和广度，到后来通过马曜教授具体安排我的调查和关怀、指导我的学习，许多次都让我感受至深。

这些的品质也反映在马曜教授自己的研究和诗作中。另外，马曜教授早年参加革命，其后作为少数民族出身的老干部在有关民族的政治和行政研究方面留下了很多成果，也为人们所敬重。马曜教授所以能在多方面赢得人们广泛的尊重和敬慕，是因为马曜教授总是以自己的才智和信念，并尽自己的能力提携后进，培养人才，其根底来自马曜先生为人的品格和人生信仰。1985 年 1 月，我跟随马曜教授一起访问了西双版纳傣族曼迈村，曼迈的一位老妇女知道消息后，高兴得热泪盈眶，那个情景，我终生难忘。

1996 年 10 月

（横山广子，日本国立民族学博物馆助理教授）

马曜：一流学者，最亲爱的朋友*

［美］约翰·S. 毕鲁

我们当中总有一些人士能够改变事态，使同辈和后继者享受其成果，并感到人生更有价值和心满意足。遇上这样的人士机遇不多，但是我们眼前就能碰上，令人顿时有高尚之感。在过去 13 年中，当我有幸与马曜教授在一起时，每次都有如此感觉。

他的生命体现在他富有意义的功绩中。他值得自豪的成就是他建立健全云南民族学院（今云南民族大学）。他现在感到满意的是他的初衷正在实现：即为云南少数民族学生提供受高等教育的机会，从而使他们汇入为祖国服务的主流。在以往的 13 年中，我们已经看到民族学院从单一结构变成令人印象深刻、拥有许多高楼的校园。学院的毕业生在省级和国家级的机关中、在各自的岗位上从事不同的工作。

在建立和培育民族学院的过程中，马曜成为中国享有盛名的历史学家之一。他主编的《云南简史》，具有很高的学术水平，反映了云南省各方面的生活。此书提供如此重要的见识，以致多年来成为要综合理解中国西南及其邻国情况者的必需读物。

1984 年我的爱人露丝（Ruth）和我有幸与马教授作昆明到西安之游，和他共处了 3 天。显然，从对他的热情接待中看出一些西安的大学对他是极为尊重的。伴随一个中国有名的历史学家和人类学家来到半坡村，接着参观了秦陵兵马俑，那是一次极为良好的学习研究经历。随之好事接踵而来，计划外的一桩事成了当天最难忘的记忆。当我们中午返回西安时，他说：如果我们不十分疲倦的话，那么还有时间去参观陕西省博物馆。我们立即同意，而此次参观所得，真是铭刻在心。我们首先

---

* 本文原为英文，刘彭陶译。

参观了许多青铜器，因为博物馆是以此而世界闻名，其中一些展品犹如旧友重逢，那是两年前在得克萨斯州弗·沃斯的金贝尔博物馆（The Kin-bell Museum），我们曾见过来自西安的巡回博物展。马教授耐心地指出一些主要展品的重要性。接着，他带我们到展馆后面去看“碑林”。他知识深广是很明显的，他认为我们已经看到历史源流中的一些展品。一块碑文是中国中原人民对伊斯兰信仰的最早记载。另一块碑文记载着在该地区最早出现景教徒（Nestorian Christians）的情景。我们感谢他，因为他的经验阅历很广博；和他在一起，我们知道了他为什么这样受人尊敬和热爱。

我们对马曜的表彰只是暂时的颂辞，因为他继续执著于他的多方面兴趣爱好。人们可能只想到民族学院是他的功绩，但我们也想到民族村①，它为男女老少提供了受教育的机会。最近民族博物馆②已经成为现实，它体现了马教授和其他人士的远见卓识。这个博物馆是世界级的，而且与世界上别的文化机构比较之下，它是具有促进作用的。

马教授是一位老师，因为每次与之相聚都充满了和善的教言。和他熟悉的人常常体会到他的美德：朴实、谦让、富有同情心和与人为善。一个民族会以有他而自豪，我以称他为朋友而感到自豪。

（约翰·S. 毕鲁，曾任美国贝勒大学副校长）

---

① 译注：这里指在昆明海埂建立的民族村和民族博物馆。

② 译注：这里指在昆明海埂建立的民族村和民族博物馆。

缅怀父亲

马梦湖　马梦江

时光荏苒，父亲离开我们已经多年了，他的身影还时时萦绕在我们眼前，常常唤起我们对往事的追忆。

中华人民共和国建立初期，父亲在昆明军管会、省委统战部工作，同时筹建省民委和云南民族学院（今云南民族大学），作周保中将军的助手，和周保中将军、王一知夫妇、张子斋伯伯、陈方伯伯同住在连云巷的院子里。后父亲调省委边疆工作委员会，就搬到靖国新村省委宿舍了。这段时间里，只有长子梦湖先从家乡洱源上来和他在一起。20 世纪 50 年代初，正是需要在边疆开辟工作、疏通民族关系的关键时期，他要经常到边疆民族地区去，就把梦湖寄住在好友吴少默（20 年代初曾加入中国共产党，北伐时任国民革命军第三军政治部主任，建国初任省军政委员会秘书长）伯伯家，长女梦雪从家乡上昆后也先是寄住在吴伯伯家，次子梦江是从家乡先到德宏芒市，寄住在杨苏叔叔家。父亲为了工作顾不上家，对此，我们也理解。

50 年代初到 60 年代初，父亲长年累月奔劳在边疆民族地区进行对敌斗争、社会调查、民主改革等一系列工作。回到昆明，从机关下班后，在家里写工作总结，起草一些文件，经常工作到深夜，节假日也很少休息。

父亲生前有许多朋友，包括战友、同事、学术文化界的前辈、党外民主人士等，有的共同为革命事业奋斗过，有的在学术问题上相互切磋，彼此的交情都很好。但作为真正的朋友，彼此有不同的见解，都能坦率地指出，目的都是为了把工作做得更好，在某些问题上求得真知。例如父亲和在民族战线上共同奋斗了半个世纪的王连芳伯伯（抗战时曾任八路军冀鲁边区回民支队政委，1950 年率中央访问团来云南，云南省委挽留其留在云南工作，被称为“民族工作楷模”），由于地上和地下（父亲是地下党的），本地和外来，在长期的共事中对工作中的问题有时可能有不同的看法，在某些问题上产生误解。1998年连芳伯伯准备出版《王连芳云南民族工作回忆》，请刘树生叔叔和父亲作序。父亲在序中谈到王伯伯对云南民族工作作出重大贡献的同时，也谈到工作中产生的误解。对此王伯伯在“前言”中说：“因工作思考角度不同，相互引起争论误解的事也不少，马曜同志在序中所指的那些，只是我不足的一部分，他这种赤诚的感情和指正，恰恰证明我们之间的真正友谊，也证明我们之间的不快、误解都是因工作而绝无个人利害得失和恩怨，这是我们这一代人当时的思想境界和精神风貌，至今仍是十分宝贵的。”父亲和王连芳伯伯虽在工作中某些问题上见解不同，但在共事中绝大多数都是相互配合、相互支持的，后来父亲在民族学院，连芳伯伯任省民委主任和省委民族工作部部长，虽然已经不在一个单位了，但从事的仍然都是民族工作，还时常在一起就工作中的问题进行商讨，他们关系一直都很好。另外一位是著名史学家方国瑜教授，父亲和他也是老朋友。对于战国时期庄蹻的身份，他们有不同的见解，但这并不影响他们的友谊和交往。方老去世后，父亲特地为他写了悼词和《挽方国瑜先生长联》。在工作和学术问题上有某些不同见解都是正常的。以上例子说明，他们之间的友谊是真挚的，对待问题的看法是坦诚的。

建国初期，父亲是中共云南省委民族工作五人小组（张冲、王连芳、陈方、侯方岳、马曜）成员之一，但他后来的职务都不高。有的同志说按照父亲的资历和能力，似乎职位低了。父亲说解放初到“文化大革命”期间，受“左”的影响，地下党和“边纵”有的同志受到错误对待，他算是好的了。“文化大革命”前夕，省委准备在省委内部或到省人委提升他的职级，“文化大革命”运动一来，党政机关瘫痪，此事就不了了之。“文化大革命”后，省委拟调他回省委，但父亲并没有去，他认为搞学术研究和做教育工作更适合他，再者年纪已大了。分管组织工作的省委书记处原书记孙雨亭和他关系也很好，春节前夕有时接他到孙书记的家中吃吃饭，聚一聚。孙雨亭曾主动跟父亲说，“文化大革命”后党的干部政策是德才兼备、年富力强、知识化、专业化，政策是好的，但党内干部到了规定的年限就要退休下来，超过年限的就不再提升了，有个年龄的界限，但党外民主党派人士年龄可以放宽。他说父亲除了年龄（父亲1983年退下来已经72岁了，按他的级别60岁就应该退下来，但他是专家技术型的，年龄有所放宽）受限，其他条件都符合，所以是个机遇问题。父亲跟孙雨亭说，他从来就没有计较地位的高低，无论职位高低，都要把工作做好。

“文化大革命”期间，在极左思潮的影响下，父亲也受过批判，挨过整。但父亲不计前嫌，后来和批过他、整过他的人关系都很好，有的还成了很好的朋友。正如古人所说“人不善我，我亦善人”。

父亲对革命先烈充满敬意和感情。施滉烈士跟父亲是同乡，比父亲大 11 岁，他 1916 年考入清华学校（清华大学前身），是该校学生会会长、学生领袖，1927 年在美国加入美国共产党，是美共中国局书记，回国在中共中央特科、翻译科、香港海员工会工作，后任河北省委书记，1933 年被叛徒出卖被捕惨遭杀害。施滉牺牲后，美共把每年的 1 月 1 日定为施滉纪念日。1949 年刚解放，清华大学就在校园书馆门厅正面墙上，修建了一块施滉纪念碑，镶有烈士头像，镌刻有烈士简历和题词：

他是清华最有光荣的儿子
他是清华最早的共产党员
他为解放事业贡献了生命
施滉的革命精神永垂不朽

1986 年，清华大学又为施滉烈士立了一尊高 13 米的半身铜制浮雕纪念像。

施滉的父亲施德培，字少甫，曾到乔后教小学，施滉也随父亲到乔后读书。我们母亲是乔后人，在乔后有住宅。父亲在洱源城内建有支援抗日的运盐中转站，在乔后和洱源与施家比邻，两家有交往，是世交，父亲对施滉到美国留学和参加革命有所闻。1942 年父亲回洱源养病，时值保山抗日前线我军民食盐短缺，父亲就承运乔后盐场食盐到保山前线支援抗日军民。当时少甫先生生活困难，父亲就安排少甫先生到运盐中转站工作。施滉有遗著《孙中山评传》，对革命先行者孙中山先生作了全面高度评价。由于该书是英文，父亲就请民族学院外语系副教授刘彭陶承担该书的翻译工作，还请中国人民大学杨遵道教授、中央民族大学赵履谦副教授以及孙凤兰在清华大学、北京大学图书馆查找有关资料，并请当时在云南民族学院从事研究的日本东京大学博士研究生横山广子女士查找书本中的日本人名、地名等名称。该书译完后，报请省党史研究室审查，立即得到批复：“刘彭陶同志并请告马曜同志，经研究室请示省委党史工作领导小组，施滉烈士这部遗著，填写了中国现代史研究中的主要空白，本书的出版发行，不仅是对烈士的悼念，而且对云南各族人民的教育和鼓舞，对现代史的研究，均产生大的推动和促进。同意公开出版发行。”

经父亲和译者决定，谨以此书作为纪念伟大的革命先行者孙中山先生诞辰一百三十周年和白族人民光荣儿子施滉烈士，以及施滉烈士的故乡云南省大理白族自治州建州四十周年的献礼。父亲还到北京看望了施滉烈士的革命伴侣和夫人罗静宜同志，对施滉的革命活动有了进一步的了解。为此，经父亲和省委党史资料征集委员会主任朱家璧商定为施滉烈士立传，并请杨遵道、赵履谦二同志撰写施滉的传记，使《施滉传》得以出版。

还有一位是施介烈士，他和父亲既是洱源同乡，又是同窗好友。施介烈士 1928 年加入中国共产党，后与刘林元等奔赴延安。施介在抗大毕业后，先后任中央组织部总务处长、陕北公学（中国人民大学前身）教育处副处长、延安大学党委书记。1945 年随陶铸同志到东北，任通辽县委书记、哲里木盟组织部长，在当地的革命工作中作出很大贡献，在蒙汉群众中享有很高威信。后因积劳成疾，不幸病逝。施介去世后，时任辽吉军区政委、辽北省委书记陶铸同志及省委组织部长曾固同志联名在他的墓碑上题文："我们最好的同志为工作而停止了最后的呼吸。施介烈士长眠之所。"父亲原来并不知道这些情况。父亲曾向同施介在延安后回到云南的朱家璧（他是朱家璧的入党介绍人）、刘林元同志打听过施介的消息，他们也不知道他后来去了哪里。1979 年父亲率民族参观团到内蒙古通辽市，意外发现一些学校、医院、文化馆、派出所、街道都以施介名字命名，这才知道施介的确切消息。回到昆明后，父亲立即写信给施介烈士遗孀杜小年，并致信洱源县委、县政府，请按国家有关规定给予抚恤，使杜小年得以安度晚年。1986 年，内蒙古哲里木盟党史征集委员会给父亲来信说，在施介烈士的遗物中发现父亲赠给他的一首诗，并寄来复印件。在长期艰苦的战争环境中，施介烈士一直把父亲赠给他的诗带在身边，足见他多么珍视和父亲的友情。

另有一位是赵祚传烈士（1903—1929），大姚县人，1926 年在广州加入中国共产党，1928 年继王德三任中共云南省特委书记，后因叛徒出卖被捕英勇就义。解放前父亲就认识赵祚传烈士的父亲赵竹村先生（曾捐出全部家产兴办大姚中学）。1941 年父亲和熊庆来、李一平、陈铭枢、杨青田、刘淑清、杨春洲等共同发起《赵竹村老先生七秩晋四大庆征文启》，在文中对赵祚传烈士的遇难表示了慰问。父亲和赵祚传烈士胞兄赵薪传（字贯一）是好友，两家亦是世交。赵薪传是 20 世纪 20 年代初的中共党员，当时是国民党范石生部的中共地下党支部书记，曾接待过南昌起义撤退下来，到范部暂避休整的朱德和陈毅，联系补充军饷装备，提供情报等。

朱德元帅在《从南昌起义到上井冈山》文中提到："1927年秋，赵薪传率领16军宣传队在湘南调查和清理监狱，有意识地释放了被关押的朱良才同志等一批共产党员和革命群众。"1996年2月8日《人民日报》登载的杨成武将军写的悼念前北京军区第一政委朱良才上将的文章《政治工作的楷模》文中亦提到："1927年大革命后，良才同志被捕入狱，敌人给他带上镣铐，施以重刑，欲加杀害，后得范石生部我党负责人赵薪传同志营救，才幸免于难。"对于此事，《朱德传》和《朱良才传》都有记载。赵薪传后因与党失去联系脱党。他回云南创立云南矿业银行，从矿业银行抽资金捐助给党在桂林兴办三联书店，将矿业银行南京办事处和上海分行提供给中共使用，捐助法币10万元作李公朴、闻一多先生丧葬费，捐助法币30万给被围困在云南大学、南箐中学坚持反美扶日的爱国学生作生活费，并给中共云南地下省工委提供经费。这样一位人士虽然脱党，但做了许多有益的事，后来却受到错处。为此，父亲写了《赵贯一先生生平》，实事求是地回顾了他对党所作的贡献和其他善事，为他正名。2006年春节前夕，赵薪传、赵祚传的亲属多人来看望父亲，虽然那时父亲已瘫痪在床，还是由保姆搀扶起来相见，大家都很高兴，还录了像，分别时依依不舍。

父亲给施滉遗著《孙中山评传》以及施滉、施介烈士的传记写了序文，给赵祚传烈士写了墓志铭，对他们的遗属尽了一点绵薄之力，表示了对革命先烈的深切怀念。因为父亲和他们是"同心自相知"，有着共同奋斗目标的同志。

省里在昆明金牛小区给老干部建造了较舒适的住宅，按待遇父亲也可以分得一套，但父亲放弃了，还是住在民院分的面积不大的单元房里，客厅里仅有简易沙发和藤椅，一个老式冰箱。在卧室兼书房里，一张木板床，盖的垫的都很简单，几个书柜，一张陈旧的老式写字桌。除了出国访问穿的一套西装外，他的衣服不多，羊毛衫破了用线缀起来继续穿，出门经常穿的就是一套灰布中山装。父亲饭量不大，以素食为主，骨折瘫痪卧床后，就靠输液维持了。按待遇生病可以住高干病房，但父亲大多住的是普通病房。

父亲对工作兢兢业业，在学术上不断探索，为人厚道宽容，重情重义，不计名利，生活俭朴。父亲虽然离我们远去了，但我们永远怀念他！

2018年10月6日

（马梦湖、马梦江，马曜教授之子）

马曜叔叔，您永远活在我的心里

马荣邦

时间过得真快，转眼间，马曜叔叔骑鹤西去已经12个年头了。可是。他的音容笑貌、言谈举止，他对我的陶熔鼓铸、耳提面命，却时时闪现，那样鲜活地存留在我的记忆里。

在洱源县马氏家族中，我父亲马鍊和马曜是堂兄弟，我父亲排行第四，马曜排行第十二，因此，马曜称我父亲为四哥，马曜是我的十二叔。当然，见面的时候，我就直呼他为叔叔，这样显得亲切得体，自然随和，他也非常乐意。

还在我很小的时候，每当大人们提起马曜叔叔，总是带着敬佩和赞叹的口吻，称他为中国现代教育家、历史学家、民族学家和诗人。除了马氏“一门四将”以外，马曜也是洱源马氏家族的骄傲和荣耀。

说起来，我们一家和曜叔关系密切，感情融洽。1922年曜叔11岁时，洱源四乡土匪蜂起，人心惶惶。大果村是小村，无防守能力，很不安全。曜叔的母亲便送他到洱源凤羽镇堂伯父家读私塾，我母亲就负责照料他的饮食起居。对此，曜叔一直铭记不忘，常说四嫂对他关怀备至恩重如山。我母亲去世以后，曜叔悲痛异常，殊深悼念，亲撰挽联一副——

淑慎四嫂冥寿

孝顺持家里邻称善

唱随和好贤淑堪夸

弟　曜　拜撰并书　壬午仲春

1945年，我父亲和乡亲们出资在家乡修建文献坊，由他亲自撰写碑文，请曜叔书丹，如今已成为珍贵文物，我设法将它寻回，珍藏家中。

曜叔对我们一家关心有加，爱护备至。时时抽空来家探望，竭尽所能给予帮助。1948年某日，我哥哥马荣楫在近日楼附近遭遇车祸，被一辆飞驰而来的摩托车踢断小腿。曜叔闻讯，每天都准时亲自上门，送一磅牛奶给哥哥滋补营养。

然而遗憾的是，解放后相当长一段时间，由于父亲挨整，我们怕牵连和影响身居高位的曜叔，很少与他来往。直至1972年，曜叔已经年过花甲，从“五七干校”返回昆明，需要有人关心、照应。这时，父亲已经亡故，我出于孝道，和曜叔加强往来，尽一份小辈的责任。当时，我们家和曜叔家都住在青云街，相距仅几十米。他爱吃我母亲做的卤腐、腌菜和包子馒头，我母亲让我经常送给他。曜叔也爱吃五香花生米、蛋糕，我每次去看他，都要买些带去。他还爱吃我爱人做的红烧肉，每隔一段时间，我就让爱人做好用保温饭盒给他送去。这样，直至他老人家去世，长达几十年，我和曜叔时时见面，常有往来，这也是我一生的幸福和荣幸，这或许是上苍的恩赐和命运的垂爱吧，我唯有双手合十，表示深深的感念。

曜叔的一生是丰富多彩的，诚如谢本书教授所言：“他既是杰出的革命战士，又是卓有成就的诗人、学者和教育家。”国内学术界的一些泰斗级人物，也给予他高度评价和赞扬。

2000年8月间，省委宣传部借调我去北京参加“当代艺术家走进云南书画展”的布展工作。我遵照曜叔的吩咐，拿着他手书的便条，特意前往季羡林教授家中探望。当他得知我是马曜的侄儿时，立刻用赞叹的口吻说：“云南边疆出了你叔叔这么一个才高八斗、学富五车的大文豪，真是不容易啊。如果他在北京，名气早就超过我了!”这不是谦虚，他曾在一些公开场合称赞曜叔是“云南学界领袖群伦”“道德文章并重”的著名学者。

中国文联副主席、云南省委原副书记丹增赞扬：“马曜教授是云南教育界的泰斗。”中国国家图书馆原馆长、哲学宗教学大师任继愈先生祝贺马曜九十华诞寿联“扶风学脉当无虚士，鲁殿灵光赖有斯人。”云南师范大学教授杨修品的对联“三个时代一身正气，六卷文集两袖清风。”正是他一生的真实写照。

1995年盛夏的一天晚上9点多，时任省委书记令狐安和秘书冒着瓢泼大雨，骑着自行车前往马老家中探望。令狐书记关切地询问马老的生活、身体情况，谦虚地征求马老对省委工作的意见。曜叔光明磊落，开诚布公，坦率地说了自己的意见和想法。令狐书记一边听一边记录，表示回去以后一定好好研究，认真对待。不久，马老的一些好的意见和建议便被省委采纳，在工作中得到实践。

曜叔的一生，是革命的一生，战斗的一生，为国家富强、人民幸福鞠躬尽瘁、死而后已的一生。他时常告诫我说："没有共产党，就没有新中国。我们今天的幸福生活，是无数革命先烈抛头颅洒热血才换来的。现在革命胜利了，烈士们是看不到了。我们这些后来人应该时刻缅怀他们，完成他们未竟的事业。"

1998 年初春，曜叔要我陪同他一起去黑龙潭祭扫王德三、李国柱、吴澄等革命烈士墓。曜叔虽已 87 岁高龄，但不要人搀扶，坚持步行来到烈士墓地。向烈士们默哀 3 分钟，然后深深地弯下腰去，行三鞠躬礼。他动情地对我说："我是在王德三牺牲以后入的党，反动派的屠刀吓不倒我。当时我发誓，要踏着先烈们的血迹，沿着他们的道路，高扬他们的旗帜继续前进。几十年来，我时时刻刻以烈士们为榜样，脚踏实地，兢兢业业，努力搞好本职工作，为国家和人民多作贡献。"

我知道，这是曜叔在鞭策我、激励我，不忘初心，方得始终。问心无愧的是，我正是按照曜叔的要求去做的。我是一名体育教师，也曾担任过昆明市盘龙区少体校领导职务，取得副高级职称。平时在工作中，我甘当"人梯""铺路石"，不为名，不为利，把全部精力和心血都用在学生身上，为国家培养了一批又一批可用之才。

曜叔重情重义，宅心仁厚。他经常对我说："做人要讲究情谊，特别是那些同甘苦、共患难的战友，一定要互相关心，互相帮助，荣辱与共，生死相依。"2001 年春节期间，他不忘战友情，叫我陪着他去工人新村干休所看望陈方（省政协原副主席）、王连芳（省人大常委会原副主任）、张子斋（省人大常委会原副主任）等战友的遗孀，嘘寒问暖，关怀备至，委实令人感动。

曜叔是大师、名家，一生勤奋耕耘，著作颇丰，主要有《云南民族古代史略》《白族简史》《白族异源同流说》《庄蹻起义与开滇的历史功绩》《云南简史》和《孔子评论》《马曜学术论著自选辑》《马曜文集》等，这一批成果与他几十年朝乾夕惕、皓首穷经是密不可分的。

每次我去家里看他，总见他要么手不释卷、埋首读书，要么伏案笔耕、孜孜不倦，即便是"四害"横行、斯文扫地的日子里，也是如此。一天，他发自肺腑，语重心长地对我说："荣邦啊，我知道，你尽管是个高中生，可是由于偏爱体育，读书太少。这可是你的短板啊！记住，不管什么时候，哪怕形势险恶，命运坎坷，也不能放弃读书。只有坚持读书，你才能耳聪目明。福慧双修，既能增长知识，又能锻炼才干，成为一个对国家、人民有用的人。”他还给我开列了一个书单，里面有中外名著，也有马列、毛主席著作和其他一些好书，要我制订一个读书计划，强迫自己按时完成任务，定期向他汇报。从那以后，我养成了热爱读书的好习惯，并经常向他汇报读书心得。他很满意，并笑着夸奖我：“孺子可教也。”

曜叔真心实意爱护我、关心我，除了时时督促我看书学习，还把自己的一些人脉关系介绍给我，让我经常听取他们的教诲，好好做人。如中共云南省委、省人大常委会、省人民政府、省政协的老领导刘明辉、刘树生、尹俊、赵廷光、王天玺、丹增、张子斋、王连芳、陈方、张宝三、王义明以及中共昆明市委原书记杨健强等。他老人家有什么好的意见、建议，有时候我帮忙去转达，领导们都十分“买账”，一一照准。

兹举一例——

王灿（1881—1949），字铁（惕）山，晚号石桥居士，云南昆明人。王灿先生是我国最早接受马克思社会主义思想的政法学者之一，是云南政法先驱，同时也是继清末民初云南先贤赵越村、陈困叟等人之后在云南乡邦文献整理与研究工作中卓有贡献的文史名家，而且还是20世纪三四十年代省内外知名的古旧体诗人。1945年，王灿先生受聘为云南大学教授，为学校的法学、文学教育与研究作出了突出贡献。

王灿先生的书法被称为“颜筋褚骨，旁参欧柳”，晚年更变化入神，所作屏书对联，深受珍爱。历史上，王灿先生曾为大观楼写过一副对联——

朝云起雨，暮霭飞烟，世事古今殊，只余无恙西山，随时在目；

雪浪吞天，风涛卷地，英雄淘泻尽，为问倒流滇水，何日回头？

此联对仗工稳，情景交融，意蕴深沉，脍炙人口，为大观楼增色不少，可惜“文化大革命”时被当作“四旧”毁弃。

2000年初，部分文化艺术界人士向曜叔反映，希望他老人家能够出面斡旋，恢复王灿的这副名联。曜叔问我：“你看这件事怎么办?”我当即回答：“这件事很容易啊，您只要写个字条，我去找健强书记，估计很快就会有结果。”同时，曜叔也问我说：“我也想给大观楼写副对联，你看行不行?”我说：“怎么不行，您这是为大观楼增色，是件好事。”曜叔很快把对联写好交给我：杨慎谪遣放逐生涯不辜负滇海风光三两云帆添画本；孙髯联系兴亡故事只赢得太华禅悟百千忧患铸钟声。

没想到，这副对联在一些文化界人士中产生争议，就连一些领导同志也拿不定主意，一时委决不下。令狐安同志得知此事，很快作出批示，要求有关部门尊重马老，他写的对联可以用。果然，没多久，王灿的儿子王志符便请李群杰先生重书王灿先生名联，和马老的对联一起在大观楼一楼显著位置"亮相"，一时传为佳话。

曜叔一生克己奉公，两袖清风，"拳头上立得人，胳膊上走得马"，绝不允许我们利用他的影响和声望为个人谋私利。但是，在大是大非原则问题上，他却"举贤不避亲"，勇于出头露面。

我父亲百年诞辰之际，我向曜叔提出两个请求：一是给我父亲写一副对联；二是让我父亲上志书。他严肃地望着我，正色言道："写对联没有问题，关于让你父亲上志书的问题，我现在不能答应。我是个历史学家，要对历史负责。上志书有许多严格的要求，你父亲能不能上志书，你必须拿出根据来。"对联很快写好了，我去曜叔家中取回，视如珍宝——

自修四哥诞辰100周年纪念：

志切朱熹崇理学心期子贡作儒商

十二弟马曜拜撰于民族学院寓所

关于父亲上志书的问题，我按照曜叔的要求，花费大量时间去省档案馆查阅史料，然后把复印好的资料交给曜叔。他反复看了多遍，微笑着对我说："这些史料就是最好的证明，你父亲完全可以上志书。"

2006年2月4日（年初五），我去给他老人家拜年。他坐在客厅沙发上，见到我就高兴地说："荣邦，大理州志今天寄来了，你快去里屋把它抬出来。"我很快进屋把书抬到曜叔身旁，拆开。曜叔说："你快打开看看，你父亲上志书了没有？"我立马看目录，见我父亲已经上志书，就告诉他老人家："在了！在了！"他松了一口气，脸上露出欣慰的表情，因为我父亲的条目是他老人家亲自撰写的。

我跪下来给他老人家磕头，连声说"我们全家感谢您了。"他说："不用谢，你父亲抗日期间当省议员主张抗日，乐善好施，做了许多有利于民族和国家的好事，应该上志书。"他问我："家族内有几个人上了州志？"我答："6个。"他高兴地说："你赶快念给我听听。"我逐个念了起来，有的地方把字读错，他立马替我更正。时间过得很快，转眼已是9点半了。婶婶起身说：“我要睡了，荣邦你该走了。”曜叔朝我摆摆手：“荣邦，你再坐一下，我有话对你说。”我怕影响他休息，急忙说：“叔叔，时间已晚，后天我再来看您，有什么话您到时候再说吧。”他不再言语，依依不舍地目送我离去。没想到，这竟成了我和曜叔的永诀，真是造化弄人啊！我至今时时叹惜，追悔不已。

2006年2月15日上午九时，曜叔骨灰安葬仪式在洱源县大果树村马曜故里举行。近2000村民自发聚集在村口迎灵，人们敲锣打鼓，抬着花圈、举着香烛、吹着唢呐，为马老送葬。马老骨灰盒上覆盖着中国共产党党旗，由8个小伙子抬着前往墓地。这时，奇异的景象出现了，天空下起了霏霏细雨，碧海似的蓝天出现了一道绚丽的彩虹。当晚，洱源县城暴雨倾盆；深夜，马家坟山白雪皑皑，周围其他地区则滴雪未落。乡亲们都说，马老去世感天动地，老天爷也来表示追悼了。

曜叔生前曾对我说：“一个人不能忘记自己的故乡和民族，要为家乡做一些力所能及的事情。”他的题词“热爱自己的家乡和民族是爱国主义的基础”放在我主编的族谱前边。如今天象示哀，这也许是家乡对他的回报吧！

2012年3月，县委书记杨承贤到任，于当年7月16日和2014年3月25日两次到大果村马家祠堂调研并召开现场办公会。他指出，马家历朝历代为官，为家乡做了大量的好事、善事，涌现了“抗日四将军”（马钤、马锳、马崟、马镈）和“世纪学人”马曜等名人。马家儿女是洱源人民的优秀儿女，洱源的骄傲和光荣！洱源是洱海的源头，要保护洱海，我们要建设生态文明县，要打好马家这张名片，将洱源建设好，把老百姓的生活搞上去。马家祠堂于2013年申报为大理州重点保护文物单位，2014年进行抢救性修缮，2015年初竣工，得到省文化厅的高度赞扬和肯定，现已申报省级重点保护文物单位。杨书记在3年任期内，给洱源带来令人惊喜的变化，得到老百姓一致认可。2014年，当选为全国优秀百名县委书记，2015年升为大理州副州长，2017年升任云南省机关事务管理局局长。

洱源这几年风调雨顺，五谷丰登，农业年年丰收，人民生活蒸蒸日上。马家也人丁兴旺，好事连连。最值得高兴的是，马锳将军孙女马世云于2012年当选美国加州众议会副议长兼执行长。

我每年回老家祭祖上坟时，都要去替曜叔扫墓，给他老人家叩首上香，感念他对我的恩德。

斯人已逝，风范永存。纪念曜叔的最好方法，就是牢记他老人家的嘱托，弘扬中华民族优秀传统文化，进一步擦亮洱源马氏家族这张“名片”，为实现“两个一百年”奋斗目标服务。

多年来，为配合政府筹建马曜文化展示馆，在家族成员的支持和帮助下，我尽力搜集有关曜叔的史料，举凡散落在民间的他老人家的手稿、书信、批件、诗文、书籍、纪念文章、照片、文物……我是不遗余力，尽力搜寻、收回。目前已收藏这些宝贵的精神财富达 10 多公斤，似可告慰曜叔于万一了。我还担任世界马氏联谊会总会常务理事、云南省马氏联谊会会长、云南省马氏文化研究会筹委会主任、洱源马氏联谊会常务副会长兼执行长等职务，不辞辛劳，四处奔走，现各项工作初见成效，广受好评。曜叔泉下有知，亦当含笑鼓励了。

日前，省委宣传部作出决定，加快马曜文化展示馆布展筹划步伐，纪念马曜教授学术研讨会也在筹划之中，这些都充分说明党和政府对知识分子的关心和爱护。需要特别指出的是，王天玺等省级老领导在马老生前对他敬重有加，关怀备至；在马老去世以后，又对开展纪念马老的各项活动给予切切实实的关心、支持、帮助，我们马氏家族感激万分，铭感肺腑。

曜叔，您虽然走了，但您永远活在我的心里，教我奋发，催我自新，不断谱写人生的新美乐章，生命不息，奉献不止。

2018 年 8 月 15 日

（马荣邦，马曜教授之侄）

玉洱园碑记

马　曜

环顾域内名胜，既饶壮丽之自然景观，又富悠久之历史文化，兼之者其大理乎！元初郭松年著《大理行记》，于其文物之盛与江山之美三致意焉。行记之作，去大理国不远，称其“宫室、楼观、言语、书数，以至冠婚丧祭之礼、干戈战阵之法，虽不能尽善尽美，其规模、服色、动作、行为，略本于汉。自今观之，犹有故国之遗风焉”。其状苍洱之风光，则曰：“峰峦崖岫，萦云载雪，四时不消；上则高河窦海，源泉喷涌，水镜澄澈，纤芥不容，佳木奇卉，垂光倒景，吹风嘘云。派为十八溪，悬流飞瀑，泻于群峰之间，雷霆砰轰，烟霞暗霭，功利布散，皆可灌溉。洱水浩荡汪洋，烟波无际。”寥寥百余字，尽得苍洱风流。元时文轨趋同，大理山水园林之胜，渐为世重。中溪默游，张氏绣坞；度竹穿林，幽藏闹市；身在城郭之中，心居人境之外。于时儒释合流，禅密交替；人文蔚起，树帜词坛。杨升庵、徐霞客相继来榆，李元阳、杨黼酬唱于前，师范、赵藩步武于后，可谓盛矣！

自大理成为全国历史文化名城及风景名胜区，古迹文物，修整一新。士庶建言，恢复一度改为农林试验场之玉洱园，为古城居民及中外游客提供文化休憩场所，既与“文献名邦”之美誉相协调，尤为精神文明建设所必需。市人民代表大会作出议案，市政府付诸实施，市建委邀集有关专家共襄其事。分为茶花区、樱花区、梅花区、竹园、牡丹园、老人活动区及碑亭、石坊、茶室景点，以水景点缀其间，荟萃古城私家花园之造园艺术。一九九五年春落成，敦请东方文学耆宿季羡林题写园名，楹联、诗碑均为名人佳作。于役既竣，乃为之词曰：

洱海文明，商周开启。郡县建置，汉晋张弛。蒙段递嬗，唐宋终始。故国遗风，江山信美。（其一）

德化丰碑，雄文夭矫。为存恩旧，归唐是表。三塔凌云，五华竞巧。叔达义宗，

奇鲲皎皎。（其二）

大理代兴，益崇文藻。亲仁善邻，求书载道。钟山石窟，龙门再造。胜温画卷，南天瑰宝。（其三）

降及明清，词坛浸盛。白纻红笺，文采照映。升庵谪迁，霞客探胜。中溪厥后，才人孟晋。（其四）

花园文化，甲于三滇。家家筑坞，处处引泉。骈红拥翠，百卉争妍。幽藏闹市，心远地偏。（其五）

有园玉洱，位于阛内。昔为公园，后亦废弃。兴言葺复，藉供游憩。众议从同，欢动阛阓。（其六）

薄言兴作，案日计程。依林结宇，面水置楹。叠石通径，刻桷飞甍。经之营之，式攻式成。（其七）

名花满园，四时俱备。山茶冷艳，牡丹红醉。梅傲清癯，樱簇蒸蔚。皓月当窗，修篁影碎。（其八）

亭台清旷，可月来风。楼高浴日，桥卧垂虹。晨霜拄杖，夕照归筇。所竭自适，乐在其中。（其九）

洱水护槛，苍峰排闼。智仁所乐，美臻充实。蝉噪鸟鸣，境逾幽绝。啜茗休憩，清言永日。（其十）

公元 1995 年 2 月 15 日

游茈碧湖赋并序

——以“新蒲细柳似江南”为韵

马　曜

洱源宁湖，出治北罴谷山下，即洱海之源也。以饶茈碧花，又名茈碧湖或茈湖。澄淡渊渟，水天一碧。明杨用修谪滇，兴游及此，有“新蒲细柳似江南”之句。徐霞客游记中，亦盛称之。曜早岁负笈江南，旧游依稀，已不复记忆。辛巳（1941年）夏归省，秋七月既望，爰雅集朋俦，由大庄解缆，溯洄观水珠，北抵罴谷山麓，登澄碧楼，夜宿舟中。次日溯游回城。纪是湖之胜，杨、徐尚矣。惜略而未详。先达黄元治、徐崇岳、高上昕、吕咸熙辈，亦各有记赋，间有揽胜造语，而未能穷搜冥探，悉状其胜。曜陋诸家，因作《游茈碧湖赋》。

维罴谷崆峒之岭，实沧江派演之津。洱水源出罴谷，南入沧江。出蒲陀蒲陀崆亦名蒲萄口，在县南十五里以南流，汇蓬瀛之胸壑；溯君岭以西望，建天下之脊膂。老君山由康藏入滇，康藏称世界第一高原。其上即世界屋脊帕米尔高原。遂从崭绝高原，擎出明湖一鉴，遥瞩渊渟平掌，频翻碧浪千鳞。众壑争流，声摇地籁；群峰竞秀，影落天真。照黛痕之隐约，漾波磔之轮囷。倏萍开而奁启，恍菱簇而花陈。络云蓝之不断，杳空翠之如皴。浮天镇远，约素含嚬。启六诏之灵源，人文荟蔚；擅三滇之形胜，题咏缤纷。不图瀛海归来，有此碧澄万顷；信美湖山健在，为浮大白千巡。维时七月既望，三庚潜逡。暑退凉生，袅袅江湖风起；水长天远，寥寥汀渚烟颦。恰逢坡老谪去黄州，怀兴纵苇；正值季鹰归来吴下，愿遂思莼。斯文每托胜地，韵事属于良辰。爰携隽侣，雅集嘉宾。携樽榼，岸帻巾。延芳蘅芷，移楫藻萍。联袂平皋之末，解舟古渡之湄。挹太清之虚廓，接远涨之温纯。水激桡而汩汩，沙照岸以粼粼。溯浅水之三篙，初会桴中之趣；荡轻飕之一叶，浑忘物外之身。净无可唾，空欲成尘。平波不动，远树惟驯。借洞庭之秋色，浴西子之丰神。久别非遥，向江神而一笑；胜游如昨，抚云树以相亲。羁心举世痌瘝，家山无恙；尚记昔时相识，鸥鹭忘瞋。坐文光鬟影之间，文章假我；值枫冷芦疏之候，秋思撩人。蝉嘶风而叶下，鱼吹沫而珠匀。满岸圆荷，泥擎雨盖；一湖玼碧，香泛船唇。御长风而泠善，凌虚境之渊沦。神冥水国传音，苍龙吟细；恍接江天照影，独雁鸣新。

既而渐入波心，靴纹默化；遥临海口，丽缕匀铺。容江流于九派，纳宇宙于一壶。水清而游鳞可数，意狎而海鸟堪呼。揽凉风之乍至，觉午热之全屠。王令诗：青天无力屠得热。霄汉虚寒，似入琉璃之界；云樯掩映，堪描烟水之图。光摇汀葯，影乱雕菰；蓝染衣袖，碧照眉须。长宜远黛低回，四围列岫；最爱连霞不断，一片澄湖。当年书剑无成，丧吾林泉故我；此日清狂得纵，还我云水真吾。临绿绮之莹然，翩跹照映；听节歌之霭乃，前后喁于。羡浮波之乳鸭，爱浴日之偎凫。会浮生之殊趣，参暂托之恬娱。眺远景之微茫，千峰倏灭；挂片帆之飒爽，万象相扶。悟藐躬之若借，恍造化之与俱。遥见净底明时，水花微吐；澄湖静处，圆沫轻吁。既忽明而忽灭，亦乍有而乍无。偶临水面，斜映波肤。同侪互语惊疑，漫猜瀛洲玉醴；见东方朔《十州记》。舟子遥呼指点，云是灵沼琼珠。遂移舟以争睹，亦鼓棹而竞趋。果然镜底澄明，涌起圆光颗颗；波心激荡，频摇宝树株株。声浮地脉，影落天衢。上穷穆浌，下摄盘盂。觉地肺天根之离幻，恍星源月窟之觊觎。回清倒影，怀瑾握瑜。既环涛而毂转，亦云淡而霞迂。花雨缤纷，疑是天仙播洒；灵光错落，得无鬼物揶揄？三枝两枝出现，千斛万斛堪输。觉袅袅而烟升，临之倏杳；看轩轩之霞举，曾不须臾。是老蚌灵胎之演化，恍鲛人泣泪之模糊！悬琳贯累，滴翠流苏；殊辉外耀，精气内濡。百灵供其号召，万象入其冶炉。波浴沦红，散千条之绮丽；水蒸云烂，涵五色之琼玗。粒粒寰生，掷米之麻姑堪羡；层层秀出，编帘之刘氏何都。西京杂记：昭阳殿织珠为帘。碧影婆娑，移赤水三株之玉树；天球跳脱，幻蓬莱七宝之珊瑚。夺瑞色于骊渊，叹观止矣！腾清辉于贝窟，何其焕乎！俄而细雨迷空，艳阳倏隐；轻飕飕海，珠彩潜逋。对枫叶之萧疏，冷落吴江得似；怅蒹葭之渺远，苍凉楚泽堪摹。密密疏疏，音撩绮思；斜斜整整，影搅璿枢。遥看雨色迷离，暝半江之芦荻；乍听风声骚屑，接满岸之萑蒲。

少焉，宿霭移形，阴霾消翳。物态怡新，江天爽霁。看水容之依旧，宛尔含颐；临浪縠之无边，悠然凝睇。爱湿翠之沾衣，喜晴光之染袂。罗回有致，荇纹菱线之间；梦破无痕，云影天光之际。犹忆孤冥一幅，敛态含愁；遥瞻献媚诸峰，堆鬟拥髻。蓄气韵兮如薰，渺烟光之逾丽。溶溶入望，明镜无涯；杳杳连天，孤帆远蔽。辨江树之高低，俯汀洲之迢递。水净而浅渚低横，沙明而远树骈俪。双眉绰约，映孤屿以偏明；一桨沦涟，漾轻飔而远逝。脚翘浅沚，看白鹭之悠闲；影没寥天，听哀鸿之远唳。羡云翮之孤高，抚已身之侘傺。情脉脉而无言，思飘飘而谁系；照片苇之低徊，荡一桨之摇曳。菰芦杳渺，写空江如梦之时；云树扶疏，恍上古无怀之世。遥见龙池一碧，罴谷出水处称龙池。钟独秀以偏清；罴尾孤擎，盘众山之远势。相与转蒲篷，鼓兰枻，泝水湄，绕江汭。舣白蘋之芳洲，登红蓼之岸砌。引吭高歌，登临小憩。远树萦洄，群峰睥睨。抚漏日之冬青，弄垂空之薜荔。倒映悬岩影曲，螺黛弯弯；遥看远水纹生，鱼鳞细细。

既而楼台在望，仰贝阙之峥嵘；嬴嬴高临，蹑石阶之峭陡。遂登澄碧之危楼，面蒲陀之峻口。此湖掌列以胸临，罴谷翼张而背负。既北控以通南，亦左襟而带右。气压三江，西洱河源、凤羽河、宁北河称三江。光涵九有。敛宿翳而澄空，涤秋毫而无垢。漠漠恢恢，滮滮浏浏。揽气象之万千，吞邓蒙之八九。抚画栋之轩昂，倚朱楣之清黝。凭栏目极，缅云外之烟波；引领神驰，望天边之林薮。挹爽气于西山，延清飔于南亩。接造化之苍茫，临远近之培塿。罗坪天马，对峙西东；真武标楞，犄临前后。列云冈以为屏，分罗木而为肘。既掠翠以枕流，亦依山而带阜。高踞岩偎，迥临湖首。阅江浪于疏棂，贮风光于片牖。激澄华而曳烟，瞰深波而浮黝。蜃气回纡，虬文蟠扭。历岁月而檐芜，撼波涛而岸朽。俯视唅喁出没，黄甲紫鳞；见《洛阳伽蓝记》仰观诡谲神奇，白云苍狗。凤台北踞，凤凰台在治北二百步，施浪诏施望欠筑。借问青莲高咏，其可再乎？赤壁东张，赤硐壁矗立湖东。试询苏子酣歌，尚能游否？占无边之风月，待我平章；余剩眼之湖山，抚衷沮忸。依罴谷而北顾，恍然高不胜寒；俯蒲崆之南开，竟尔下临无偶。流连光景，谁能忧乐先后；如此江山，讵许私相授受。报载，汪精卫在南京与敌签订卖国条约。镜水平铺，不意西湖失后，犹有斯湖；灵峰秀峙，谁知匡友别来，得此亲友。灵应、天马诸峰酷似匡庐，故云。按《九江志》，商周之际，匡俗遁世隐居于庐山，遂号匡庐。余居庐山三年，故称匡庐为匡友。相看不厌，登临豪骚客之心；体状为难，作赋惭雕虫之手。至若抗怀千古，堪摇地轴天根；倘能更上一层，直跨南箕北斗。拓楼头之浩气，浴日栖霞；渺烟外之秋光，古堤髡柳。

已而夕照低斜，流光旖旎；踯躅渡头，徘徊洲沚。瞰树色之微殷，映波光之倏紫。露天末之孤村，表山巅之残垒。得鸥外之清娱，似鹊边之乍徙。惟雁翎之初翻，恍鸦背之盈咫。隔溆弯环可窥，乱流明灭无涘。远浦孤冥，天涯遥指。石壁倒翻，江干半弛。啮苍岫之尖缘，灿縠肤之肌理，照孤塔之崔嵬，秦观诗：夕阳孤塔自崔嵬。送归飞之联比。遨游忘返，重登锦缆之舟；容与乍回，揽乱天光之底。泛彼中流，听其所止。看浪绉之初生，觉秋风之暂起。忽而寒树依微，曜灵蒙汜；波螟夕沉，云垂海峙。接远渚之苍茫，临暮烟之迤逦。长堤隐隐，霏微黄叶之间；远渡迢迢，丛薄丹林之里。冥冥隔浦之洲，黯黯临江之畤。于是，系缆渔矶，回舟沙咀。爨香饭于芦中，汲清泉于寒沚。呼童贯柳，买翠鳞于钓翁；有客提壶，沽醇醪于岸市。燔香豚，烹赤鲤；陈饵肴，列觥兕。犀筋调鲜，鸾刀切髓。嗜可随心，坐无序齿。张毂线以为筵，列青山而为几。糕呈落屑，剧怜琼雪之姿；脯泛凝脂，雅擅红霞之美。葵鸭脚而羞与伦，酱螺尖而差可拟。堪餍老饕之腹，盘荐芳鲜；待浇块垒之胸，杯浮绿蚁。瓜丁蔬甲，邵圃曾无；菰菜莼羹，吴中得似。

时则冰轮涌浪，皓魄临窗。平添绚彩，高照寒釭。恍辘辘以盈眸，映菱花而荡漾；忽溶溶而到眼，随桂影以奔泷。一片澄明，涌出明星个个；千寻滉漭，频翻玉镜双双。酌银盘以为盎，储波谷以为缸。秋兴云飞，横送半江清笛；襟期月漾，逍遥一叶孤舣。泻酒罍之无边，千卮可下；贮诗愁之满腹，百斛能扛。风荡虫声，渔灯隐灭；波掀蟾影，碎玉琤玐。长共罗纹旋折，频随银汉舂撞。任他极浦云连，难填廓落之闲愁似海；对此明湖月涌，谁运淋漓之大笔如杠。须臾江空树杳，骨悚神双。高枝叫鹊，隔浦鸣龙。竦宵棱之屹崒，幌树影之黮黪。远渚茫茫，接逶迤之云路；丛芦寂寂，俯迢递之渔邦。遥看露气横天，孤星挂树；起视晓风拂岸，皓月沉江。

遂使坐忘漏促，语共觞酣。抚畔湖之黑影，纵一夕之清谈。澹怀无外，妙味同参。摅微吟而意永。解隽谑而心湛。渐而天高星尽，雾敛云含，千纹窈窕，一碧蔚蓝。净秋空而散爽，倒天景而沉昙。俯沙洲之寥落，临列岫之穹嵁。晓钟鸣于远梵，寒鹭起于横潭。荇带牵风而篦簌，岩花挂露以毵毵。短梦依稀，柔橹一声烟波；清香宛转，红蕖十里秋涵。眺晴川之远霭，揽树杪之浮岚。散一襟之夜气，纵两日之诗耽。既天虚之冥蹑，亦珠海而穷探。后约非悭，买棹终期指北；胜游偿愿，回舟顺溯而南。

《凤樵诗词》序

马　曜

盖闻玉洱银苍蟠郁之气，必有腾蛟；新蒲细柳明媚之乡，能无起凤。大理居苍山洱海之间，自古为文献名邦，元郭松年称“其规模、服色、动作、行为，略本于汉。自今观之，犹有故国之遗风焉”。境内山川奇秀，点苍自北奔腾而来，《后汉书·郡国志》称其山“状如扶风太乙，郁泉高峻，与云气相连接”。山北端云起处为洱源凤羽镇。《明一统志》云：“凤羽山在浪穹县（今洱源县）西南三十里，旧名罗浮山。相传蒙氏细奴逻时，有凤翔于此，故名凤羽。”洱源张君文勋，早年云南大学文史系之学友，凤羽包大邑之俊士也。夙谙其恂恂汲汲，浸渍于《文心雕龙》之学，顾未知兼长五七言也。十年动乱后，间以篇什相贻，率皆卓尔佳作，不乏警策之篇，得隽之句，合乎古人矢诗之教。观其赞周恩来暨颂朱德、陈毅诸作，则知其以前非不能也，殆感于其时宗国陆沈，射影罗织，其甚者迪剥至死，是不为也。劫后明时，群星灿烂，昌言放歌，十年之间，忽而盈箧，不亦宜乎？近编次其诗词数百首，属为之序。乃曰：文勋固深知诗道者也，知之者多能之，本深而叶茂，心醇而气和，沉涵经训，调理性情，岂非不诡其词而词自丽，不异其理而理自明之谓欤！虽然，文之难而诗尤难，诚如其论诗，既重意境，又崇想像，所谓蓝田日暖，良玉生烟，纵有习惯性灵，而景外之景，象外之象，求其冥契同归者，殊未易也。夫诗之兴作，肇基邃古，由三百篇降而《离骚》，由四言而至五七言，代有高手；终唐之世，李、杜、昌黎、昌谷、玉谿诸大名家，吾无间然矣。其余盍各，虽诚有警句，而睹其全篇，意思殊馁，则知惟陈言之务去，戛戛乎其难哉！余少而好诗，老亦尽兴，不为诗将四十载矣。建国伊始，锐志少数民族改革事业，吟咏遂置。五七而后，锋芒已折简殆尽，亦有能而不为之同感。今已六情滞舛，而与世多龃龉，甘游乎寂寞之道，求其天机启而律吕自谐，安可得乎？文勋近年执滇南诗坛牛耳，创作日多，读其近体诸诗，大多朋友切磋、公私感愤、道义激扬、流连光景、寓目写心之作。其五七律清新圆润，属对稳切；绝句多浑成，词亦丰神有致，而文勋不过出其余力为之，已以诗名隐隐起滇南。春秋鼎盛，文勋诗功正未有艾，诚能以想象融事实，化腐朽为神奇，则于诗之道，将启予不受友不如己之诮，是所企望焉。

壬申春三月马曜序于昆明莲花池书屋

《苍洱赤子情》序

马　曜

摆在读者面前的这本《苍洱赤子情》，是杨镜同志在长期工作过程中，先后写就发表的散文、杂文、序文、戏文、论文的选集。字里行间反映了作者在为人民服务的46个春秋中走过的历程。这对研究中华人民共和国建立后近半个世纪中基层民族干部成长的历史，具有一定参考价值。

作者是白族，长期生活工作在大理苍洱之间。曾从事过税务、财政、人事、秘书、宣传、政工、组织、党务、工会、修志、年鉴编辑等工作。下放当过农民、工人，进过“五七”干校。1953年9月，杨镜同志参加工作。他爱好文学，长期刻苦自学，孜孜不倦地勤奋学习和钻研探索，走过一段艰苦的路。他干哪行，爱哪行，钻哪行，写哪行，宣传哪行。在剑川县税务局工作期间，在《大理报》上发表《老君山下收税人》，热情宣传税务战线上的先进人物。他在乔后盐矿工作时，发表《从人间地狱到新盐城》，记述乔后盐矿的巨变。在中共大理州委组织部期间，发表《努力增强党性》。担任中共永平县委书记时，发表《胡耀邦同志来到永平》，记述胡耀邦总书记视察永平县的情况。在此期间，还发表了《宝台山散记》《盛开的培训之花》等。担任大理州总工会主席时，发表《坚持党的工人阶级先锋队性质》《发挥职工在企业承包中的主体作用》《访藏散记》等。在中国工运学院进修时，发表了《卢沟桥畔》《工会办实业势在必行》等。担任大理州地方志办公室主任、主持修志工作期间，主编并完成了大理州有史以来最大的文化工程——600余万字的《大理白族自治州志》的编写任务，主编出版了《大理四十年》（76万字）、《大理州年鉴》（1993—1997年，共5卷，500万字），撰写《大理州志·总述》（2万字）、《大理州志·人物》（32万字）、撰写《大理州志·编纂始末》（4500字）、辑录《大理州志·附录》（7万字）。先后修改、审查的县市志、部门志有：《永平县志》《祥云县志》《洱源县志》《大理市志》《宾川县志》《剑川县志》《剑川县民族志》《大理州检察志》《大理州工会志》《大理州外贸志》《鹤庆县塔冲村志》《云南省志·政府志》《勐海县志·农业卷》。担负部分撰稿任务的有：《云南年鉴》(1994～1998年，共5卷)、《中国民族百科全书·白族卷》。他主编、编著和参与撰稿以及修改、审定的这批志书和著作出版发行后，在“资治、教化、存史”等方面发挥了很好的作用，受到社会好评。

杨镜同志担任过大理州地方志编纂委员会副主任、《大理州志》主编、《大理州年鉴》总编、大理州地方志协会会长、大理州政协文史资料委员会委员、中国年鉴研究会年鉴研究中心副研究员、云南年鉴研究会常务理事、云南省地方志学会常务理事。在全面负责大理州志办工作的短短几年里，大理州地方志工作呈现出一片丰收的景象。他的事迹先后选入云南人民出版社出版的《云南志坛人物谱》，以及云南教育出版社待出版的《中国少数民族大辞典·白族卷》。

1987年10月28日杨镜的《茶树漫笔》在《云南日报》发表后，1988年11月又被选入云南人民出版社出版的《绿之魂》，1996年12月又选入云南人民出版社出版的《洱源县志》(文学作品选)。他主编的《大理州年鉴》(1993年卷)，在1995年1月荣获中国首届地方年鉴奖二等奖，同时获框架设计一等奖、条目编写二等奖、美术装帧二等奖，首次获诺贝尔奖获得者杨振宁博士的“亿利达奖杯”。1996年6月，该年鉴又在云南省第三届年鉴评奖中，获综合一等奖。主编的《大理州年鉴》(1994年卷)，被评为云南省第三届年鉴综合特等奖。在1995年《云南年鉴》编撰工作评奖中，作者荣获编撰二等奖。1997年10月，经云南年鉴编委会优秀条目评委会评定，作者撰写的《大理白族自治州概况》，荣获1997年云南年鉴优秀地州概况奖。

作为一个从基层上来的干部，杨镜同志服从党的需要，学用合一，用写并举，坚持理论与实践相结合的优良作风，成绩斐然，硕果累累，这在同辈中是少有的，是难能可贵的。《苍洱赤子情》一书，是作者一生求索的结晶，故乐而为之序。

1998年5月16日

马曜年表

1911 年 10 月 11 日

生于云南省洱源县白族聚居的大果村一个中学教师家庭。

1918 年

在村中私塾、县城高小读书。

1927 年

开始作旧体诗。

考入大理省立第二师范学校。

1930 年

考入昆明市云南省立昆华高级农业学校。

1931 年

考入上海光华大学经济系。参加中国共产党的外围组织互济会。“九一八”事变后，加入中国共产党，在沪西区委领导下做工运和学运工作。

1932 年

一度到湖北襄阳国民党滇军范石生部从事地下革命工作。

1934 年

在湖北随县教书，从事地下革命工作。

1935 年

秋后在江西省庐山芦林学校教书，在学生中宣传马克思主义。旋患肺病咯血，在牯岭医院、南昌医院住院一年多。

1936 年

由南昌回庐山芦林养病，与唐维恭、阎毅（任之）等互相作诗酬唱。

1937 年

先后鼓励资助罗丰（福州军区空指军级干部，1995 年病故）、唐维恭（汉阳兵工厂工人，延安抗大机关枪教练，抗日战争中牺牲）和学生柯贤廷（抗日战争中牺牲）等去延安参加革命。

春到福建仙游县访问任县长的一位教书同事周山，时值“七七”事变，留居半载，协助备战工作。

8 月，经香港和越南回云南，在香港会见郭沫若，以诗和郭《归国书怀》，郭将马曜的和诗交广州出版的《救亡日报》发表。

1938 年

在安宁县温泉养病，任温泉小学校长，安宁县立中学文史教员。

送大理师范时的同学施介和刘林元去延安。

9 月，任武定省立中学文史教员。

1939 年

2 月，任省立镇南高级师范学校文史教员，在学生王颂陶、万国祥等所在班级宣传马克思主义。

10 月，入西南联合大学中学教师进修班（在联大中国文学系高年级上课），进修文史一年。

1940

9 月，任省立昆华中学高中部文史教员。

1941 年

6 月，肺病复发，回洱源乔后镇养病。

9 月，作《游此碧湖赋》。

1942 年

6 月，日寇侵占今德宏傣族景颇族自治州及腾冲、龙陵，狂炸保山。西线抗日战事吃紧，前线军民食盐缺乏，组织“正记运输公司”承运乔后镇盐场食盐至大理下关，转运保山，支援滇西抗日前线军民，每月运量约为 100 万市斤；并在运盐中转站照顾施滉烈士的父亲施少甫先生及原镇南师范学生杨廷植、赵怀珍等地下党员。

1943 年

到云南矿业银行丽江分行工作。

1945 年

与中国民主同盟负责人闻一多、楚图南、冯素陶取得联系，接受他们建议，竞选云南省参议员，利用合法身份，从事争取民主的斗争。

1946 年

参加中国民主同盟，利用国民党省参议会，积极投入反对内战、反对“三征（征兵、征粮、征税）”的活动；

抗议国民党镇压“一二·一”学生爱国运动和杀害李公朴、闻一多的恶行。

创办《新云南》周刊，在周刊和《正义报》《观察报》上发表论文数十篇，宣传中国共产党对时局的主张；写《府君马东初行述》。1946 年马东初先生临终前以“儿曹立志须关国，休向前途问屈伸”勉马曜弟兄。

1947 年

任云南大学文史系讲师，兼任昆明师范学院中文系讲师，1949 年后任云南大学副教授。

1948 年

6 月 20 日，《平民日报》发表由马曜起草的 9 名省参议员《致国民党云南警备总司令何绍周公开信》，抗议国民党镇压昆明大、中学校学生“反美扶日”爱国运动，要求无条件释放被捕学生，这封信摘要刊载于《大公报》。

与中国共产党云南省工委取得联系。

8 月，昆明“七一五”事件后，一部分地下党员身份暴露，通过吴少默的统战关系，推荐民主人士甘舜出任国民党洱源县长，掩护地下党员万国祥、周涛等到洱源建立中共地下县委会，并和中共滇西北地委取得联系。

刊行“云南大学文艺丛书”之一《茈湖精舍诗初集》；该书由罗庸、王灿、钱基博、徐嘉瑞等作序，熊庆来题签。

1949 年

参加地下党云南省工委直接领导的三人（杨青田、唐用九、马曜）统战小组。

8月，奉省工委指派与时任云南省主席卢汉谈判，敦促卢汉起义。

“九九整肃”后，被国民党军统特务通缉，化装逃出昆明国民党军警封锁线，到剑川县中国人民解放军滇桂黔边纵队第七支队工作。

12月，中共滇西北地委指派欧根和马曜接管大理地区。

1950年

3月，在中共云南省委常委兼统战部长、昆明市军管会副主任周保中直接领导下工作，仍兼任云南大学副教授。

7月，率领云南民族资产阶级代表杨克成、伍体贤及起义人员安恩溥、金汉鼎等30余人赴京参加国庆一周年观礼，受到朱德、董必武、林伯渠等国家领导人的接见并座谈；又到上海拜访荣毅仁，到天津拜访李烛尘等工商界领袖，消除团员对发展私营工商业的顾虑。

12月，筹建云南省民族事务委员会，任副秘书长，厘清全省民族人口分布和民族成分，开始组织领导少数民族地区的调查研究工作。

1951年

任中共云南省委民族工作五人小组成员。

负责筹建云南民族学院，任云南民族学院副教育长。

任蒙自县土改工作队大队长。

1952年

任中共云南省委第一民族工作队副总队长、保山边疆地区民族工作队二大队队长，在瑞丽、陇川县景颇族聚居区工作，协助陇川县工委争取外出景颇族上层土司拉山回归祖国。

1953—1966年5月

先后任中共云南省委边疆工作委员会办公室主任、研究室主任、边疆处处长；在省民族事务委员会和省委边疆工作委员会工作期间，一直在云南民族学院举办民族理论和民族政策讲座，并到省委党校及省属各系统举办的干部学校宣讲民族政策。

8月，到潞西县遮放西山区调查景颇族社会历史情况，提出以景颇族为代表的边疆9个少数民族内部阶级分化不明显，土地占有不集中，可以不必重分土地和划分阶级，而是通过大力发展经济和文化，培养私有观念和克服依赖思想；通过互助合作，消灭原始落后因素，完成某些环节的民主改革任务。这个建议经省委采纳，并报中共中央批准施行。

1954 年

10 月，率领中共云南省委边委、省委宣传部、思茅地委、西双版纳工委调查队 70 余人，在西双版纳傣族地区进行了历时 8 个月的社会历史调查，于 1955 年写成 10 万言的《西双版纳社会经济调查总结》，上报西双版纳工委、思茅地委和省委边委。

1955 年

为中共思茅地委起草《关于西双版纳傣族自治州傣族地区采取和平协商方式进行土地改革的意见》（载于 1983 年云南民族出版社出版的《傣族社会历史调查——西双版纳之二》）。

起草云南边疆少数民族地区和平协商土地改革情况的总结。

1956 年

参与费孝通率领的全国人大常委会民族委员会民族调查组云南组的组织领导工作，主持大量调查资料的编印工作。

11 月 19 日，在《云南日报》发表《白族对祖国文化的贡献》一文，祝贺大理白族自治州成立。

1957 年

3 月 1 日与缪鸾和在《光明日报》发表《云南边疆几个少数民族的社会性质》一文。

1959 年

任中华人民共和国建国十周年大庆云南少数民族赴京观礼团副团长。

与缪鸾和在《民族研究》1959 年第 4 期以“云澜”笔名发表《西双版纳傣族地区民主改革以前封建领主经济》一文。

1960 年

任中缅勘界办公室副主任（常务），次年回省委边委工作。

1963 年

与缪鸾和在《学术研究》（云南）1963 年第 1、2、3 期发表《从西双版纳看西周》一文，在文献和考古“二重证”的基础上，以西双版纳傣族地区 1956 年民主改革前存在的封建份地制与西周井田制对比研究，证明西周是领主制封建社会，对中国古代史分期作出“三重证”的尝试。

1964 年

到西双版纳继续调查。

1966—1971 年

在“文化大革命”中受迫害5年，到弥勒“五七”干校和泸西县农村劳动。

1972 年

回云南大学历史系任教。

1974 年

主持中共云南省委云南历史编写组工作。

1975 年

任云南大学《思想战线》刊物主编。

在《思想战线》第1期发表《庄蹻起义与开滇的历史功绩》一文；同年9月1-2日香港《大公报》全文转载该文；《光明日报》上随即展开徐中舒、杨宽、方国瑜、李埏、王玉哲等人对庄蹻起义的讨论。

在《思想战线》第3期发表《诸葛亮安定南中与和抚少数民族的历史功绩》一文；同年《历史研究》第3期以《诸葛亮安定南中》为题加以转载，略有删节。

1977 年

主编并参加编写的《云南各族古代史略》由云南人民出版社出版。

1978 年

全国恢复大专院校职称，被确定为云南大学历史学教授。

1979 年

《中国史研究动态》第5期专文介绍《傣族农奴制与周秦社会比较研究》征求意见稿。

任国家民委委员；任“民族问题五种丛书”云南省编辑委员会副主任（常务）。

主持编写彝、白、哈尼、傣、傈僳、拉祜、佤、纳西、景颇、布朗、普米、阿昌、怒、基诺、德昂、独龙等16个民族简史16种，共185.4万字。

组织编印各民族社会历史调查资料74种，2470.5万字，另语言简志6种，均先后由云南人民出版社和云南民族出版社公开出版。总字数占全国“民族问题五种丛书”总字数7929.5万字的三分之一。

4月23日，任中国社会科学院民族研究所学术委员。

7月22日，在《人民日报》发表《民族政策再教育要联系实际》一文，提出社会主义改造完成以后民族问题的实质不是阶级问题。

9月，任中华人民共和国建国三十周年云南少数民族观礼团副团长、代理团长，率领全体团员到天津、长春、延边、内蒙古哲里木盟等地参观访问。在哲里木盟了解到中学同学施介烈士的工作和病故情况。

12月，任云南民族学院院长。

1980年

任国家民族事务委员会学术委员会委员。

中国民族学会成立，当选为副会长。

在中共云南省党代表大会上提出关于加强云南民族区域自治和发展民族教育的意见。

6月，作杨青田悼词。

10月，作张冲悼词。

与缪鸾和、张寒光联合发表《傣族封建领主制与周秦社会比较研究》（《思想战线》1980年第1、2期）。

1981年

国家民族事务委员会编《情况反映》1981年1月19日（3）号说：“云南民族学院院长马曜同志（白族），在（1980年）云南省党代会上谈了民族教育问题，认为民族教育是整个教育战线中最薄弱的环节，在‘四化’建设中如果不重视民族教育工作，就要犯历史性错误。”并摘引马曜发言云：“一九七九年对一些边疆县的小学教师进行测验，试题内容都是小学五年级语文、数学基础知识，考试结果，百分之八十的人不及格。这不是他们的过错而是我们忽视对他们的培养提高。……建国三十一年了，据一九七九年调查，西双版纳傣族中还没有一个凭自己学力爬阶梯到毕业的大学生。”

为《徐嘉瑞诗词选》（云南人民出版社1981年1月出版）作前言。

10月24日，在云南省县委书记会议上提出《关于建立云南省民族教育体系，促进边疆和山区经济建设》的建议。

11月，中国西南（川、滇、黔、桂、藏）民族研究学会在昆明成立，作《中国西南民族研究的回顾与展望》的报告（载于《云南社会科学》1982年第1期），当选为中国西南民族研究学会会长。

受聘为云南省大专院校教授、副教授评定委员会委员。

在《光明日服》发表《按照民族实际，确定办院方针》一文；为了给云南民族学院和其他大专院校提供合格考生，提出充分利用大中城市师资优良、设备完善、学习环境好等有利条件，首先在昆明创办从小学到中学“一条龙”式的民族学校，争取早出快出少数民族专业技术人才的意见。

任《云南民族学报》主编。

发表《云南二十几个民族的源和流》（《云南社会科学》1981年第1期）。

1982年

2月29日，受聘为《中国大百科全书·民族卷》分编委委员。

受聘为《中国历史大辞典》云南省编委会副主编、主编。

与费孝通、尹达、夏鼐、牙含章、任继愈、徐中舒、林耀华、方国瑜、翁独健等联合签名给胡乔木写信，倡议开展西南六江流域等地区的民族综合科学考察工作。

1983年

1月，主编的《云南简史》由云南人民出版社出版。

当选中国史学会理事。

任《云南民族学院学报》主编。

7月，改任云南民族学院名誉院长。

当选中国科学社会主义学会理事。

受聘为云南省人民政府经济技术研究中心顾问。

7月，在西藏拉萨主持第一次全国藏族学术讨论会，作《开辟藏族研究新局面》的报告。

任云南省民族教育考察团团长，访问美国康奈尔大学、弗吉尼亚大学、贝勒大学、加利福尼亚大学洛杉矶分校、南加州大学等校。

11月18日，受聘为中国南方少数民族哲学及社会思想史学会顾问。

作方国瑜悼词。

1984 年

作《藏族学术讨论会论文集》序言（1984 年西藏人民出版社出版）。

在《云南民族学院学报》1984 年第 3 期发表《建国以来云南民族工作规律初探》一文。

主编《云南简史》获中国史学会、中国出版工作者协会联合颁发的爱国主义历史读物奖。

9 月，受聘为哀牢山自然保护区综合考察团顾问。

1985 年

9 月 1 日，兼任云南大学西南边疆历史研究所教授。

主持在凉山彝族自治州首府西昌市召开的全国彝族学术讨论会，改任中国西南民族研究学会名誉会长。

任云南省老年大学副校长。

1986 年

1 月 2 日，受聘为中国云南国际文化交流中心理事会理事。

8 月 20 日上午，在省委领导审查云南省民族事务委员会民族民俗展览座谈会上，提出加速修建云南省民族博物馆的建议。省委副书记刘树生、副省长刀国栋等发言表示积极支持，省委书记普朝柱表示同意。有人主张博物馆设在市区以内，马曜力主设在海埂风景区，以便在博物馆周围建筑 25 个民族村，并于 10 月请北京中国历史博物馆宋兆麟教授草拟《筹建云南露天民族博物馆的几点想法》，分送省委、省政府及有关部门。

应日本国立民族学博物馆馆长梅棹忠夫教授邀请，率领中国西南民族学者访问团 7 人，于 9 月 16 日至 27 日访问日本大阪、东京、京都、奈良、神户等城市，在日本国立民族学博物馆召开的中国西南民族学术讨论会上作《孔子的民族学思想》演讲。

10 月 30 日，《建国以来云南民族工作规律初探》一文获云南省人民政府社会科学研究现实问题优秀理论文章一等奖。

1987 年

发表《滇、叟、爨与彝、白源流》（载于《云南社会科学》1987 年第 5 期）。

4 月，应香港中文大学文化研究所的邀请，去香港讲学。

在广州中山大学人类学系讲学。

任《当代中国的云南》副主编。

7月5日，任云南省社会科学学会联合会顾问。

9月15日，任云南省社会科学院咨询委员会委员。

发表《西双版纳和西周社会政治及礼俗制度比较研究》（载于《社会科学战线》1987年第4期）。

1988年

1月5日，任玉溪地方志编纂委员会主任。

2月12日，任云南省志副总纂。

3月4日，在省七届人大一次会议上再一次提出《利用大城市师资、设备优势，在昆明创办一所中等民族综合学校的建议》。建议在昆明市创办一所规模较大的分设普中、师范、职业3种班次和民族地区高中毕业生补习班的中等民族综合学校。这个建议曾得到孙雨亭、张子斋、王连芳等代表的支持，省教育厅和省民委复函同意。因云南民院不愿承办，由教育厅委托省教育学院办了一所实验民族中学，未按建议要求办成规模较大的一所纵向一条龙、横向多层次的综合学校。

6月30日，受聘为红河州《民族志》顾问。

7月14日，当选云南省中小学幼儿教师基金会理事。

《中国现代教育家马曜传》收入《中国现代教育家传》（载第七卷，湖南教育出版社1988年7月出版）。

8月，参加编写并通纂的《白族简史》由云南人民出版社出版。

《从命名法看西双版纳和周代封建领主社会等级制度》一文发表（载于《思想战线》1988年第4期）。

1989年

7月，任云南省诗词学会名誉会长。

10月，《云南各族古代史略》一书获国家民委社会科学优秀研究成果荣誉奖。

10月作《周保中与云南统战工作和民族工作》（载于《回忆周保中》，吉林人民出版社1989年版）。

11月1日，受聘为中国民族学会顾问。

12月，马曜、缪鸾和著《西双版纳份地制与西周井田制比较研究》由云南人民出版社出版。

发表《卢汉将军起义是中共统战政策的胜利》（载于1989年12月9日《云南日报》第二版）。

12月，发表《利用合法斗争，扩大爱国反蒋统一战线，促进云南解放》（载于《昆明起义》，云南民族出版社1989年12月出版）。

1990年

3月，受聘为《大理画册》顾问委员会顾问。

《井田制研究的卓越贡献》收入《徐中舒先生九十寿辰纪念文集》（巴蜀书社1990年出版）。

1991年

为《张子斋文集》（云南民族出版社1991年出版）作总序。

2月1日，受聘为“民族干部教育丛书”编写顾问。

3月，受聘为王钟翰主编的国家“七五”规划之重点项目《中国民族史》顾问。

3月5日，受聘为澜沧县拉祜史编委会顾问。

3月，参加编写的《当代中国的云南》出版。

3月23日，受聘为云南彝族学会顾问。

11月，马曜、缪鸾和著《西双版纳份地制与西周井田制比较研究》一书获第五届中国图书奖二等奖。

12月，《云南简史》增订本出版。

发表《云南少数民族语文工作的奠基人——悼念傅懋勣同志》（载于《思想战线》1991年第5期）。

1992年

1月，任《云南近代经济史》课题顾问。

作《中国土司制度》序。

3月20日，马曜、缪鸾和著《西双版纳份地制与西周井田制比较研究》一书获1989—1990年度滇版优秀图书一等奖。

5月24日，任云南契丹族后裔调查组顾问。

作《巍山彝族回族自治县志》序。

10月1日，国务院表彰为发展我国高等教育事业作出的突出贡献，发给政府特殊津贴证书。

发表《云南民族中的同源异流和异源同流》（载于《广西民族研究》1992年第3期）。

12月，《玭湖精舍诗注》（马曜著，蔡川右注）由云南教育出版社出版。

12月24日，受聘为昆明郑和研究会名誉会长。

1993年

作《苍洱英杰——施介》（云南民族出版社1993年出版）序。

任《大理丛书》编辑委员会顾问组组长。

发表《诸葛亮南征路线考》（载于《云南文史丛刊》1993年第1期）。

3月28日，受聘为云南民族文化书院名誉院长。

3月，作《风樵诗词》（云南教育出版社1993年6月版）序。

7月21日，写成《大理丛书》序（中国社会科学出版社1993年版《大理丛书·金石篇》）。

9月1日，受聘为云南省孔子学术研究会顾问。

发表《云南民族工作四十年》前言（载于《云南社会科学》1993年第5期）。

11月30日，受聘为云南省翻译工作者协会顾问。

发表《从〈史记〉本证论庄蹻非"楚庄王苗裔"和楚国"将军"》（载于《云南民族学院学报》1993年第3期）。

1994年

发表《西爨的由来、发展及其在云南历史上的地位》（载于《云南文史丛刊》1994年第1期）。

2月，受聘为云南省楹联学会名誉会长。

3月9日，受聘为云南南社柳亚子研究会名誉理事长。

5月7日，受聘为白族研究委员会顾问。

6月，主编《云南民族工作四十年》出版（云南民族出版社）。

9月10日，受聘为大理白族自治州民族中学奖学基金会顾问。

11月15日，在《思想战线》杂志发表的《民族学资料在中国古史分期研究上的意义》一文获云南省人民政府1990—1992年社会科学优秀成果荣誉奖。

1995 年

4 月 27 日，受聘为季羡林主编“东方文化集成”大型丛书顾问。

7 月 27 日，任云南中华民族文化经济促进会筹备委员会委员。

10 月 28 日，中国西南（四川、云南、贵州、西藏、广西五省区）民族研究学会、四川省民族事务委员会、四川省凉山彝族自治州人民政府在四川省凉山彝族自治州首府西昌市召开彝族暨彝族地区现代化建设学术讨论会。来自五省区及北京、香港的与会代表为学会创始人、名誉会长马曜举行“马曜先生从事学术活动五十周年纪念座谈会”。

11 月 1 日，中国老年人体育协会、中国老龄问题全国委员会、人事部社会保险与离退休管理司、中央电视台教育节目部夕阳红栏目、《健康之友》杂志编辑部等单位评选马曜为第四届全国健康老人。同时，云南省老龄问题委员会、云南省老年人体育协会、云南省劳动厅、云南省人事厅、云南省委老干部局、云南省广播电视厅、春城晚报、云南老年报等单位评选马曜为 1995 年云南省健康老人。

1996 年

4 月 10 日，受聘为“四库全书存目丛书”编纂委员会学术顾问。

6 月，《马曜学术论著自选集》整理完毕，交云南人民出版社出版。

9 月，撰写施滉遗著《孙中山评传》序（《孙中山评传》是施滉烈士于 1928 年在美国斯坦福大学攻读东方史硕士的论文，原著为英文，译者刘彭陶，云南人民出版社 1996 年 12 月出版）。

《云南民族工作四十年》获 1993 年至 1994 年度滇版优秀图书一等奖。

10 月 25 日《云南民族工作四十年》获国家民委民族政策研究优秀成果奖。

12 月，《马曜先生从事创作学术活动五十周年纪念文集》，由云南教育出版社出版。

1997 年

作《略论封建时期民族政策的二重性与云南经济发展的关系》（载于《思想战线》1997 年第 1 期）。

5 月，作《易山序跋集》序。

11 月，作《在庆祝南昆铁路通车会议上的讲话》。

1998 年

1 月，作《坚强的革命战士——怀念李晓村同志》。

3 月，作《民族意识与改革开放》。

7 月，作《赛典赤·赡思丁评传》（云南民族出版社 1998 年出版）序，作《对校友的期望》。

8 月，作《西双版纳傣族的历史与文化》序。

12 月，作王连芳《云南民族工作回忆》序。

1999 年

6 月，作《写在江芷庵先生画册前面》。

9 月，作《世纪之交中国民族学的使命》《浅谈东巴文化》。

10 月，《云南》一书由云南教育出版社出版。

12 月，在首届郑和研究国际会议成立大会上发言；作《记建国初期云南民族调查》。

2000 年

3 月，作《西双版纳份地制与西周井田制比较研究》再版后记，作《秦仁昌先生纪念碑文》。

4 月，作《刘淑清传》序，作《白族异源同流说》（载于《云南社会科学》2000 年第 3 期发表）。

7 月，作《评〈中国古代民族政策研究〉》。

12 月，作《探索与思考》序；作《晚晴集》序。

2001 年

1 月，作《金碧腾辉》青铜雕塑铭记，作《周城文化——中国白族名村的田野调查》序。

2 月，作《走自己的路》序。

3 月，作《赵贯一先生生平》。

7 月，《大理文化论》，由云南教育出版社出版。

9 月，《西双版纳份地制与西周井田制比较研究》（修订本），由云南人民出版社出版；谢本书著《世纪学人——马曜评传》，由云南教育出版社出版。

2001 年

《民族学与民族工作论文集》，由云南民族出版社出版。

2002 年

11 月,《马曜：活着在于否定之否定》，载于《都市时报》。

2003 年

1 月,《情系大理 · 马曜卷》，由民族出版社出版。

2003 年

11 月，获第六届云南“王中文化奖”。

2005 年

马曜在家中跌倒，大腿骨折，从此卧床不起。

2006 年 2 月 6 日

马曜在家中无疾而终，享年 96 岁。

2006 年

2 月 11 日，云南民族大学召开马曜先生追悼会。

2008 年

7 月,《马曜文集》六卷本，由云南人民出版社出版。

2014 年 5 月

刘嘉著《民族教育家——马曜》，由云南人民出版社出版。

编后记

2018年，著名历史学家、民族学家、教育家、诗人，拥有75年党龄的老战士马曜先生已经去世12年了。先生曾任国家民委委员、云南民族学院院长、云南大学《思想战线》杂志主编等职，一生为中华民族的独立和崛起，为中国人民的解放和强大，为中国各民族的发展进步，为中国学术事业和教育事业的繁荣兴旺，艰苦奋斗、殚精竭虑、矢志不渝，作出重要贡献。为铭记这位革命前辈、学术前辈的卓越建树，彰显先生为共产主义事业奋斗终生的初心，继承先生严谨守正的治学精神，缅怀先生对学界同仁、晚辈以及学生的诚挚关爱，弘扬先生铁骨铮铮、襟怀坦荡、淡泊名利、先人后己的品格，先生的家乡洱源县正在积极筹办马曜先生学术成果展示馆，同时《学冠琼林——马曜教授逝世十二周年纪念文集》也即将付梓。

为做好本书的编写工作，我们特别邀请了丹增同志担任编委会主任，王天玺、张宝三、吴光范、王义明、赵廷光、和占钧、陈勋儒等同志担任顾问，93岁高龄的学术前辈张文勋教授担任主编。丹增同志肯定了本书编辑的学术价值和实践意义，对全书的编写方针、原则、标准提出严格要求，对全书编写提纲和文稿提出具体而又切中肯綮的修改意见。德高望重的张文勋教授正迈向期颐之年，仍精神矍铄，亲力亲为、逐字逐句审阅书稿和图照，指导处理编写工作中出现的各种问题，保证了全书正确的政治方向和学术质量。

云南大学校党委书记林文勋教授和云南大学出版社社长施海涛同志在本书编写和出版中都给予了极大的支持和关注，云南大学出版社的同志也为本书的顺利出版倾注了心力。在此一并表示感谢。

在编写过程中，编者时时为马曜先生的精神、品格、作风所感动。季羡林先生称他是“云南学界领袖群伦”“道德文章并重”，非常妥切。“高山仰止，景行行上；虽不能至，然心向往之。”

马曜先生的精神永在！